AF131687

Kohlhammer

Dr. Annette Marquardt ist seit März 1999 als Staatsanwältin tätig. In den ersten Jahren hat sie als Dezernentin in einem allgemeinen Erwachsenendezernat eine Vielzahl von Tötungsdelikten bearbeitet. Seit der Gründung des Sonderdezernats »Kapitaldelikte« bei der Staatsanwaltschaft Verden im Mai 2011 bearbeitet sie die versuchten und vollendeten Tötungsdelikte im Landgerichtsbezirk und widmet sich besonders den sog. Cold Cases. Sie unterrichtet an der Polizeiakademie in Niedersachsen zu strafprozessualen Themen.

Prof. Dr. Klaus Püschel ist seit 1985 Professor der Rechtsmedizin. Von 1991 bis 2020 leitete er das Institut für Rechtsmedizin in Hamburg. Er arbeitet weiter als rechtsmedizinischer Sachverständiger in komplexen und komplizierten Kriminalfällen und verfügt über einen herausragenden Erfahrungsschatz im Bereich der Kapitaldelikte. Er ist Ehrenkommissar der Hamburger Polizei und als Wissenschaftler mit internationalem Renommee Mitglied der nationalen Akademie der Wissenschaften Leopoldina.

Dr. Nahlah Saimeh ist Fachärztin für Psychiatrie und Psychotherapie mit dem Schwerpunkt forensische Psychiatrie. Sie war von 2000 bis 2004 Chefärztin der Klinik für Forensische Psychiatrie und Psychotherapie am Klinikum Bremen-Ost und von 2004 bis 2018 Ärztliche Direktorin im LWL-Zentrum für Forensische Psychiatrie Lippstadt. Seit 2018 ist sie als forensische Psychiaterin in Düsseldorf selbständig tätig. Frau Dr. Saimeh verfügt über einen außerordentlichen Erfahrungsschatz in der Exploration Tatverdächtiger im Zusammenhang mit Sexual- und Tötungsdelikten.

Annette Marquardt
Klaus Püschel
Nahlah Saimeh

Ermittlungen hinter dem Deich

Verlag W. Kohlhammer

Dieses Werk einschließlich aller seiner Teile ist urheberrechtlich geschützt. Jede Verwendung außerhalb der engen Grenzen des Urheberrechts ist ohne Zustimmung des Verlags unzulässig und strafbar. Das gilt insbesondere für Vervielfältigungen, Übersetzungen, Mikroverfilmungen und für die Einspeicherung und Verarbeitung in elektronischen Systemen.

Für den Inhalt abgedruckter oder verlinkter Websites ist ausschließlich der jeweilige Betreiber verantwortlich. Die W. Kohlhammer GmbH hat keinen Einfluss auf die verknüpften Seiten und übernimmt hierfür keinerlei Haftung.

Umschlagabbildung: iStock.com/Tobias Helbig

1. Auflage 2025

Alle Rechte vorbehalten
© W. Kohlhammer GmbH, Stuttgart
Gesamtherstellung: W. Kohlhammer GmbH, Heßbrühlstr. 69, 70565 Stuttgart
produktsicherheit@kohlhammer.de

Print:
ISBN 978-3-17-046533-6

E-Book-Formate:
pdf: ISBN 978-3-17-046534-3
epub: ISBN 978-3-17-046535-0

Inhalt

Vorwort

Die Staatsanwaltschaft Verden ist für den flächenmäßig größten Bezirk in der Bundesrepublik zuständig, der sich aufteilt in die Amtsgerichtsbezirke Achim, Diepholz, Nienburg (Weser), Osterholz-Scharmbeck, Rotenburg (Wümme), Stolzenau, Sulingen, Syke, Verden (Aller) und Walsrode.

Die Staatsanwaltschaft gliedert sich in 9 Abteilungen, die aus allgemeinen Erwachsenen- und Jugenddezernaten sowie zahlreichen Sonderdezernaten bestehen, darunter u. a. Organisierte Kriminalität, Sexualdelikte, Wirtschaftssachen, Betäubungskriminalität und Kapitaldelikte sowie Korruptionsbekämpfung.

Staatsanwaltschaft Verden? Eine ländliche Behörde und weit weg von dem kriminellen Leben in den Großstädten? Weit gefehlt!

Auch jenseits der Metropolen wird getötet, zum Teil versehentlich, zum Teil nach monatelanger Planung.

Zwischen diesen Extremen bewegen sich Polizei, Staatsanwaltschaft und Rechtsmedizin.

Drei Profis geben Ihnen echte Einblicke in die Mordermittlungen, dies anhand von tatsächlichen Fällen, Fällen, die schier unglaublich klingen.

Als Leser erhalten Sie Einblicke in spektakuläre Verbrechen, Extremsituationen sowohl bei Tatverdächtigen als auch Opferangehörigen. Sie lernen Täter kennen, die im täglichen Leben unauffällig erscheinen und doch das Böse in sich tragen.

Die Juristin erläutert den Ablauf der Verfahren, der Rechtsmediziner stellt die Möglichkeiten, aber auch Grenzen, der Wissenschaft dar und die forensische Psychiaterin nimmt Sie mit in die faszinierende Welt der Psychiatrie, erklärt die impulsiven und planenden Charaktere, die Einflüsse von Alkohol und Drogen, die Denkmuster eines Verbrechers und psychische Störungen.

Die Staatsanwaltschaft hat als Herrin des Ermittlungsverfahrens die leitende Funktion, die gerade in komplexen Verfahren etwa im Bereich der Organisierten Kriminalität oder bei den Kapitaldelikten (versuchte und vollendete Tötungsdelikte) besonders zum Tragen kommt. So ist der Staatsanwalt bei Kapitaldelikten von Anfang an eingebunden. Er nimmt an wesentlichen Vernehmungen teil und achtet während des gesamten Ermittlungsverfahrens darauf, dass die Regeln der Prozessordnung eingehalten werden, alles Erforderliche ermittelt wird und alle erlangten Beweise später in der Hauptverhandlung, in der er dann die Anklage vertritt, verwertbar sind.

Die Rechtsmedizin hat die Aufgabe, die Todesursache und die Todeszeit festzustellen. Häufig kann sie bei der Rekonstruktion des Tatgeschehens helfen. Etwa: Wurde das Opfer im Schlaf getötet? Hat das mutmaßliche Opfer den Tatverdächtigen zuvor angegriffen, sodass möglicherweise eine Notwehrsituation vorlag?

Eine besondere Bedeutung in den Ermittlungsverfahren erlangt die forensische Psychiatrie. Denn in nahezu allen Ermittlungsverfahren nach (versuchter) Tötung eines Menschen ist der Tatverdächtige psychiatrisch zu begutachten.

Forensische Psychiater helfen bei der Frage, wie gefährlich ein Täter ist oder ob der Tatverdächtige zur Tatzeit voll schuldfähig war. Sie erklären die besonderen Persönlichkeitsstrukturen und warum es zu der Tat gekommen ist.

Kaum ein Bereich strafrechtlicher Ermittlungtätigkeit ist deshalb spannender – dies auch jenseits der Großstädte.

In diese besondere Welt wollen wir Sie nun entführen!

Die nachfolgenden (wahren!) Fälle – die Namen der Beteiligten sind frei erfunden – zeigen das wichtige und spannende Zusammenspiel zwischen Staatsanwaltschaft, Polizei, Rechtsmedizin und forensischer Psychiatrie.

Kann wirklich jeder morden?

Wie geht ein Täter mit einer solchen Tat um?

Wie erkennt man, ob jemand gefährlich ist?

Antworten auf diese und viele weitere Fragen erhalten Sie in »Ermittlungen hinter dem Deich – kaum zu glauben, aber wahr«.

Prof. Dr. Klaus Püschel
Dr. Annette Marquardt, Erste Staatsanwältin
Dr. Nahlah Saimeh, Forensische Psychiaterin

Noch ein Hinweis:

Frau Dr. Saimeh war mit den Fällen nicht selbst befasst, sondern kommentiert die Fälle fachlich.

Dies gilt auch für Herrn Prof. Dr. Püschel, soweit er nicht selber als Obduzent tätig wurde.

Hannover 96 – Tot oder bewusstlos im Anhänger durch die Stadt

Kreisstadt N. mit rund 30.000 Einwohnern
11.09.2012

Zwei dunkle Gestalten schieben einen knallroten Anhänger durch die Stadt, ein Bein und ein Arm hängen heraus. Am Heck klafft das Emblem des Hannoveraner Fußballclubs von 1896. Die Fracht soll in die Weser, nur die Fracht, nicht der Anhänger. Doch aufgrund des Gewichts des Körpers, der schlaff in dem Anhänger liegt, und des Schwungs, mit dem man diesen in die Weser stoßen will, entgleitet der gesamte Anhänger. Ein lautstarkes Platschen folgt und die beiden schwarzen Schatten treten im Streit, wer daran schuld sei, dass der Anhänger nun fort ist, den Heimweg an. Vier Tage später meldet ein Passant der Polizei, dass eine Leiche am Weserufer liege. Der herbeigerufene Arzt Dr. Steffen Braun vermutet ein Ertrinken als Todesursache. Er führt vor Ort eine Leichenschau durch. Dr. Steffen Braun kann lediglich einen Hautdefekt über dem linken Auge und eine blutunterlaufene Schwellung des rechten Auges feststellen sowie bläuliche Verfärbungen auf der rechten Handrückenseite, Verletzungen, die nicht zwingend durch Fremdeinwirkung entstanden sein müssen. Auch die Blutabrinnspuren aus dem Mund sind unklarer Ursache. »Der Mann kann betrunken ins Wasser geraten sein, eine Straftat sehe ich nicht zwingend!« meint er.

Schnell greift die Routine um sich. Die Spurensicherung wird aktiviert, die Staatsanwaltschaft und Rechtsmedizin werden informiert. Noch ist zwar unklar, wer der Tote ist und ob er Opfer eines Unfalls oder einer Straftat wurde, aber die Obduktion soll Klarheit bringen.

Es werden vorsorglich Wasserproben der Weser entnommen und die Wassertemperatur wird gemessen. Die Umgebungstemperatur ist wesentlicher Faktor bei der Todeszeitbestimmung.

Die Staatsanwältin Dr. Katharina Linnemann erklärt dem Ermittlungsrichter rasch die Situation:»Die Weser hat einen Toten an Land gespült. Fremdverschulden ist denkbar, kann zumindest derzeit nicht ausgeschlossen werden. Wir benötigen eine Obduktionsanordnung, um klären zu können, ob der Mann getötet wurde. Auch ist die Identität unklar.«

Nachdem der Richter die Anordnung mündlich ausgesprochen hat, wird mit dem Institut für Rechtsmedizin ein Obduktionstermin vereinbart.

Todesermittlungsverfahren – Nicht immer, wenn obduziert wird, liegt ein vorsätzliches Tötungsdelikt vor. Todesermittlungsverfahren werden von Polizei und Staatsanwaltschaft auch dann geführt, wenn die Todesursache unklar ist, ein Fremdverschulden nicht ausgeschlossen werden kann, etwa der Tod völlig unerwartet im Rahmen einer stationären Behandlung eingetreten ist, oder es Hinweise auf einen möglichen medizinischen Behandlungsfehler gibt.

Die Obduktion findet grundsätzlich im Institut für Rechtsmedizin statt – in der Regel in Anwesenheit von Polizeibeamten – und manchmal ist auch der die Ermittlungen leitende Staatsanwalt dabei. Erster Kriminalhauptkommissar (EKHK) Siegfried Seekamp hat die junge Kollegin Polizeikommissarin (PKin) Sonja Meyer nach Hamburg geschickt. Mit ihrer Kameraausrüstung und Notizblock betritt sie mit reichlich flauem Magen das Gebäude.

Ein Termin in der Rechtsmedizin – für die Rechtsmediziner Alltag, für Polizei und insbesondere die Staatsanwältin eher die Ausnahme.

Alltag im Institut für Rechtsmedizin – Betritt man das Institut in Hamburg, steht man in einem freundlichen und hellen Raum mit kleiner Pforte. Bei den Besuchern handelt es sich nicht nur um Polizeibeamte, sondern auch um Menschen, die Opfer von Gewaltdelikten geworden sind, die hier die Verletzungen dokumentieren lassen. Im Erdgeschoss befindet sich die Institutsambulanz, hier werden auch kleine Kinder untersucht. Gegenüber hat ein Zahnarzt sein Büro, der zugezogen wird, wenn es um Altersbestimmung bei Tatverdächtigen oder um den Gebissstatus bei unbekannten Leichen geht. In der ersten Etage befindet sich der Labortrakt, dort werden Blut, Urin und andere Substanzen untersucht, im Nebengebäude sind die Labore für DNA-Untersuchungen. Knochenfunde werden der forensischen Anthropologin vorgelegt. 17 Rechtsmediziner und Rechtsmedizinerinnen arbeiten hier. Täglich werden etwa 15 bis 20 Leichen untersucht. Dazu kommen 2 Kinderärzte, 2 Psychologen, 3 Pharmazeuten, 3 Biologen und eine Radiologin. Das Personal umfasst insgesamt etwa 80 Personen (inklusive Labore, Sektionssaal/Leichenhalle, Büro, Verwaltung). Insgesamt (jährlich) erfolgt etwa 6000mal die äußere Leichenschau und es werden 1500 Sektionen durchgeführt. 2000 Personen werden untersucht, fotografiert und Spuren dokumentiert. Und mehrere tausend Analysen erfolgen in den Laboren.

Die Räumlichkeiten nutzen auch Medizinstudenten und Ärzte, um an Leichen Notfalleingriffe sowie komplizierte Operationen zu erlernen.

Nachdem PKin Sonja Meyer sich an der Pforte angemeldet hat, wird sie in den Keller geschickt.»Der Professor wartet dort schon auf Sie!« Ihr Weg führt sie bis vor eine verschlossene Glastür, links an einer Tür steht»Abschiedsraum« – hier können Angehörige von Toten Abschied nehmen. Während PKin Meyer ihren Gedanken nachhängt, surrt der Türöffner und die sonore Stimme eines älteren Herrn erklingt:»Fein, dann können wir ja loslegen. Nehmen Sie sich einen Kittel und Handschuhe. Und dann folgen Sie mir mal! Moin, willkommen hier bei uns in Hamburg!« Professor Dr. Günther Heller deutet mit der Hand auf ein Regal im Umkleideraum, in dem grüne Kittel und Einweghandschuhe liegen. Sonja Meyer bedient sich und folgt dem Professor durch eine Schiebetür in den Obduktionssaal. Auf der anderen Seite eines lang-gestreckten Flurs befinden sich unzählige Schränke, in denen Leichen gekühlt werden, ein Schrank wird geöffnet, eine Schublade vorgezogen, auf der der unbekannte, bereits entkleidete Tote liegt. Zunächst wird der Leichnam, der am großen Zeh des linken Fußes den sogenannten Leichenfußzettel trägt, in das CT-Gerät im Röntgenraum geschoben. Er ist flächenhaft von Grünfäulnis bedeckt. Der Bauch wirkt aufgebläht. Der Professor erklärt der Polizeikommissarin in knappen Worten den Vorteil der CT-Untersuchung.

Der Leiter des Instituts und dessen Vertreter machen sich an-schließend zielstrebig ans Werk, beide in grünen OP-Kitteln, während der Sektionsgehilfe die Werkzeuge reicht. Der Leichnam liegt nun auf einem silbernen Tisch unter grellem Licht. PKin Meyer hält zunächst diskret Abstand.»Kommen Sie mal ruhig näher ran, von dahinten kön-nen Sie ja gar nicht richtig sehen!«, Professor Heller lächelt PKin Meyer verschmitzt an.

Sodann diktiert er die Ergebnisse der äußeren Besichtigung. Körper-größe, Gewicht und Ernährungszustand werden aufgenommen ebenso wie Hautfarbe und die Lage der Totenflecken. Operationswunden, Tä-towierungen oder Schmuck werden nicht festgestellt. Nach einigen Mi-nuten der Stille hallt die Stimme des Obduzenten erneut durch den Saal: »Beginnende Ablösung oberflächlicher Kopfhaut im Bereich von Stirn und Scheitel. Oberhalb des äußeren Endes der linken Augenbraue findet sich eine ca. 2 cm lange Risswunde, die bis an die Schädeldecke herab-geht. Es zeigen sich Gewebsbrücken in der Tiefe. Wundränder glatt und nicht geschürft.«

PKin Meyer, die das erste Mal einer Sektion beiwohnt, merkt, wie ihre Knie weich werden. Sie wendet den Blick von dem Leichnam ab in

Richtung ihres grünen Kittels und überlegt fieberhaft, ob sie ein Hustenbonbon lutschen oder sich von dem vorsorglich eingesteckten Parfum etwas unter die Nase reiben soll, um den Geruch zu überdecken – so wie ihr eine sich sorgende Kollegin empfohlen hatte. Eine andere hatte ihr davon dringend abgeraten, weil dann der Leichengeruch noch intensiver erscheine. Ihre Gedankengänge werden durch die Worte des Rechtsmediziners unterbrochen:»Die Hornhäute getrübt, ursprüngliche Farbe der Regenbogenhäute nicht klar abgrenzbar. Diverse Kopfverletzungen, eine Risswunde an der linken Augenbraue, Blutergüsse im Bereich beider Augen, Aufplatzungen der Ober- und Unterlippe. Typische Waschhautbildung der Haut der Hände, deutlich fortgeschritten.« Und:»Wollen Sie nicht Fotos von der äußeren Leichenschau fertigen?« PKin Meyer knippst – wie ihr von den Kollegen aufgetragen.

Waschhautbildung Das Ausmaß der Waschhautbildung gibt einen groben Anhalt für die sogenannte Wasserzeit eines Toten, also den Zeitraum in Stunden oder Tagen, den der Körper im Wasser lag. Im Süßwasser quillt die Haut auf, wird zunehmend runzelig, bildet Falten, wird weiß und löst sich nach einigen Tagen handschuhförmig ab. Die Waschhautbildung ist temperaturabhängig. Je wärmer das Wasser ist, desto schneller der Prozess. Im Wasser schwimmt der Leichnam in der Regel bäuchlings, wobei Kopf, Arme und Beine herabhängen und über den Grund schrammen können. Mit zunehmender Wasserzeit und Gasbildung durch Fäulnis kommt dann der Leichnam wieder an die Oberfläche.

Dann wird der Schädel mit einer Säge geöffnet, später der Oberkörper. Die Obduzenten langen mit Edelstahlkellen in die Brusthöhle und entfernen Flüssigkeit. Die Brust- und Bauchhöhle wird untersucht, die Beschaffenheit der Hals- und Brustorgane, Bauchorgane und schließlich von Skelett und Weichteilen wird protokolliert. Die Organe werden einzelnen entnommen, untersucht und gewogen, Teile abgetrennt und in kleine Gefäße gefüllt, danach die Organe wieder in die Körperhöhle zurückgelegt. Der Sektionsassistent notiert das Gewicht auf einer Tafel. Einzelne Regionen werden mit Skalpellen speziell frei präpariert. Derweil diktiert der Obduzent die Details. Sonja resümiert für sich: *Es geht hier um die Feststellung von Fakten, Emotionen sind nicht angebracht*, fertigt weiter fleißig Fotos.

Die Rechtsmediziner lassen sich zwischenzeitlich von PKin Meyer die Ermittlungsergebnisse berichten, wann die Leiche gefunden wurde, ob es Hinweise auf die Identität gäbe, man die Wassertemperatur festgestellt habe etc. Sie ist dankbar, dass sie in die Faktenfindung eingebunden und so ein wenig abgelenkt wird. Am Ende der Sektion, die fast drei Stunden dauert, näht der Sektionsassistent die Leiche zu, reinigt sie und bringt sie zurück in eine der Kühlboxen.

Der Obduzent fasst nach Auswertung der CT-Aufnahmen für Sonja Meyer die Ergebnisse zusammen:»Als mögliche Todesursache kommt ein schweres Trauma des Brustkorbs mit zahlreichen Rippenfrakturen in Betracht. Der Mann hatte längere Zeit zurückliegend eine Jochbeinfraktur, die mit Platten versorgt wurde. Der gesundheitliche Allgemeinzustand war zur Todeszeit herabgesetzt. Es gibt Zeichen eines chronischen Alkoholmissbrauchs und einer Herzmuskelerkrankung sowie eines Linksherzversagens. Eng zum Todeseintritt kam es zu stumpfen Gewalteinwirkungen. Während wir bei der Obduktion die Brüche der Rippen 10 bis 12 nicht gesehen haben, können wir diese aber anhand der CT-Aufnahmen sicher feststellen. Die Brüche sind uns in der Obduktion wohl deshalb nicht aufgefallen, weil sie nicht unterblutet waren. Das wiederum kann dafürsprechen, dass einige Brüche erst nach dem Tod entstanden sind.«

Die Ergebnisse lassen eine Geschehensrekonstruktion durch verschiedene Abläufe zu. Allein anhand der Sektionsbefunde ist somit eine Todesursache nicht sicher feststellbar. Denkbar ist, dass der Mann stürzte und sich dabei die Verletzungen zugezogen hat. Denkbar ist weiter, dass er von einem unbekannten Dritten in die Weser geworfen wurde, nachdem er sich die Verletzungen zuzog. Sicher sei lediglich – so der Rechtsmediziner Prof. Dr. Heller –, dass der Mann aufgrund der erlittenen Rippenfrakturen in seiner Bewegung stark eingeschränkt gewesen ist und sich deshalb auch nicht wie andere Personen im Wasser bewegen konnte. Infolge der Verletzungen wäre mit einem atypischen Ertrinken innerhalb von 1 bis 3 Minuten zu rechnen. Aufgrund der Verwesung gehe man von einer Liegezeit im Wasser von 4 bis 5 Tagen aus. Auszuschließen sei, dass die Verletzungen durch eine Schiffsschraube verursacht wurden. Und für PKin Sonja Meyer besonders interessant: »Somit wäre ein Todeseintritt bereits vor Sturz/Verbrachtwerden ins Wasser durch die Verbindung von Gewalt gegen Kopf und Hals sowie Rumpf vor dem Hintergrund einer erheblichen Alkoholisierung sowie einer vorbestehenden, bislang möglicherweise unbemerkten Herzerkrankung zwanglos erklärbar.« Sonja Meyer ruft nach Verlassen des Sektionssaals die Kollegen in der Dienststelle an und berichtet ihnen die Ergebnisse. Weiter erzählt sie: »Die Rechtsmediziner regen eine Diatomeenuntersuchung und feingewebliche Untersuchungen an, um feststellen zu können, ob der Mann noch gelebt hat, als er in die Weser geworfen worden ist. Entsprechende Proben wurden asserviert. Ferner wird empfohlen, eine toxikologische Untersuchung durchzuführen.«

Diatomeen sind Kieselalgen, die unter Wasser zusammen mit der Ertrinkungsflüssigkeit in die Lunge eindringen. Werden Kieselalgen in erhöhter Konzentration in Organen gefunden, in die sie nur durch Aufnahme aus den Lungenbläschen in die Blutbahn gelangen können, ist dies ein gewichtiges Indiz dafür, dass der Mensch lebendig in das Wasser geraten und dort ertrunken ist. Für die Untersuchung werden zwecks Abgleichs mit dem Flusswasser die entnommenen Wasserproben benötigt.

Festzustellen, was zum Tode geführt hat und ob die Verletzungen am Körper nach dem Tod oder vor dem Tod entstanden sind, ist häufig nicht leicht und manchmal lässt sich keine eindeutige Klärung finden.

Wenige Stunden nach dem Auffinden der Leiche führt ein Abgleich mit den Vermisstenmeldungen zur Feststellung der Identität des Toten, ein 50jähriger Mann aus der Weserstadt, der den Namen Ernst Kaiser trägt. Er ist gemeldet unter einer Adresse im Zentrum, dort zusammen wohnhaft mit einem 44jährigen, der die Polizei schon häufig beschäftigt hat, nämlich Jeff Smith.

Der Bruder des Toten, Herbert Kaiser, der die Vermisstenanzeige erstattet hat, beteuert, dass sein Bruder Ernst niemals ohne sein Handy und schon gar nicht ohne seine Brille die Wohnung verlassen hätte. Nachdem er Ernst nicht habe erreichen können, sei er mit einem Ersatzschlüssel in das Wohnhaus gegangen und habe dort Handy und Lesebrille gefunden. Er glaube, dass der Untermieter seines Bruders etwas mit dessen Verschwinden zu tun hat, beide hätten sich häufig gestritten, der Untermieter habe sogar gedroht, seinen Bruder zu töten, was aber nie jemand ernst nahm. Nunmehr erscheine die Äußerung aus seiner Sicht in einem gänzlich anderen Licht.

Die Polizei richtet eine Mordkommission ein. Während es in Großstädten wie Berlin oder München feste Mordkommissionen gibt, ist dies in Niedersachsen nicht der Fall. Der Leiter des Fachkommissariats I, EKHK Siegfried Seekamp, ruft die 20 Kollegen zusammen, die für eine einzurichtende Mordkommission vorgesehen sind. »Wir haben einen unklaren Todesfall, Sonja kann gleich die Ergebnisse der Obduktion berichten. Seit heute früh ist der Mann, der in der Weser gefunden wurde, identifiziert. Dessen Bruder vermutet ein Tötungsdelikt.«

Nachdem PKin Sonja Meyer die Ergebnisse aus Hamburg erneut referiert, teilt EKHK Seekamp die Spurenteams ein. »Kurt und Lisa, ihr kümmert euch um den Ernst Kaiser, tragt alles zusammen, was ihr über ihn in Erfahrung bringen könnt. Die anderen kümmern sich um die Nachbarn und den Mitbewohner. Sonja, du klärst mit den Rechtsmedizinern, wann die histologischen Untersuchungen vorliegen und die Toxikologie erste Ergebnisse für uns hat.« Anschließend informiert Seekamp Dr. Katharina Linnemann, die Staatsanwältin.

Die Staatsanwältin beantragt bei dem zuständigen Ermittlungsrichter unverzüglich einen Durchsuchungsbeschluss für die Wohnung des Geschädigten. Es soll in der Wohnung nach Hinweisen zu einem etwaigen Tatmotiv, zum letzten Aufenthaltsort sowie der Brille und dem Handy gesucht werden. Vielleicht war Ernst Kaiser doch suizidgefährdet und die Angehörigen haben dies nicht bemerkt. Eine Stunde später rückt die Polizei an, die Spurensicherung betritt in weißen Schutzanzügen die Wohnung. Auf der Terrasse des Wohnhauses findet die Polizei Verfärbungen, die so aussehen, als könnte es sich um Blut handeln. Einer der Beamten ruft:»Schaut euch das hier mal an, hier scheinen einzelne blutsuspekte Flecken zu sein. Ob das hier der Tatort ist?« EKHK Seekamp ruft erneut die Staatsanwältin an:»Auf der Terrasse und an dort befindlichen Möbeln haben wir Spuren gefunden, die von einem Kampfgeschehen stammen könnten. Wir haben ein denkbar ungutes Gefühl. Auf der Terrasse steht noch ein Putzeimer mit einem nassen Feudel. Ich fürchte, hier hat schon wer Spuren beseitigt. Der Mitbewohner ist polizeibekannt. Das ganze Objekt wirkt ansonsten so, als wenn hier nie gereinigt wurde.« Die Staatsanwältin notiert sich rasch die wesentlichen Daten:»Ich kümmere mich um die Anordnung einer körperlichen Untersuchung des Herrn Smith. Etwaige Kampfspuren sollten möglichst zügig dokumentiert werden.«

Nachdem die Spusi mit ihrer Arbeit fertig ist und Polizeihund Ben aufgeregt weitere Blutspuren angezeigt hat, werden Blutspurenanalytiker zugezogen.

Die Mitarbeiter der **Spurensicherung** – genannt Spusi – sind Profis in Sachen Tatortaufnahme, Sicherung von Spuren an Opfern und Tatverdächtigen. Mit Hilfe einer Lösung aus Luminol und Wasserstoffperoxid können sie minimale Blutspuren sichtbar machen, selbst dann noch, wenn die Spuren für das menschliche Auge nach einer Reinigung nicht mehr zu erkennen sind. Im abgedunkelten Raum wird die Lösung versprüht, Blutspuren zeigen sich sodann als leuchtende Flecken. Alternativ wird heute Leukokristallviolett eingesetzt, das den Vorteil hat, dass Blutspuren bei Normallicht sichtbar werden.

Auch an diesem Ort setzen die Experten Luminol ein, schnell wird klar, dass es hier zu einem Kampfgeschehen gekommen sein dürfte. Auf den Fliesen der Terrasse muss eine große Blutlache gewesen sein, bevor diese weggewischt wurde. Also doch? Ein Tötungsdelikt?

Ein Ermittlungsteam sucht die Tankstellen und Geschäfte zwischen dem Wohnort und dem Auffindeort des Ernst Kaiser auf, die mit Videokameras ausgestattet sind in der Hoffnung, dass das Videomaterial Erkenntnisse erbringt – vergebens.

Nachbarn werden befragt, aber niemand hat irgendetwas mitbekommen. Einer der Polizisten berichtet den Kollegen:»Ernst Kaiser hat häufig Alkohol konsumiert, er hatte wenige Außenkontakte und lebte eher zurückgezogen.« Demzufolge verwundert es nicht, dass sich auf den Pressebericht und den Zeugenaufruf der Polizei am Folgetag niemand meldet.

Die Zeugen aus dem Umfeld des Ernst Kaiser und des Jeff Smith werden vernommen. Wie war deren Verhältnis zueinander? Hatte Ernst Kaiser mit jemandem Streit?

Die ehemalige Lebensgefährtin des Jeff Smith erzählt der Polizei, dass Smith häufig gewalttätig werde, dies insbesondere dann, wenn er getrunken hat. Deshalb habe sie sich auch von ihm getrennt.»Kurz nach der Trennung lernte ich den Ernst kennen, der war ganz anders als Jeff, wir fanden uns sofort sympathisch. Ernst und ich waren uns darüber einig, dass wir unsere Freundschaft vor Jeff geheim halten müssen. Jeff wäre total ausgeflippt. Deshalb hat Ernst auch meine Telefonnummer unter einem Decknamen gespeichert.« Ernst Kaiser habe ihr öfter berichtet, dass Jeff Smith ihn schlage. Aus Angst vor Smith erstattete er jedoch nie Anzeige. Ernst Kaiser sagte ihr sogar einmal:»Wenn du von mir nix mehr hörst, liege ich tot in der Ecke, dann hat Jeff mich totgeschlagen.« Beide seien öfter von Erik Kessler besucht worden und hätten zusammen gezecht. Nachdem sie Ernst Kaiser nicht erreichen konnte, habe sie dessen Bruder Herbert informiert, der sich daraufhin zu Ernsts Wohnung begab. Der Bruder berichtete ihr, dass Ernsts Handy dort auf dem Tisch liege. Außerdem sei ihm aufgefallen, dass die Terrasse frisch gewischt worden sei. Dies sei schon auffällig, weil die Männer dort nie geputzt hätten. Die Zeugin schüttelt nachdenklich den Kopf:»Ganz ehrlich, da klebt man am Boden fest, wenn man sich nicht in Bewegung hält!« Außerdem sei ihm aufgefallen, dass ein kleiner Fahrradanhänger fehle. EKHK Seekamp lässt den Bruder Herbert Kaiser vernehmen. Herbert Kaiser erzählt der Polizei von seinem Besuch in dem Wohnhaus. Dort sei er auch dem Jeff Smith begegnet, der ungefragt behauptete, dass er Ernst Kaiser am Dienstagabend zuletzt gesehen habe, als dieser zwischen 21 und 22 Uhr das Haus verließ. Zu diesem Zeitpunkt habe er im Obergeschoss Gardinen aufgehängt.»Der Jeff hat´s nie mit dem Haushalt gehabt, die Geschichte mit dem Gardinenaufhängen kam mir sonderbar vor.« Und er weist auf ein weiteres interessantes Detail hin:»Am vergangenen Dienstagabend habe ich mit Ernst telefoniert. Ernst war schon ziemlich betrunken, hat nicht gemerkt, dass er am Ende des Gesprächs nicht aufgelegt hat. Ich habe gehört, dass sich Ernst und Smith über irgendwelche Frauengeschichten unterhalten haben. Hin und wieder hat ein weiterer Mann gesprochen. Nach ein paar Minuten beendete ich das Telefonat, hätte ich das bloß nicht getan, dann würde der Ernst vielleicht heute noch leben!«

Erik Kessler sagt auf Nachfrage aus, dass er an einem Dienstagabend den Ernst Kaiser letztmalig auf der Terrasse gesehen hat. Er sei gegen 21 Uhr nach Hause gegangen.

Jeff Smith wird zur Polizeiinspektion gebracht und dort als Beschuldigter belehrt. Die Erkenntnisse aus der Obduktion, die Blutspuren auf der Terrasse, die Hinweise darauf, dass Blut beseitigt wurde, und sein eigenartiges Verhalten stützen einen Tatverdacht gegen Smith. Bereitwillig fängt Jeff an zu erzählen. Er lehnt sich demonstrativ entspannt zurück:»Ich habe mir rein gar nichts vorzuwerfen.« An dem besagten Dienstagabend habe er mit Ernst Kaiser und Erik Kessler zusammen auf der Terrasse gesessen und getrunken.»Als Erik voll war, ist der gegangen! Ich bin dann nach oben in meine Wohnung, habe dort noch Fernsehen geschaut und danach gepennt. Am nächsten Morgen fiel mir auf, dass die Glotze in Ernsts Wohnzimmer noch nicht lief, die lief eigentlich immer, sobald Ernst aufgewacht ist.«

Die Tage danach seien wie immer gewesen.»Fernsehengucken, Alkohol, zwischendurch zu Muttern zum Essen, Fernsehgucken. Ich habe da so meine Serien, die ich jeden Tag gucke. Am Sonntag rief eine Bekannte an und erzählte: ›Ernst ist tot,‹ woraufhin ich mich bei dessen Bruder erkundigte, ob das tatsächlich stimmt.«

Auf den knallroten Anhänger angesprochen:»Der ist seit Montag oder Dienstag weg. Keine Ahnung, wo der ist.«

Eigentlich gehöre ihm der Anhänger, ein Eigenbau, aber Ernst Kaiser habe den auch benutzt. Wenn ihm gesagt werde, dass der Bruder behaupte, er habe ihm erzählt, abends beim Aufhängen der Gardinen gesehen zu haben, dass Ernst das Haus verlassen habe, so könne er sich daran nicht erinnern. Und auf den Vorhalt, dass man ihm das nicht glaube, meint Jeff selbstbewusst:»Ich sage jetzt, ich habe das nicht gesagt. Dann muss er doch lügen!«

Ja, er habe den Boden gewischt, da der klebte. Blut sei dort nicht gewesen. Als Jeff erläutert wird, dass ein Polizeihund Blutspuren auf der Terrasse angezeigt hat und man mit Luminol Blut sichtbar machen könne, man auch seine Schuhe und Bekleidung sicherstelle und auch diese auf Blutspuren untersuchen werde, greift sich Jeff nervös durch die Haare und erklärt nach kurzer Bedenkzeit:»Ich möchte jetzt ein Geständnis ablegen. Ich habe ein schlechtes Gewissen. Ich habe schon jeden Tag gewartet, ob da einer kommt. Es fliegt doch sowieso alles auf!« Sie hätten am Abend zu Dritt auf der Terrasse getrunken.»Wir haben mit jeder Menge Erdbeersekt vorgeglüht, sind danach auf Wodka umgestiegen. Schließlich kamen wir auf meine Ex zu sprechen, Ernst hat gestichelt, gestänkert, hat gesagt, dass ich die nie wiedersehen werde. Die sei jetzt mit seinem Bruder zusammen. Schließlich habe ich 5–6mal zugeschlagen. Auch Erik hat auf Ernst eingeprügelt und Ernst sogar getreten, danach haben wir weiter getrunken, ehe es erneut zu Handgreiflichkeiten gekommen ist. Ernst lag schließlich auf dem Rasen vor der Terrasse, hat gestöhnt. Ich kann mich nicht mehr erinnern, wie er in den Anhänger kam. Wir haben ihn aber auf jeden Fall beide angefasst und in den Hänger geschmissen. Einer von uns hat gesagt, komm wir bringen ihn mit dem Hänger weg und schmeißen ihn in die Weser.« Die Polizeibeamten glauben kaum, was sie da hören. Doch Jeff ist noch nicht fertig:»Wir sind dann mit ihm durch die Stadt, haben ihn in die Weser geschubst, wir wollten eigentlich den Anhänger festhalten, der ist aber mit reingefallen!« Was er gedacht habe, wisse er nicht mehr. »Dass er vielleicht an Land schwimmt. Ich kann mich nicht mehr genau erinnern!« Am nächsten Tag hat sich Erik gemeldet. Man habe darüber beraten, gedacht, dass»der wohl nicht heimkommt« und»Hoffentlich finden sie ihn nicht! Der wird bestimmt von einem Schiff überfahren und dann zerstückelt! Klar hatte ich Angst, dass Ernst mich anzeigen könnte. Weil«– Jeff sucht nach den passenden Worten –»ich bin auf Bewährung. Die Richterin hat neulich gesagt: Das ist Ihre letzte Chance, wenn ich Sie noch einmal sehe, gehen sie für längere Zeit ins Gefängnis.«

Die Vernehmungsbeamten sprechen Jeff wegen des Verdachts des Mordes die vorläufige Festnahme aus. Erik Kessler wird zur Dienststelle geholt und ebenfalls vorläufig festgenommen. EKHK Seekamp informiert die Staatsanwältin, die zeitnah den Erlass von Untersuchungshaftbefehlen beantragt. Wenig später werden beide in Anwesenheit der Staatsanwältin dem Haftrichter vorgeführt. Jeff räumt dort die Tat erneut ein.»Das, was mir im Haftbefehl vorgeworfen wird, stimmt so. Die Tat tut mir leid! Ich kann mich jetzt nicht mehr erinnern, ob wir noch nach Ernst geschaut haben, als er im Anhänger lag. Ich weiß nicht, ob er geatmet hat, auch nicht, was wir erwartet haben, nachdem der Anhänger in die Weser gefallen ist, vielleicht, dass er ans Ufer schwimmt oder so!« Kessler macht weder bei der Polizei noch beim Haftrichter Angaben.

Jetzt tritt noch einmal der Rechtsmediziner aus Hamburg auf den Plan. Er untersucht die Tatverdächtigen, findet keine Hinweise darauf, dass diese angegriffen wurden, wohl aber noch Hämatome im Bereich der rechten Hände, die der Arzt als klassische Angreiferverletzungen bewertet.

An demselben Tag suchen Polizeitaucher den Bereich der Weser ab, an dem der Leichnam gefunden wurde. Und tatsächlich: Man kann den knallroten selbstgebauten Fahrradanhänger mit Deichsel bergen!

Drei Monate später liegt das rechtsmedizinische Gutachten vor zur Klärung der Frage, ob Ernst Kaiser noch gelebt hat, als er in die Weser gelangte. Dafür wurden die kleine Organausschnitte, die in der Obduktion entnommen worden waren, fein zurecht präpariert, in Plastikhülsen gegeben, entwässert und in Paraffin getränkt, danach hauchdünn zugeschnitten und mikroskopisch untersucht. Ergebnis ist, dass weiterhin unklar bleibt, ob Ernst Kaiser bei Eintauchen in das Weserwasser noch gelebt hat.

Die Aussagekraft **feingeweblicher Untersuchungen**, sog. histologische Untersuchungen – hängt vor allem vom Erhaltungszustand des im Mikroskop begutachteten Gewebes ab. Hier lag nach längerer Wasserliegezeit bereits deutliche Fäulnis vor. Experten untersuchen die Gewebeproben aus allen inneren Organen sowie sämtlichen Verletzungsbereichen. Sie erkennen etwaige krankhafte Veränderungen, können untersuchen, ob einzelne Verletzungen vor oder nach dem Tod entstanden sind. Vitale Reaktionen in der Zelle sowie Blutungen und entzündliche Reaktionen im Zwischengewebe etwa sprechen für die Beibringung der Verletzung zu Lebzeiten.

Auch die spezielle Untersuchung auf Diatomeen nach sogenannter feuchter Veraschung von Lungengewebe, Nierengewebe und Knochenmark hilft nicht weiter. In der Lunge werden lediglich zwei Kieselalgen festgestellt, im Knochen, in Leber und Nieren keine. Die Aussagekraft dieses Befundes geht gen Null. Die toxikologischen Untersuchungen ergeben, dass Ernst zum Todeszeitpunkt eine Blutalkoholkonzentration von ca. 3 Promille hatte und keine anderen Substanzen konsumierte.

Etwa vier Wochen nach den Festnahmen werden der Staatsanwältin die Akten vorgelegt, die nun prüft, ob weitere Ermittlungen zu führen sind. Weil Jeff Smith angegeben hat, dass vor der Tat erheblich Alkohol konsumiert worden sei, beauftragt sie einen psychiatrischen Sachverständigen, die Beschuldigten zu begutachten. Es ist die Frage zu klären, ob beide trotz des reichlichen Konsums von Alkohol zur Tatzeit schuldfähig waren und die Unterbringung in einer Entziehungsanstalt angezeigt ist. Sie zieht alle Vorstrafenakten bei, um auch insoweit Erkenntnisse zu den Trinkgewohnheiten zu gewinnen und legt dem psychiatrischen Sachverständigen die Akten vor. Schließlich klagt sie Jeff und Erik wegen Mordes an.

Einige Monate später, am 28.02.2013, beginnt die Hauptverhandlung vor der sogenannten Schwurgerichtskammer des Landgerichts Verden.

Die **Schwurgerichtskammer** ist eine große Strafkammer des Landgerichts, vor der versuchte und vollendete Tötungsdelikte verhandelt werden sowie vorsätzliche Straftaten, die zum Tode eines Menschen geführt haben, wie etwa Raub oder Vergewaltigung mit Todesfolge, nicht jedoch fahrlässige Tötungen. Die Kammer setzt sich aus drei Berufsrichtern zusammen (Vorsitzender und zwei Beisitzer) sowie zwei Laienrichtern, den sogenannten Schöffen.

Vor dem Richtertisch steht zum Prozessauftakt der knallrote Anhänger mit dem Hannover 96 Emblem und wird zum begehrten Fotomotiv der Pressevertreter. Jeff Smith und Erik Kessler verbergen ihr Gesicht hinter Aktendeckeln.

Jeff Smith lässt sich anders als Erik Kessler, beide in Hand- und Fußfesseln vorgeführt, in der Hauptverhandlung zu den Tatvorwürfen ein und wiederholt im Wesentlichen seine Angaben bei der Polizei, streitet aber ab, bewusst einen noch Lebenden in die Weser geworfen zu haben.

Der psychiatrische Sachverständige gelangt zu dem Ergebnis, dass eine erhebliche Verminderung der Steuerungsfähigkeit beider Angeklagter zur Tatzeit nicht ausgeschlossen werden könne.

Das Landgericht verurteilt Jeff Smith am 13.05.2013 wegen Körperverletzung mit Todesfolge und versuchten Mordes zu einer Gesamtfreiheitsstrafe von 7 Jahren und 6 Monaten und ordnete die Unterbringung in einer Entziehungsanstalt an.

Erik Kessler hingegen wird lediglich wegen Körperverletzung mit Todesfolge und versuchten Totschlags zu einer Gesamtfreiheitstrafe von 7 Jahren und 6 Monaten verurteilt. Auch er wird in einer Entziehungsanstalt untergebracht.

Die Kammer stellt nach 11 Verhandlungstagen folgenden Sachverhalt fest: Am Dienstagmittag kamen Jeff Smith und Ernst Kaiser überein, gemeinsam Alkohol zu trinken. Sie kauften deshalb 6 Flaschen Erdbeersekt und eine größere Menge Wodka ein. Ab 13.30/14 Uhr setzten sich beide auf die Terrasse und tranken entsprechend der Gewohnheit Erdbeersekt zum Aufwärmen. Gegen 17 Uhr kam Erik Kessler zu Besuch. Um 20 Uhr rief Ernsts Bruder, der Zeuge Herbert Kaiser, auf dessen Handy an. Weil der Ernst vergaß aufzulegen, konnte der Bruder weiter mithören, über was sich die drei auf der Terrasse unterhielten. Aus Neugier verfolgte dieser etwa eine Viertelstunde die Themen rund um Frauengeschichten sexueller Natur. Dabei war die Stimmung noch gut. Der Bruder erkannte aber, dass alle drei schon ziemlich betrunken waren, weshalb er schließlich darauf verzichtete, weiter die Gespräche zu belauschen. Später aber schlug die Stimmung der Drei um, als das Thema auf Jeffs Ex kam und Ernst Kaiser meinte, diesen ärgern zu müssen. Ernst behauptete wahrheitswidrig, dass sein Bruder was mit dieser habe und Jeff die Frau nie wiedersehen werde. Jeff, der ohnehin unter Alkohol schnell zu Aggressionen und Gewalt neigt, wurde langsam wütend, schließlich so wütend, dass er aufsprang und auf Ernst einschlug.

Erik, der sich zuvor bereits in den Streit eingemischt hatte und behauptete, dass Ernst auch etwas mit seiner Ex-Freundin habe, um dem Ganzen zusätzlich Schwung zu verleihen, beteiligte sich. Als Ernst zu Boden ging, trat Erik Kessler mehrfach mit dem beschuhten Fuß auf Ernst ein.

Nachdem Ernst sich nicht mehr regte und stöhnend am Boden liegen blieb, setzten Jeff und Erik ihn gemeinsam auf einen Stuhl auf der Terrasse und tranken zunächst weiter. Weil sich Ernst rasch erholte, fing er wieder an zu sticheln, woraufhin die beiden Angeklagten so lange auf ihn einschlugen und traten, bis Ernst Kaiser regungslos auf dem an die Terrasse angrenzenden Rasen liegen blieb und keine Geräusche mehr von sich gab.

Der Vorsitzende betont in der Urteilsverkündung:»Beide erkannten, dass sie Ernst Kaiser nicht nur verletzen, sondern die Art, wie man auf den Geschädigten einwirkt, auch lebensgefährlich ist.« Kaiser erlitt eine kleine Risswunde oberhalb des linken Auges, ein Brillenhämatom am linken und rechten Auge, kleine Aufplatzungen an den Lippen und diverse Hämatome am Körper sowie abgrenzbare Einblutungen in die weiche Hirnhaut ohne Verletzung des Gehirns, ein Schädelhirntrauma und diverse Rippenfrakturen, wobei unklar blieb, welche Verletzungen Ernst Kaiser im ersten Akt und welche im zweiten Akt erlitten hatte.

Als das Opfer nun regungslos und still auf dem Rasen lag, wurde Jeff Smith die Tragweite seines Handelns bewusst. Ihm fielen die Worte der Richterin in der letzten Hauptverhandlung ein, ihre unmissverständliche Ansage, dass er beim nächsten Mal weggesperrt werde.»Das ist Ihre letzte Chance« – hatte sie gesagt. Der Angeklagte Smith fürchtete sich deshalb vor einer Anzeige. Jeff und Erik beratschlagten und kamen schließlich auf die Idee, Ernst Kaiser in dem Anhänger zur Weser zu bringen. Beide schmissen den regungslosen Körper in den Anhänger, wobei es zu weiteren Rippenfrakturen kam. Durch eine der Rippenfrakturen wurde das Brustfell aufgespießt. Beide zogen nun den Anhänger 2 Kilometer durch die Stadt, sie waren 20 bis 30 Minuten unterwegs. Der Weg führte sie durch Wohnbebauung, an einer Apotheke vorbei bis zur Kaimauer. Dort schubsten sie den Geschädigten aus dem Anhänger, wobei ihnen der Anhänger entglitt und ebenfalls in das Wasser stürzte. Der Vorsitzende fasst es in der juristischen Wertung fast pietätlos klingend zusammen: »Die Kammer ist zu dem Ergebnis gelangt, dass die Angeklagten weder durch den ersten noch den zweiten Teilakt ein vorsätzliches Tötungsdelikt verwirklicht haben, da sich ein bedingter Tötungsvorsatz nicht feststellen lässt. Gleichwohl sind die Körperverletzungen letztendlich todesursächlich gewesen, weshalb beide wegen Körperverletzung mit fahrlässig verursachter Todesfolge zu verurteilen waren. Ein vollendetes Tötungsdelikt durch das Hineinwerfen in den Fluss scheidet aus, weil der bereits verstorbene Geschädigte insoweit ein untaugliches Tatobjekt darstellte. Nach Überzeugung der Kammer war Ernst Kaiser zu diesem Zeitpunkt bereits tot. Aber die Angeklagten hielten es für möglich, dass er noch lebt, und somit auch, dass Ernst Kaiser in der Weser ertrinkt.« In Richtung der Staatsanwältin schauend fügt der Vorsitzende hinzu: »Ein sogenannter untauglicher Versuch, der uns alle im Studium beschäftigt hat, aber vermutlich bis heute noch nie in der Praxis.« Sodann setzt er die Urteilsbegründung fort: »Für den Fall des Nochlebens war beiden auch klar, dass der Geschädigte infolge der Alkoholisierung, seiner Verletzungen und der Handlungsunfähigkeit ertrinken wird. Und deshalb sind beide aufgrund dieser Vorstellungen und des damit begangenen Unrechts wegen eines versuchten Tötungsdeliktes zu bestrafen. Anschließend kehrten beide Angeklagte zum Wohnhaus zurück, wechselten dort ihre Kleidung, wuschen die blutverschmierten Kleidungsstücke und auch die Schuhe. Am nächsten Tag sprachen sie bei einer Flasche Wodka das weitere Verhalten ab. Dabei gab es keine gegenseitigen Schuldvorwürfe, weil ihnen klar war, dass beide für den Tod verantwortlich sind. Im Gegensatz zu dem Angeklagten Kessler verfolgte der Angeklagte Smith das Ziel zu verhindern, dass er für die vorangegangenen Körperverletzungen zum Nachteil des Geschädigten Kaiser angezeigt und verurteilt wird, weshalb Smith wegen versuchten Mordes zu bestrafen ist.«

Anders als vielfach von dem juristischen Laien angenommen, ist nicht jeder, der vorsätzlich tötet, ein Mörder. Tötet jemand (bedingt) vorsätzlich einen Menschen, so ist er grundsätzlich wegen Totschlags zu bestrafen.

Mord liegt hingegen nur dann vor, wenn sog. **Mordmerkmale** festgestellt werden können, die die Tat als solche besonders verachtenswert machen, wie etwa Heimtücke, Habgier oder Verdeckungsabsicht.

Die Unterbringung in einer Entziehungsanstalt – »Knast« mit Hotelcharme? Ein Gericht kann einen Angeklagten neben der Verurteilung zu einer Freiheitsstrafe in einer sog. Entziehungsanstalt unterbringen, wenn der Angeklagte den Hang hat, Alkohol oder andere Drogen im Übermaß zu konsumieren und die angeklagte Tat auf diesen Hang zurückzuführen ist, sofern die Gefahr besteht, dass er aufgrund des Konsums weitere Straftaten begehen wird (§ 64 StGB). In solchen Fällen wird in der Regel ein Teil der Freiheitsstrafe vorweg vollzogen, also vor der Verlegung in das Maßregelvollzugszentrum.

Der Patient verbringt grundsätzlich die ersten Wochen auf einer geschlossenen Station der Klinik. Im Laufe der Unterbringung erhält er Lockerungen, sofern er sich als absprachefähig und regeltreu erweist und eine Gefährdung Dritter nicht in Betracht kommt. Zunächst wird er in kurzen Ausgängen in Begleitung, danach ohne Begleitung, in Tagesausgängen und schließlich in Beurlaubungen erprobt.

Die Sicht der forensischen Psychiaterin

Viele Menschen verbinden mit Psychiatern in erster Linie Menschen, die sich zugewandt in andere Menschen hineinversetzen und die – vor allem auch für abweichende Verhaltensweisen – eine Menge »Verständnis« aufbringen. Im Zusammenhang mit Strafverfahren unterstellt man Gutachtern rasch, sie wären dazu da, für den Angeklagten ein möglichst geringes Strafmaß zu erwirken. Diese Vorstellung ist allerdings eindeutig falsch. Bei Gutachten geht es nicht um »Verständnis«, sondern um eine spezifische fachwissenschaftliche Einordnung eines Sachverhaltes.

Forensisch-psychiatrische Sachverständige haben in Strafverfahren daher eine eng umschriebene Aufgabe. Damit unterscheiden sich Rolle und Arbeit eines psychiatrischen Sachverständigen grundlegend von der eines Therapeuten. Im Strafverfahren hat man als Sachverständiger zu prüfen, ob ganz bestimmte, für die Rechtsprechung potentiell relevante psychische Störungen zum Tatzeitpunkt vorgelegen haben und ob eine solche Störung dann einen Einfluss auf die Einsichts- oder Steuerungsfähigkeit gehabt hat. Welche psychischen Störungen für die Strafrechtler überhaupt relevant sind, sind insofern im § 20 StGB festgelegt, als dass es dort um die Feststellung von »krankhaften seelischen Störungen«, »tiefgreifender Bewusstseinsstörung«, »Intelligenzminderung« oder einer »schweren anderen psychischen Störung« geht. Unter diesen sperrigen Begriffen versteht man Psychosen, gravierende Minderbegabung oder schwerwiegende Auffälligkeiten in der Persönlichkeit oder Sexualität. Zu gravierenden vorübergehenden psychischen Störungen gehören natürlich auch Rauschzustände durch Alkohol oder Drogen. Dabei kommt es immer auf das klinisch beschreibbare Ausmaß der Berauschung an. Bei einer Alkoholisierung ist z.B. nicht allein die

Promille-Zahl entscheidend, denn ein wenig trinkgewohnter Mensch ist bei 1 Promille schon ziemlich betrunken, ein geübter Trinker kann bei 2 Promille noch völlig unauffällig sein. Aufgabe von Sachverständigen ist nicht, darüber zu befinden, ob die Alkoholisierung sich – wie in dem hier geschilderten Fall – schuldmindernd auswirkt. Das ist allein Aufgabe des Gerichts. Von Sachverständigen wird verlangt, die individuelle Auswirkung eines bestimmten Grades der Alkoholisierung bei einer Täter-Person konkret zu beschreiben und aus dieser Beschreibung von Verhaltenssteuerung und Verhaltensanpassung, Emotionskontrolle und auch körperlichen Zeichen einer Berauschung dann abzuleiten, ob die Steuerungsfähigkeit bei einer Tat beeinträchtigt war oder nicht. Um die Beurteilung der Unfähigkeit, das Unrecht einer solchen Tat einzusehen, geht es in Fällen wie diesen ohnehin nicht, denn auch der Betrunkene weiß grundsätzlich, dass er andere Menschen nicht in Lebensgefahr bringen darf. Die Unfähigkeit, um das Unrecht einer Tat überhaupt zu wissen, ist nur in seltensten Fällen gegeben, so z.B. bei sehr ausgeprägter Intelligenzminderung oder in sehr speziellen Fällen eines schizophrenen Wahns.

Wenn, wie in diesem Falle, reichlich Alkohol im Spiel war, werden Sachverständige neben der forensisch-psychiatrischen Beurteilung des Alkoholisierungsgrades auf die Verhaltenssteuerung des Täters auch danach befragt, ob die Voraussetzungen für die Anwendung des § 64 StGB vorliegen, nämlich die Unterbringung des Täters in einer Suchtklinik. Der Hintergrund einer solchen Maßnahme ist, dass bei dem Vorliegen einer echten Suchtmittelabhängigkeit dann weitere Taten zu befürchten sind, wenn der Täter wegen der Suchterkrankung in Zukunft nicht abstinent bleiben wird. Eine solche stationäre Behandlung in einer gesicherten Klinik für suchtkranke Menschen dauert in der Regel 2 Jahre, kann aber auch um 2/3 einer zusätzlich verhängten Haftstrafe verlängert werden. Nach der Zeit ist aber in jedem Falle Schluss.

Wie geht man nun in Fällen wie diesem vor? Zunächst einmal analysiert man die Akten mit den Zeugenaussagen und den polizeilichen

Ermittlungsergebnissen daraufhin, ob es irgendeinen Hinweis für eine klassische psychische Erkrankung bei der Person gibt, über die man ein Gutachten verfassen soll. In diesem Falle ist schnell klar, dass die zwei Täter trinkgewohnt sind. Das kann man daraus schließen, dass hier vom gewohnheitsmäßigen Beschaffen von reichlich Sekt zum »Vorglühen« die Rede ist und man dann auf Hochprozentiges umzusteigen pflegt.

Zum Grad der Trunkenheit der drei Zechkumpanen gab es in diesem Falle auch die Zeugenaussage des Bruders des späteren Opfers, der am Telefon die Gespräche der Betrunkenen weiter hatte verfolgen können.

Für ein Gutachten aber muss man sich zunächst ein Bild von der gesamten Persönlichkeit und dem Lebensweg eines Täters machen. Dazu gehören neben individuellen Charaktereigenschaften auch besondere wie Gewaltbereitschaft, Reizbarkeit, gesteigerte Aggressivität unter dem Einfluss von Alkohol bzw. Drogen und ggf. entsprechende Vorstrafen. Zur Biographie gehört in solchen Fällen auch eine genaue Erhebung der Suchtmittel-Anamnese, also die Frage, welche Rolle Alkohol oder Drogen ab wann in welcher Menge und in welchen sozialen Zusammenhängen gespielt haben, ob der Konsum begrenzt werden konnte, ob es sozial negative Folgen gab wie z.B. Vorstrafen, Arbeitsplatzverlust, Scheitern von Beziehungen etc.

In solchen Fällen, in denen Blutalkoholbestimmungen nicht zeitnah nach einer Tat erfolgen können, weil der Täter erst sehr viel später gefasst wird, müssen Sachverständige aus den Angaben von Trinkmengen eine mutmaßliche Blutalkoholkonzentration zur Tatzeit errechnen. Dazu muss ihnen aber vom Gericht vorgegeben werden, von welchen Trinkmengen-Angaben denn ausgegangen werden soll, denn nicht selten neigen Beschuldigte dazu, wegen ihrer Hoffnung auf eine Art »Strafrabatt« mehr Alkoholkonsum anzugeben.

Fälle wie dieser sind für forensisch-psychiatrische Gutachter nicht ungewöhnlich. Typisch ist, dass drei sehr trinkfeste (also einen schädlichen Alkoholkonsum betreibende) Männer zusammen zechen, die Stimmung erst ausgelassen und fröhlich ist und die Stimmung plötzlich wegen einer Äußerung, wegen eines Themenwechsels mit provozierendem Inhalt kippt. Nicht selten finden sich hier Menschen zusammen, die – wie Jeff Smith – bereits einschlägig vorbestraft sind, weil sie bereits unter Alkoholeinfluss gewalttätig geworden waren. Bemerkenswert daran ist, dass sie eben trotz ihrer Erfahrung, unter Alkoholeinfluss gewalttätig zu werden, nicht die Konsequenz daraus ziehen, nicht mehr zu trinken, sondern dass sie ihr Verhalten trotz fataler Auswirkungen nicht ändern. Da die Emotionsregulation und die Impulssteuerung unter Alkoholeinfluss abnehmen, steigt nun die Gefahr beträchtlich, dass es zu impulsiver Aggressivität kommt. Nicht so selten ist auch, dass eine zweite Person die in der Luft liegende gereizte Stimmung nun aufgreift und in Trittbrettfahrer-Manier gewissermaßen Öl ins Feuer gießt, so wie auch hier Erik nun mit seiner Story die Wut auf Ernst anheizt. Die Aggressionen gegen Ernst als Opfer, werden durch das blitzschnelle Erfinden von »Gründen« weiter angeheizt und man bestätigt sich gegenseitig in der Berechtigung zur Gewaltausübung dadurch, dass man irgendwelche Gründe findet, oder auch erfindet. Der zentrale Mechanismus der vernichtenden und letztlich dann tödlichen Gewalt wird hier durch die Alkoholisierung und die damit einhergehende Enthemmung der Täter freigesetzt, geht aber auf ein ganz anderes Prinzip zurück, nämlich die Vernichtung einer Person, die eine andere Person kränkt. Ernst stichelt wahrheitswidrig, dass Jeffs Ex-Frau eine Affäre gehabt habe. Jeff erweist sich aber als eine Person, – zumindest im alkoholisierten Zustand – die mit einem persönlichen Gefühl der Kränkung so umgeht, dass er Kränkung in Wut umwandelt und diese Wut dann direkt nach außen richtet – und zwar auf den Überbringer einer kränkenden Nachricht. Fatal ist hier nun in doppelter Hinsicht, dass das alles auch noch eine böswillige Erfindung war. Viele Tötungsdelikte hängen damit zusammen, dass die Person vernichtet werden soll, die für eine Kränkung verantwortlich gemacht wird. Es geht also um die »Ausschaltung« von jemandem, der die eigene Selbstachtung beschädigt. Solche Mechanismen findet man auch bei Tötungsdelikten ohne nennenswerten Alkohol- oder Drogenkonsum. Bei berauschten Menschen lässt sich der Mechanismus aber dann noch leichter auslösen. Dieser Fall zeigt hier dann weitere typische Details: es gibt massive Gewalt. Das Opfer wird schwer verletzt. In der schnapsseeligen Kritiklosigkeit und ihrer allgemeinen Unempfindlichkeit wird aber die Gefahr, in der das Opfer schwebt, nicht erkannt bzw. gleichgültig hingenommen. Erst einmal ist also Ruhe. Dann aber erholt sich das Opfer, also der – aus der Sicht der Täter ja eigentliche Bösewicht – wieder und dann gibt es einen »Nachschlag« gewalttätiger Bestrafung, die das Opfer nicht überlebt. Und nun tritt eine gewisse Ernüchterung bei den Beteiligten ein, die schließlich erkennen, dass sie aus einer »kleinen Schlägerei unter Freunden« jetzt ein ernsthaftes Problem haben. In diesem Falle erinnert sich Jeff Smith nun daran, dass er sich keine weitere Anzeige mehr leisten kann. Und dann unterscheiden sich Fälle wie diese in den markanten Details, wenn es darum geht, das Opfer verschwinden zu lassen. Die einen rollen eine Leiche in einen Teppich und fahren zur Müllhalde, ein anderer versucht es mal mit der Verbrennung einer Leiche und diese Herren hier legen ihr Opfer in den Anhänger und versenken, freilich auch hier etwas anders als geplant, den Anhänger mit dem Toten in der Weser.

Um es hier klar zu sagen: Das Verhalten der Täter ist grob, aber beide sind nicht psychisch krank oder psychisch hoch abnorm im engeren Sinne. Zur Unterbringung gem. § 64 StGB wurden sie verurteilt, weil sie einen krankheitswertigen, schädlichen Konsum von Alkohol betrieben, der zugleich negative soziale Folgen und dann eben insbesondere eine Gefahr für Dritte darstellt. Das Gericht erkannte in diesem Falle unter sachverständiger Beratung durch einen Gutachter, dass der jeweilige Grad der Alkoholisierung bei den Tatbeteiligten zu einer relevanten Minderung der Steuerungsfähigkeit, also zu einer Enthemmung geführt hatte. Dass hier in diesem Falle jedoch ganz sicher keine Steuerungsunfähigkeit vorgelegen hat, kann man schon an der Mehrzeitigkeit des Tatgeschehens und der dann nachfolgenden »logischen« Verhaltensweisen zur Verdeckung des Verbrechens erkennen. Bei Taten mit mehrzeitigem Ablauf gibt es keine Schuldunfähigkeit. Die gesamte juristische Bewertung des Sachverhaltes ist und bleibt dabei stets Aufgabe des Gerichts.

Übertötet – Tötungsdelikt zum Nachteil des Vaters

Eine kleine Gemeinde im Landkreis N. mit knapp 4000 Einwohnern
Januar 2016

Die 63-jährige Ilse Koch, gelernte Steuerfachgehilfin, kehrt von der Arbeit nach Hause zurück. Sie parkt den PKW in der Einfahrt, klingelt zunächst vergeblich an der Haustür und begibt sich sodann zur üblicherweise nicht verriegelten Hintertür. Dort stellt sie fest, dass das Waschküchenfenster neben der Tür eingeschlagen ist. Sie beschließt, das Haus nicht zu betreten und stattdessen den Sohn Lasse anzurufen. Weil sie Lasse nicht erreichen kann, wählt sie nunmehr die Handynummer des Neffen Kristian: »Kristian, kannst du mal vorbeikommen? Bei uns scheint eingebrochen worden zu sein. Das Waschküchenfenster ist eingeschlagen. Ich mache mir Sorgen, Siegfried öffnet nicht die Haustür, eigentlich müsste er zu Hause sein.« »Klar kommen wir vorbei, ich bin mit Sabine gerade in der Nähe.« 5 Minuten später sind Kristian Koch und dessen Verlobte Sabine Volkmann vor Ort. Ilse Koch berichtet, dass sie ausgerechnet heute den Haustürschlüssel vergessen habe. Zudem sei entgegen sonstiger Übung heute die Hintertür verriegelt. Die taffe Sabine beschließt kurzerhand, durch das Waschküchenfenster in das Haus zu klettern. Sie geht durch die Waschküche in Richtung Wohnbereich. Es ist mucksmäuschen still, nur ihr Pulsschlag dringt durch die Stille. Die Tür zum Wohnzimmer scheint blockiert. Sabine Volkmann ruckelt an der Tür und murmelt »Was um Gottes Willen ist hier bloß los?« Nach einiger Kraftanstrengung gelingt es ihr, ein hinter die Tür geschobenes Ledersofa wegzurücken und sich so Zutritt zu verschaffen. Alles sieht ordentlich aus, aufgeräumt, nichts deutet auf einen Einbrecher hin. Im

Wohnzimmer angekommen wendet sie sich in Richtung Flurtür. Sabine Volkmann bemüht sich, möglichst keine Geräusche zu verursachen. Sie bleibt stehen und lauscht ... im Haus ist es still – unheimlich still. Gleichzeit bemerkt sie, dass sie kaum noch atmet – so aufgeregt ist sie. Sie wendet sich der Flurtür zu, um die anderen beiden durch die Haustür in das Gebäude zu lassen. Nun sieht sie zwei Beine, ihr Herz beginnt zu rasen. »Siegfried, Siegfried! Wach auf, was ist bloß passiert, um Gottes Willen!« Siegfried Kochs Kopf ist mit einer Jacke abgedeckt. Alles ist voller Blut, Sabine mag nicht hinschauen. Sie schreit lautstark um Hilfe, ehe ihr einfällt, dass die anderen beiden ja gar nicht in das Haus können. Sie rennt zur Haustür, ruft die zwei. In wenigen Sätzen berichtet sie, was sie vorgefunden hat. »Siegfried braucht einen Notarzt! Ruft die Polizei!« Kristian Koch setzt den Notruf ab. Ilse bricht in Tränen aus. Während man vor der Haustür wartet, um die Polizei einzuweisen, hören sie schon von Ferne das Martinshorn. Die zwei uniformierten Polizisten begeben sich in das Haus und entfernen die Jacke vom Kopf der im Flur liegenden Person. Beim Anblick des stark deformierten Kopfes ist klar, dass der Mann Verletzungen erlitten hat, die sich mit dem Leben nicht vereinbaren lassen. Der Notarzt wird nur noch den Tod diagnostizieren können. Die Beamten begeben sich zu den draußen wartenden Angehörigen. »Wohnt hier sonst noch jemand?« Ilse Koch schluchzt: »Ja, nebenan, der Seiteneingang. Da wohnt unser Sohn Lasse. Ich kann Lasse nicht erreichen und sein Auto ist auch nicht auf dem Hof!« Mit gewissem Stolz ergänzt sie: »Lasse ist unser einziges Kind. Er ist gelernter Rettungsassistent!«

Der Notarzt stellt den Tod fest und notiert auf der Todesbescheinigung: »Offenes Schädelhirntrauma bei stumpfer massiver Gewalteinwirkung auf den Kopf«. Der Arzt bittet einen der Polizisten um ein kurzes Gespräch: »Ich war heute schon einmal hier. Vater und Sohn hatten sich gestritten, der Vater war gestürzt und wurde von uns ambulant behandelt.«

Die Beamten informieren den Leiter des Fachkommissariats I, den EKHK Helmut Meyer.»Wir haben einen Fall für euch! Ein Toter nach heftigster Gewalteinwirkung! Da wollte jemand auf Nummer sichergehen!« EKHK Meyer ruft umgehend den Kollegen KHK Chris Horstmann an, der die Spurensicherung leitet. Bereits eine halbe Stunde später sind die Kollegen der Spurensicherung vor Ort, Horstmann, in weißem Anzug mit Kopfhaube, Schuhüberzügen und blauen Latexhandschuhen, beginnt, den Tatortbefundbericht zu diktieren.»Bei der Tatörtlichkeit handelt es sich um ein freistehendes zweigeschossiges Backsteinhaus, einen Resthof.

Im Erdgeschoss, das aus drei Räumen und einer Waschküche besteht, wohnt der Geschädigte mit seiner Ehefrau, im Dachgeschoss deren Sohn Lasse ...« Kollege KOK Kurt Sandmann unterbricht ihn:»Im Wohnzimmer fällt auf, dass einer der Stühle, die um den Holztisch stehen, umgekippt ist.« KHK Horstmann deutet mit einem kurzen Handzeichen an, dass er sich darum später kümmern möchte, wendet sich dem eigentlichen Tatort im Flur zu und spricht weiter in sein Diktiergerät:»Auf dem Fußboden befindet sich eine größere Menge Blut, das teilweise schon angetrocknet ist und vom Leichnam aus unter die Kommode und von dort aus in das Wohn-/Esszimmer läuft. An den Wänden des Flures sind unzählige Blutanhaftungen, dasselbe gilt für die Gegenstände, die sich auf der Kommode befinden. Dort liegt u. a. ein abgebrochenes Messer mit Blutantragungen. Direkt neben dem Leichnam finden die Beamten einen Stein, geschätzte Größe 20 x 30 cm, vor.«

Ein weiteres Team der Spurensicherung betritt die Wohnung des Lasse. Die Wohnung ist in desolatem Zustand, überall liegen Abfälle, Kleidung und Zigarettenstummel. EKHK Meyer telefoniert mit der Staatsanwältin Dr. Katharina Linnemann, die darum bittet, eine Leichenschau der Rechtsmedizin direkt am Tatort zu veranlassen. EKHK Meyer kümmert sich darum und auch um die Einrichtung einer Mordkommission. Er erörtert die Sache mit dem Leiter des Zentralen Kriminaldienstes:»Ich brauche rasch einige Teams hier vor Ort, die die Nachbarn vernehmen!«

Für die **Rekonstruktion des Tatgeschehens** ist es in der Regel sinnvoll, dass Rechtsmediziner sich den Tatort selber anschauen, möglichst noch vor Veränderung der Leichenlage. Denn durch ein Umlagern der Leiche können bereits Leichenflecken verändert werden. Untersuchungen vor Ort sind deswegen insbesondere auch im Hinblick auf die Todeszeitbestimmung angezeigt. Vor Ort erfolgt stets eine exakte Protokollierung zur Wegdrückbarkeit und Umlagerbarkeit der Leichenflecke, zur Prüfung der Leichenstarre in verschiedenen Gelenken, zum Ausmaß einer eventuellen Leichenfäulnis. Mit einem digitalen Thermometer wird die Körperkerntemperatur registriert, ebenso die Umgebungstemperatur in verschiedener Entfernung vom toten Körper. Mit einem in die Muskulatur eingestochenen Reizstromgeräts wird schließlich die elektrische Erregbarkeit der Muskulatur aufgerechnet.

Kurz darauf ertönt auf seinem Handy ein Seemannslied. Es wird die Rufnummer des Kollegen KHK Ludwig Block angezeigt:»Hey, Ludwig, was ist los? Seid ihr auf dem Weg hierher? Was? Wer rennt schreiend im Ort rum? Die Kollegen KHK Fred Berger und KHK Jan Sonnemann sollen sich umgehend um den Mann kümmern!«

Als die Ermittler KHK Berger und KHK Sonnemann das Tatobjekt verlassen und gerade im Begriff sind, in ihren Dienstwagen zu steigen, um den Mann zu suchen und zu überprüfen, hören sie bereits laute Schreie. Kurz darauf bemerken sie einen Mann auf der Straße, der lediglich mit einer Unterhose bekleidet schreiend auf sie zu kommt. Fred Berger reißt seine Waffe aus dem Schulterholster:»Sie! Stehen bleiben!« Ihm gelingt es, den Mann unter Vorhalt der Waffe zu Boden zu sprechen – wie es im Polizeijargon heißt. KHK Sonnemann legt ihm die Handschellen an.»Wer sind Sie?« Den Beamten fallen die Blutspuren an den Händen des Mannes auf, der völlig verschmutzt ist.»Lasse, ich bin schuld. Erschießen Sie mich!« Lasses Verhalten ist sprunghaft, die Frage, woher er komme, bleibt unbeantwortet. Lasse Koch wird in einem Streifenwagen zur Dienststelle verbracht.

Nachdem die Rechtsmedizinerin eine Leichenschau durchgeführt hat, sucht sie die Dienststelle auf. EKHK Meyer teilt ihr mit:»Die Staatsanwältin hat in der Zwischenzeit mit dem Richter telefoniert. Er hat mündlich die Blutentnahme und die körperliche Untersuchung des tatverdächtigen Sohnes angeordnet.« Sie entnimmt dem Tatverdächtigen eine Blutprobe und untersucht ihn. Frische Verletzungen sind am Körper und insbesondere an den Händen des Mannes festzustellen. Ein Beamter der Spurensicherung fertigt Lichtbilder der Hände und Unterarme.

Lasse Koch wendet sich ihm zu und sagt:»Ich bin das gewesen mit meinem Vater!« Der Beschuldigte scheint sich beruhigt zu haben und macht inzwischen einen geordneten und orientierten Eindruck. Silke Hogrebe, Kriminalhauptkommissarin, sucht deshalb Lasse Koch, den sie aus der gemeinsamen Schulzeit kennt, wenig später in der Zelle auf und belehrt ihn. Sie will wissen, ob Lasse Koch tatsächlich etwas mit dem Tötungsdelikt zu tun hat. Der Beschuldigte sagt:»Früher war ich noch fitter, da habe ich auch noch keine Drogen genommen und noch keine Menschen umgebracht!« Er berichtet ihr von dem zerrütteten Verhältnis zum Vater, davon, dass er seit mehreren Tagen »durchgemacht« und Amphetamine eingenommen habe. Mehrfach flüstert er zu sich selber:»Was habe ich da bloß getan!« KHKin Silke Hogrebe ruft die Staatsanwältin an:»Der Fall dürfte aufgeklärt sein!«»Prima, dann senden Sie mir bitte so schnell wie möglich erste Berichte und einen Vermerk zu den Angaben des Beschuldigten. Der Beschuldigte muss heute noch dem Haftrichter vorgeführt werden.« Am Nachmittag wird Lasse Koch zum Haftrichter gebracht. Als die Beamten ihn aus der Gewahrsamszelle holen, hat der Beschuldigte weiter Redebedarf und sagt ungefragt:»Es ist das Widerlichste, einen Menschen umzubringen, aber ich musste sichergehen, dass er tot ist!« Die Staatsanwältin ist bei der Vorführung im Amtsgericht anwesend, sie spricht mit Lasse Koch und dem Verteidiger:»Ich würde Sie gerne selber umfassend vernehmen.« Der Verteidiger nickt.»Ja, das dürfte sinnvoll sein. Das Verhältnis zwischen meinem Mandat und dem Vater war sehr besonders. Ich möchte das mit meinem Mandanten zunächst erörtern und werde Sie zeitnah anrufen!«

Nach der Verkündung des Haftbefehls treffen sich die Staatsanwältin, der Leiter der Mordkommission und der Hauptsachbearbeiter, um das weitere Vorgehen zu erörtern. Der Auftrag der Staatsanwältin ist klar:»Die Spuren an den Tatwerkzeugen sollten möglichst umgehend untersucht werden. Ferner sind Kontaktpersonen zu vernehmen. Wir brauchen eine solide Tatsachengrundlage für eine psychiatrische Begutachtung des Beschuldigten! Und wo sind die Bekleidungsstücke, die Lasse bei der Tat trug?« Die Kommissare berichten, dass Suchtrupps die gesamte Umgebung inklusive der Felder abgesucht hätten, man habe jedoch die Kleidung bislang nicht finden können.»Auch das Handy ist weg, das will er nach der Tat auf einem Stein irgendwo zerschlagen haben! Möglicherweise hat er doch planmäßiger gehandelt, als er vorgibt.« Die Staatsanwältin Dr. Linnemann bittet um weitere Ermittlungen:»Es sollte auch das Alibi der Ehefrau überprüft werden, um sicherzustellen, dass sie nicht bei der Tat anwesend war. Und wir brauchen eine Haarprobe des Tatverdächtigen, um prüfen zu können ob bzw. was er langfristig an Drogen konsumiert hat.«

Während die Beamten zusammensitzen, stehen zwei weitere Beamte der Mordkommission, zwei Obduzenten und ein Sektionsassistent im Institut für Rechtsmedizin Hamburg in grünen OP-Kitteln und mit Mundschutz und Einmalhandschuhen am Obduktionstisch. Der Leichnam wurde nach Abschluss der Spurensicherungsmaßnahmen nach Hamburg überführt. Die Sektion findet als Eilmaßnahme statt. Das ist eine Routine bei allen Kapitaldelikten zu jeder Tages- und Nachtzeit.

Vor jeder Sektion wird eine computertomografische Untersuchung vorgenommen, so dass die Rechtsmediziner über innere Befunde bereits orientiert sind. Danach richten sie dann das Vorgehen bei der Sektion aus.

Die **Aufgabenverteilung ist Sektionssaal** ist folgendermaßen:

Der Obduktionsassistent bringt die Leiche in den Saal, reinigt sie und assistiert bei der Sektion. Der Obduzent führt die äußere und innere Besichtigung des Leichnams durch und fertigt ein Protokoll darüber. Der Präparator stellt die Leiche nach der Obduktion wieder her.

Zuerst wurde der Leichnam, der noch in einem Schlafanzug steckte, entkleidet. Der Obduzent Prof. Dr. Heller diktiert:»Beginn 9 Uhr. Nur spärlich ausgeprägte Totenflecken am Rücken, die auf kräftigen Fingerkuppendruck noch wegdrückbar sind.« Nach weiteren Untersuchungen ergänzt er:»Totenstarre in allen Gelenken kräftig ausgebildet. Meine Herren, Sie kennen das. Eine haargenaue Todeszeitangabe gibt's nur im Krimi. Wenn wir alle relevanten Faktoren berücksichtigen, liegt das Zeitintervall des Todeseintritts im Verlauf des gestrigen Nachmittags.« Einer der Beamten grinst:»Alles andere wäre ja auch zu schön gewesen!«

Man muss ehrlich einräumen, dass die Einschätzung der **Todeszeit** nach wie vor ein unergiebiges Kapitel der Rechtsmedizin ist. In Krimis erlebt man immer wieder eine nahezu minutengenaue Angabe der Tatzeit. Spektakulär sind die»Ärzte«, die der Leiche die Hand auflegen und sodann der Polizei eine exakte Sterbezeit benennen. Die Wirklichkeit meint es mit den Ermittlern keineswegs so gut.

Auch unter Berücksichtigung aller Untersuchungsbefunde zu Leichenflecken, Leichenstarre, elektrischer Erregbarkeit der Muskeln und Körpertemperatur können die Experten die Todeszeit in den ersten 24 Stunden nach dem Tod nur auf etwa plus-minus 3 Stunden genau angeben. Liegt der Tod länger zurück, wird es noch ungenauer.

Zurück in den Obduktionsaal: Der Präparator entfernt mit einem rauen Schwamm die verkrusteten Blutantragungen. Die beiden Obduzenten beginnen die Beschreibung am Rücken. Der 1. Obduzent diktiert:»In einer Höhe von ca. 150 cm oberhalb der Fersensohle beginnend befindet sich in der rechten oberen Rückenpartie eine v-förmige Weichteilwunde mit einer Gesamtlänge von 4 cm, die Wundränder klaffen auseinander.« Er führt die Pinzette ein, sodass der Verlauf des Wundkanals nachvollzogen werden kann. Während der Präparator an der Körperrückseite vom Nacken bis zum Gesäß das Gewebe freipräpariert, werden kleinere Einblutungen sichtbar, ebenfalls im Bereich der Rippen zeigen sich Weichteileinblutungen. Am Kopf bestehen schwerste Verletzungen.»Hier in der Scheitelregion befindet sich eine 5 cm lange klaffende Wunde. In der rechten unteren Hinterhauptregion ist eine bogenförmige, nach links konvexbogig geformte, klaffende Weichteilwunde, in der Tiefe sind Gewebsbrücken erkennbar sowie Knochenfragmente. Die rechte Ohrmuschel ist hochgradig zerstört, mehrere Knochenfragmente sind nach außen gelagert. Der Schädel weist eine extrem auffällige Asymmetrie auf.«

Nachfolgend wird der Leichnam gedreht. Der Rechtsmediziner greift mit einer Pinzette die Augenlider und zieht diese hoch.»Hier in den Bindehäuten haben wir zahlreiche feinste Punktblutungen. Meine Herren, wissen Sie, was das bedeutet?« Die Beamten nicken:»Klar, es kam zur Blutstauung am Kopfbereich durch Strangulieren.« Der Obduzent fährt konzentriert fort:»Die knöcherne Schädelbasis ist hochgradig gefügegestört, beide Augenhöhlendächer sind zertrümmert.« Aus der linken Augenhöhle zieht er mit der Pinzette einen Zahn. KHK Rolf

Geffke geht ein Schauer über den Rücken. »Ich habe weiß Gott schon vieles gesehen, aber sowas?« Der Arzt beschreibt weitere zahlreiche Weichteil- und Knochenverletzungen, bevor die Leiche geöffnet wird. Die Sektion erstreckt sich auf die Kopfhöhle, die Brust- und Bauchhöhle sowie auch auf Arme und Beine. Um 12.40 Uhr endet die Sektion, der Sektionsassistent erhält den Auftrag, den Leichnam zuzunähen. Der Obduzent wendet sich nun wieder direkt den Beamten zu: »So, meine Herren, dann will ich das Ergebnis für Sie mal zusammenfassen. Die Verletzungen sind massiv. Schädeldach- und -Basisbrüche, Zerreißungen der harten Hirnhaut, das Gehirn ist großflächig zerstört worden, ausgedehnte Mittelgesichtsbrüche, Kieferbrüche, Einblutungen in der Zungenmuskulatur, Petechien in Gesichtshaut (Fachbegriff für die punktförmigen Einblutungen), Augenlidern, Augenbindehäuten und der Hinterohrregion, eine deutliche zirkuläre Druckmarke in der Halshaut und darunter Blutungen in der Halsmuskulatur, Brüche beider Zungenbeinhörner, Blut in den Luftwegen, deutliche Blähung der Lungenflügel, zwei tiefgehende Stichwunden im vorderen Brustkorb rechts, wobei eine Rippe und der Lungenmittellappen rechts durchsetzt wurden, tiefere Weichteilwunden im Rücken, Querbruch des Brustbeins und Schnittwunden in den Händen. Die Verletzungen am Kopf sind Folgen extrem wuchtiger stumpfer und scharfer Gewalteinwirkungen.« KOK Nils Herrmann fragt nach: »Können Sie was zur Ursache sagen? In der unmittelbaren Nähe zur Leiche haben die Kollegen einen größeren Feldstein gefunden.« Der Rechtsmediziner wendet sich KOK Herrmann zu: »Denkbar ist, dass der Stein aus einer gewissen Höhe einmal aufgetroffen ist und so einen Großteil der Kopfverletzungen verursacht hat. Danach dürfte der Mann sofort handlungsunfähig gewesen sein. Die bandförmige Druckmarke am Hals, die massiven Einblutungen in der vorderen Halsmuskulatur sowie die Verletzungen von Zungenbein und Kehlkopf und die Petechien sind auf eine stattgehabte erhebliche komprimierende Gewalteinwirkung gegen den Hals zurückzuführen. Übersetzt heißt das: Der Mann ist mit einem Tatwerkzeug gedrosselt worden. Und schließlich haben wir einige Stichwunden festgestellt, die tief sind und mit Wucht verursacht wurden. Die Schnitte in den Händen belegen, dass sich der Mann noch gewehrt hat, er hat mehrmals in die Klinge hineingegriffen.«

Die Mordkommission vernimmt in den nächsten Wochen viele Zeugen, Arbeitskollegen, Nachbarn, die Rettungskräfte, die am Vormittag zum späteren Tatort gerufen wurden.

Staatsanwältin Dr. Linnemann sucht zusammen mit dem Verteidiger Dr. Christian Habermann den 39jährigen Beschuldigten in der Justizvollzugsanstalt (JVA) auf und vernimmt ihn dort. Der Beschuldigte ist redselig, darum bemüht, der Staatsanwältin zu vermitteln, dass er Abitur und eine gute Bildung hat, gerne betont er, dass er Sozialpsychologie, Soziologie und Philosophie studiert hat – allerdings ohne Abschluss. Der Vater sei immer dominant und rechthaberisch gewesen. Schon als Kind habe dieser ihn oft kritisiert, ihn als moppelig und als Pfannkuchengesicht bezeichnet. Auch soll der Vater mal gesagt haben: »Lasse, du bist einfach kein Beißer-Typ! Als Rettungssanitäter hatte ich zunehmend das Gefühl, dem Ganzen nicht mehr gewachsen zu sein und bin seit 7 Jahren wegen eines Burnouts verrentet. In den letzten Jahren rauchte ich täglich rund 40 Zigaretten, probierte Kokain, Cannabis und Ecstasy aus und seit einiger Zeit nehme ich regelmäßig Amphetamine und pro Tag 5 bis 8 Dosen Energy-Drinks. Dadurch fühle ich mich wacher und den Aufgaben besser gewachsen.«

Das Bild ist schließlich vollständig. Es gibt keine vernünftigen Zweifel daran, dass der Beschuldigte die Tat alleine begangen und anschließend einen Einbruchsdiebstahl vorgetäuscht hat. Die untersuchte Haarprobe belegt den steten Amphetaminkonsum.

Haare können den Ermittlern heute sehr viel verraten. DNA-Untersuchungen können sogar bei einem einzelnen Haar zeigen, von wem dieses Haar stammt. Deswegen muss jedes Haar am Tatort sorgfältig spurenkundlich gesichert werden. Durch chemisch-toxikologische

> Untersuchungen sind Drogen und Medikamente nachweisbar. Man weiß, dass Haare etwa einen Zentimeter pro Monat wachsen. Durch abschnittsweise Analyse der Haare zwischen Wurzel und Spitze kann also auch überprüft werden, wann in den letzten Monaten welche Substanzen konsumiert wurden.

Lasse Koch wird knapp drei Monate nach Festnahme angeklagt.

Fast 6 Monate nach der Tat beginnt die Hauptverhandlung. Im Zuschauerraum sitzt eine Frau, bereits über 30 Jahre alt und noch im Studium, die von ihren Eltern begleitet wird, und sich als Freundin des Angeklagten vorstellt. Sie scheint den Angeklagten erst in der Haft kennengelernt und sich sofort verliebt zu haben.

Nach 15 Tagen Hauptverhandlung, an denen das Gericht viele Zeugen und die Rechtsmediziner hört, wird am 27.09.2016 das Urteil verkündet:»Im Namen des Volkes! Der Angeklagte wird wegen Totschlags zu einer Freiheitsstrafe von 8 Jahren und 6 Monaten verurteilt. Gegen den Angeklagten wird die Maßregel der Unterbringung in einer Entziehungsanstalt angeordnet. Von der Freiheitsstrafe sind noch 1 Jahr und 7 Monate vor der Maßregel zu vollstrecken. Der Angeklagte trägt die Kosten des Verfahrens und seine Auslagen.« Zum Tatgeschehen stellt der Vorsitzende Volker Sander fest:»Der Angeklagte hatte Tage lang nicht geschlafen und grübelte über die Familiensituation und darüber, dass der Vater ihn aus seiner Sicht bevormundete. Schließlich begab er sich in die Wohnung der Eltern, um das Gespräch mit dem Vater zu suchen und zu klären, warum der Vater ihn nach seiner Auffassung ständig psychisch unter Druck setzt und ihm nicht auf Augenhöhe begegnet. Das Gespräch verlief jedoch nicht friedlich und ruhig, es gab ein Wort das nächste, der Angeklagte schubste den Vater, der stürzte. Als dieser über Schmerzen klagte, rief der Angeklagte den Rettungswagen. Gegenüber den Rettungskräften gab der Vater an, dass es ihm gut gehe, hingegen der Sohn nicht ganz in Ordnung sei. Der Angeklagte ärgerte sich über diese Bemerkung, fühlte sich gegenüber seinen ehemaligen

Arbeitskollegen diskreditiert. Einige Zeit später suchte er den Vater erneut auf und nahm ein Küchenmesser mit einer Klingenlänge von 11,3 cm mit. Es entwickelte sich ein neuer Streit, in dessen Verlauf der Vater auf seinen Sohn mit erhobener Hand zutrat. Nun schlug der Angeklagte wiederholt dem Vater gegen den Kopf, stach mit dem Messer auf ihn ein, griff zu einem Mörser auf der Anrichte im Flur, schlug damit mehrfach zu, würgte den Vater mit einer Hundeleine, die er diesem etwa 20 Sekunden kräftig um den Hals zog, wobei immer mehr Wut, Angst und Traurigkeit in ihm aufstiegen. Er stach erneut sechsmal wuchtig auf den Oberkörper ein, die dritte Rippe wurde dabei durchtrennt. Während der Tat setzte er sich mehrfach kraftvoll auf den Vater, wodurch diverse Rippen brachen. Spätestens jetzt fasste er den Entschluss, den Vater zu töten und holte einen ca. 14 Kilogramm schweren Feldstein aus dem Garten, den er mindestens einmal auf den Kopf des vor ihm liegenden Vaters warf. Nun trat unmittelbar der Tod ein.« Zur Strafzumessung erklärt der Vorsitzende: »Der Angeklagte wurde nicht durch eine Provokation zur Tat hingerissen, die einen minder schweren Fall des Totschlags begründen könnte. Zudem hatte der Sohn den Verdacht, dass der Vater an einer frontotemporalen Demenz erkrankt ist. Schließlich war der Angeklagte bereits mit einem Messer bewaffnet zum Vater gegangen, weshalb auf der Hand lag, dass sich der Vater hierdurch bedroht fühlte. Aber wir können sicher eine verminderte Schuldfähigkeit feststellen. Der Angeklagte war zur Tatzeit polyvalent substanzabhängig, er nahm aufputschende Mittel wie Amphetamine und Koffein, wobei er bereits eine erhebliche Toleranz entwickelt hatte, trotz schädlicher körperlicher, psychischer und sozialer Folgen. Deshalb stellte sich bei dem Angeklagten eine andauernde Persönlichkeits- und Verhaltensstörung ein mit reduzierter Frustrationstoleranz, Impulsivität und kognitiven Störungen. So berichtete eine Zeugin von einem plötzlichen und grundlosen Ausrasten drei Jahre vor der Tat. Ferner bestand zur Tatzeit eine akute Amphetaminintoxikation. Hingegen haben wir nichts feststellen können, was einen Affekt begründen könnte.«

46

Bedingter Tötungsvorsatz und Tötungsabsicht – Was macht den Unterschied aus? Ein Täter, der etwa mit einer Schusswaffe auf sein Opfer aus nächster Nähe zielt, um dieses hier und jetzt zu töten, handelt zweifelsohne mit Tötungsabsicht. Ein Täter hingegen, der erkennt, dass sein Handeln den Tod des Opfers verursachen kann, weil es sehr gefährlich ist (etwa Tritte gegen den Kopf eines am Boden Liegenden) und der Todeseintritt nicht ganz fernliegend ist, sich aber aus Gleichgültigkeit keine weiteren Gedanken macht oder sich mit einem Todeseintritt innerlich abfindet, nimmt den Todeseintritt billigend in Kauf, wenn er seine Handlungen fortsetzt – dies auch dann, wenn ihm der Todeseintritt unerwünscht ist. In diesen Fällen spricht der Jurist von einem bedingten Tötungsvorsatz. Der Vorsatz sagt hingegen nichts darüber aus, ob Totschlag oder Mord vorliegt. Der Tatbestand des Mordes hebt sich dadurch von dem des Totschlags ab, dass besondere Motive vorliegen, die das Tatunrecht erhöhen, etwa Habgier oder Verdeckungsabsicht.

Die Sicht der forensischen Psychiaterin

Wenn forensisch-psychiatrische Sachverständige mit einem Fall wie diesem beauftragt werden, ist von vornherein klar, dass hier mehrere Themenkomplexe sachverständig einzuordnen sind, die bei einem solchen Tötungsdelikt von Bedeutung sind. Zunächst einmal handelt es sich hier um eine hoch spezifische Täter-Opfer-Beziehung, und zwar hier konkret um einen sog. Parentizid, also die Tötung eines Elternteils. Zum anderen enthält die Akte deutliche Hinweise darauf, dass die Persönlichkeitsentwicklung und der Lebenslauf des Täters Auffälligkeiten aufweist und der Täter, hier also der Sohn, im Grunde schon sehr lange mit der Strukturierung des eigenen Lebens und der Erfüllung der durchschnittlich erwartbaren Anforderungen eines Lebens als Erwachsener überfordert war und sich der subjektiven Überforderungssituation durch Drogenkonsum entzog bzw. dieser dann auch noch zusätzlich eine eigenverantwortliche Lebensbewältigung einschränkte. Aus der beiläufigen Notiz, dass die Mutter des Täters, die zugleich ja als Ehefrau hier indirekt auch eine Geschädigte ist, mit Stolz darauf hinwies, dass der Sohn Rettungsassistent sei, ergibt sich bereits ein Hinweis darauf, dass es in der Familie größere soziale Spannungen gegeben haben dürfte, in der der Vater mit dem Sohn unzufrieden war und die Mutter sich lang anhaltend bemüht zeigte, mit großer Nachsicht auf die Lebensprobleme ihres Sohnes zu schauen und den Blick auf »das Gute« zu lenken.

Zum anderen verweisen die Tatort-Fotos mit dem Leichnam und dann auch der Obduktionsbericht darauf, dass hier mit unterschiedlicher, grober Gewaltanwendung getötet wurde, die Werkzeuge also gewechselt wurden, die Angriffsmethoden unterschiedlich waren, der Täter also die Tötung angestrebt hat. Der Sohn vernichtet seinen Vater und macht die eigene Mutter zur Witwe. Hinter solchen Fallkonstellationen, die nicht selten in einem völlig geordneten, bürgerlichen Milieu passieren, stecken häufig komplexe Familiendramen.

Ein forensisch-psychiatrischer Sachverständiger hat nun die Aufgabe, durch das Studium der Akten und dann auch Untersuchungsgespräche mit dem Beschuldigten bzw. Angeklagten ein genaues Bild der Persönlichkeit zu erstellen, zu prüfen, ob konkrete psychische Störungen von Krankheitswert vorliegen und dann die sog. Delikthypothese zu entwickeln, also aufzuzeigen, wie Person und Tat zusammenhängen und was das für die Einsichtsfähigkeit bzw. Steuerungsfähigkeit bedeutet. Man kann an dieser Stelle schon sagen: die Einsichtsfähigkeit in das Unrecht der Tat ist in solchen Fällen erhalten. Man weiß, dass man nicht töten darf. Es gibt nur äußerst wenige schwerwiegende psychische Störungen, bei denen sogar auf dieses grundlegende Wissen nicht mehr zurückgegriffen werden kann. In den allermeisten Fällen spielt das keine Rolle, auch nicht in diesem. Es geht hier also lediglich um die Frage, ob der Täter zur Tatzeit in seiner Steuerungsfähigkeit in irgendeiner Weise psychiatrisch begründbar vermindert gewesen war und welchen

Einfluss ein definierter Drogenkonsum dabei gespielt haben könnte. Im zweiten Schritt geht es um die Rechtsfolgen im Sinne einer Einweisung in eine psychiatrische Klinik nach § 63 StGB oder § 64 StGB. Die zeitlich befristete Unterbringung gem. § 64 StGB ist dann angezeigt, wenn das Gericht zu der Auffassung kommt, dass ein süchtiger Konsum von Rauschmitteln ein wichtiger Faktor bei der Tatbegehung war und die Gefahr der Wiederholung von Straftaten besteht, solange der Täter infolge seiner unbehandelten Suchterkrankung nicht abstinent wird leben können. Der § 63 StGB bezieht sich auf die zeitlich unbefristete Unterbringung von sicher vermindert schuldfähigen oder schuldunfähigen Tätern in einer hoch gesicherten psychiatrischen Klinik, wenn die Tat aus einer sehr schwerwiegenden, zeitlich überdauernden psychischen Störung resultiert und von einer weiteren Gefährlichkeit für die Allgemeinheit ausgegangen werden muss. Wichtig auch noch zu wissen, dass Untersuchungsgespräche für den Beschuldigten immer freiwillig sind. Er kann mit dem Gutachter sprechen, muss es aber nicht. In diesem Falle, da der Täter sich ja schon sehr rasch selbst zur Tat bekannt und umfangreiche Aussagen gemacht hat, spricht vieles dafür, dass er auch mit dem Gutachter gesprochen haben wird. Manchmal sind für Menschen in einer solchen Ausnahmesituation des Lebens Gespräche mit Gutachtern auch hilfreich, weil sie erstmals ausführlich rückblickend Auskunft über den eigenen Lebensweg geben können. Als Gutachter hat man aber keine therapeutische Funktion. Das muss klar sein.

In diesem Fall geht es also um einen langjährigen Familienkonflikt und um eine offenbar schon frühzeitig eher von Entwertung gekennzeichnete Vater-Sohn-Beziehung. Es ist klar, dass das niemals eine Tat rechtfertigt oder entschuldigt. Darum geht es nicht. Es geht bei Gutachten um das Aufzeigen der Mechanismen, wie ein Mensch sich dazu entwickelt, dass er später den eigenen Vater tötet. In diesem Falle also soll der Vater schon früh mit dem Sohn unzufrieden gewesen sein. Wegen seines dicklichen Aussehens und wegen des »mangelnden Biss« war der Vater offenbar in einer narzisstischen Weise enttäuscht über

das Wesen des Sohnes, der sein eigener war, aber der nicht seinen Vorstellungen von einem Jungen entsprach, den er gerne als Sohn gehabt
hätte. Menschen, die dominant und rechthaberisch sind, fällt es oft sehr
schwer, andere Menschen mit ihren jeweiligen anderen Eigenschaften
und auch Vorlieben oder Interessen zu akzeptieren. Der Vater wollte
einen »Beißer-Typ«, bekam aber einen Sohn, der Sozialpsychologie und
Philosophie studierte und das dann abbrach. Der Vater vermittelt dem
Sohn, dass er ein »Looser« ist, eine Enttäuschung. Die Mutter scheint
sich als Mutter an die kleinen Erfolge ihres Sohnes zu klammern, der
es dann zum Rettungsassistenten brachte, der Arbeit aber nicht gewachsen war und nunmehr im Alter von 39 Jahren bereits seit 7 Jahren
berentet ist. Im Grunde stellt sich die Biographie des Sohnes als Spie-
gelbild dar zu jener frühen Kritik, die der Vater immer schon an seinem
Nachwuchs hatte. Mit der späteren Tötung des Vaters hat der Sohn,
nunmehr zum Vatermörder geworden, die Entwertung seiner selbst
vollendet.

Nachdem der bildungsbürgerliche und auch allgemeine berufliche
Weg des Sohnes – aus welchen Gründen auch immer – gescheitert war,
begann er mit umfangreichem Drogenkonsum, um dem eigenen Le-
bensdilemma und der Realität zu entfliehen. Die schwer verwahrloste
Wohnung verweist auf einen völligen Strukturverlust im Leben und den
Verlust von Selbstfürsorge. Es liegt nahe, dass schon vor dem späten
Beginn des Drogenkonsums bei dem Sohn eine gewisse Persönlichkeitsakzentuierung vorlag, die sich in einer eher geringen Belastbarkeit
und Zielstrebigkeit, einer gewissen Lethargie und Neigung zur Überforderung zeigte, wenngleich Abitur und Studium darauf hinweisen, dass
es ihm an Intelligenz ja nicht mangelte und er auch grundsätzlich in der
Jugend noch in der Lage gewesen war, strukturierten Vorgaben wie der
Abiturvorbereitung zu folgen. Durch den späteren polytropen Drogenkonsum und der damit einhergehenden Verwahrlosung kam der damalige Sachverständige dann zu einer andauernden Persönlichkeits-und
Verhaltensstörung mit entsprechend reduzierter Frustrationstoleranz

und Impulskontrolle. Auslöser der Tat ist hier nun wieder ein Streit, der wiederum das alte Thema von Nicht-Genügen, Kränkung und Entwertung aufgreift. Der Vater entwertet, der Sohn weiß, dass er nicht genügt und ist gekränkt, wünscht sich aber eine »Augenhöhe« in der Kommunikation, die der Vater wiederum aufgrund seiner eigenen Persönlichkeit so nicht gewähren kann. Das ist der motivationale Boden für die sich beim Sohn entwickelnde Tötungsbereitschaft. Dass diese nicht aus dem Augenblick heraus entstand, sondern sehr wohl in der Phantasie gelegentlich bildhaft aufgetaucht sein muss, wird schon daran deutlich, dass er zum letzten Gespräch ein Messer dabeihatte. Der nachfolgende Tatablauf mit dem Gewaltexzess, der Anwendung unterschiedlichster Tatmittel von der Hundeleine bis zum Mörser auf der Anrichte und dann einem Feldstein, den er extra aus dem Garten holte, zeigt einen absoluten Vernichtungswillen. Das Motiv ist die narzisstische Wut auf den Vater als jenem, der durch die beständige Kritik und Unzufriedenheit zu einem Zusammenbruch der Selbstwertregulation geführt hat. Der Amphetaminkonsum wurde vom Gericht dabei als ein wichtiger konstellativer Faktor angesehen. Für die Tatzeit wurde eine bestehende akute Amphetaminintoxikation festgestellt. Das Gericht stellte hier also fest, dass der Amphetaminkonsum für den Gewaltexzess in einer entscheidenden Weise mitursächlich war. In der Tat sind aggressive Erregungszustände bei Amphetaminkonsum infolge ihrer stark anregenden Wirkung bekannt. Die euphorisierende Wirkung beruht auf der Freisetzung von Dopamin. Auf der anderen Seite führt ein Überschuss von Dopamin zu psychotischem Erleben und zu aggressiver Enthemmung. In diesem Fall berichtete eine Zeugin schon von einem völlig grundlosen Erregungszustand ein paar Jahre zuvor.

Dass der Sohn nach der Tat einen Einbruch vortäuschte, um den Verdacht zunächst von sich abzulenken, zeigt formal ein zweckrationales Vorgehen nach der Tat. Auch wenn dieses trickreiche Vortäuschen nicht von Erfolg gekrönt war, zeigt sich daran doch, dass der Täter sich nach der Tötung darum bemüht hat, zunächst einmal irgendetwas zu unternehmen, um als Täter unerkannt bleiben zu können. Dass sich hier dennoch ein psychopathologisch auffälliges Bild bot, zeigt sich an dem nur mit Unterhose bekleideten, schreiend herumlaufenden Sohn auf der Straße. Allerdings muss man als Sachverständiger im Rahmen der eigenen Untersuchung auch immer klären, ob hier bei aller Dramatik klinisch – psychopathologische Gründe eine Rolle spielten, oder das auffällige Nachtatverhalten auch einem manipulativen Kalkül des Täters entspricht, sich »verrückter« darzustellen, als er bei der Tat faktisch war.

Klosterwaldmord –
Gerechtigkeit im dritten Anlauf

Eine kleine Stadt in Niedersachsen mit rund 10.000 Einwohnern
Samstag, den 12.09.2015

Die 23jährige Sandra Tietjen mag die Natur, insbesondere Bäume üben eine magische Anziehungskraft auf sie aus, gerade heute, an einem so sonnigen Septembernachmittag. Nachdem sie die letzten Wochenendeinkäufe in einer naheliegenden Drogerie erledigt hat, fährt sie kurz heim und dann zum Klosterwald. Sie stellt ihren kleinen roten PKW in der Nähe des Eingangs ab und freut sich auf einen erholsamen Spaziergang. Beschwingt tritt sie durch das Tor des Klosters und den sich dort anschließenden Klosterpark. Ihr begegnen auf dem Gelände des Klosters viele Menschen. Kinder spielen auf den Wegen, fahren Rad, das kleine Café hat geöffnet, viele Menschen genießen hier den spätsommerlichen Samstagnachmittag. Etwas abseits des Cafés und der Teiche wird es ruhiger. Sandra empfindet diese Ruhe nicht als beunruhigend – ganz im Gegenteil.

Drei Tage später meldet sich Sandras Mutter bei Frauke Tietjen, Sandras Schwester. »Weißt du, wo Sandra ist? Ich mache mir Sorgen, seit Samstag kann ich Sandra nicht erreichen. Ihre Freundin hat mir erzählt, dass sie gestern nicht in der Berufsschule gewesen sei. Das passt nicht zu Sandra, sie hat sich so auf diese Ausbildung gefreut!« Am Abend sucht die Familie die nächstgelegene Polizeistation auf und erstattet Vermisstenanzeige. Sandra bleibt verschwunden, die Sorgen der Familie wachsen von Tag zu Tag. Die Polizei ermittelt, stellt fest, dass Sandras Handy seit Samstagnachmittag nicht mehr am Netz ist. Das letzte Signal des Handys ist in dem Sendeturm registriert, in dem auch der Klosterwald liegt. Ihre Wohnung, die zeitnah von der Polizei durchsucht wird, gibt keine Hinweise über ihren Verbleib. Die Nachbarn werden vernommen, teils mehrfach. Besonderes Interesse erregt die Aussage einer Nachbarin, die meint, Sandra am Nachmittag noch gegen 14.30 Uhr mit ihrem PKW in Richtung Ort fahrend gesehen zu haben, bei ihr im PKW ein männlicher Beifahrer, der sich eigenartig verhalten habe, irgendwie weggeduckt, vielleicht habe dieser nicht von der Zeugin gesehen werden wollen. Sie beschreibt einen jungen Mann, circa 25 Jahre alt mit kurzen dunklen Haaren. Die Ermittler suchen nach diesem Mann – bis zuletzt vergeblich.

Am Freitag – eine Woche später – wird Sandras rotes Auto gefunden, die Polizei organisiert eine Absuche des Klosterwaldgeländes, bei der Personenspürhunde eingesetzt werden. Doch Sandra bleibt verschwunden – keine Spur von ihr. Zeitgleich entscheidet sich Sandras Vater, Hermann Tietjen, selbst zu suchen. Er durchkämmt am Samstag und Sonntag auf eigene Faust und im strömenden Regen mit einer Karte, die er sich vom örtlich zuständigen Förster hat geben lassen, das Waldgebiet. Später berichtet der Vater der Polizei: »Am Wegesrand bin ich auf abgeknickte Zweige aufmerksam geworden, von dort aus begab ich mich über einen Trampelpfad etwa 150 bis 200 Meter tief in den Wald bis zu einem Asthaufen. Dort surrten viele Fliegen, an einer Stelle habe ich die Zweige beseitigt und sofort das Gesicht meiner Tochter erkannt.« Er informiert die Polizei, die rasch zur Stelle ist, den Leichenfundort großräumig absperrt und die Standardmaßnahmen in die Wege leitet. Die Beamten der Spurensicherung entfernen schließlich unter Vollschutz das Astwerk und finden einen weiblichen Leichnam, der lediglich mit einer Socke bekleidet ist.

Während die Frage, wer für Sandras Tod verantwortlich ist, die Ermittler noch sehr lange beschäftigen wird, ist schnell klar, dass es sich bei der Toten um die Vermisste handelt. Zwar ist das Gesicht bis zur Unkenntlichkeit durch Fäulnis zerstört, der Leichnam aber zeigt ein auffälliges Libellen-Tattoo, dies exakt an der Stelle, an der Sandra ein solches haben soll. Die Beamten sichern Spuren, suchen die Umgebung sorgfältig ab und stoßen auf eine etwa 30 Meter vom Leichenfundort entfernte Stelle, die ihr Interesse erregt. Dort ist die Vegetation auf einer Fläche von 2,40 x 1,40 Meter niedergedrückt. Auf Knien rutschend bewegen sich die Beamten stundenlang mühevoll Zentimeter für Zentimeter fort, finden hier verschiedene Gegenstände, die mit Spurentafeln, kleinen weißen Kärtchen mit Ziffern, versehen werden. Anschließend fotografieren sie die Gegenstände und Spurenkarten sorgsam. Manche Objekte sind mit der Vegetation geradezu verwoben, liegen in den Grashalmen und Kräutern versteckt, darunter u.a. ein zusammengeknülltes silbernes Kaugummipapier, eine 1 Cent Münze, eine Brille, ein Beutel mit Zigarettenfiltern, ein Bohrer und eine weiße Feder. Außerhalb der platten Stelle – aber in unmittelbarer Nähe dazu – wird ein zerknülltes blauweißes Papier gefunden.

Die **Spurensuche** erfolgt unter Vollschutz, das heißt die Beamten tragen Schutzkleidung, Kopfhaube, Handschuhe, Mundschutz und Schuhüberzüge, um nicht eigene Spuren an den Tatort zu tragen. Die Schutzkleidung wird regelmäßig gewechselt mit dem Ziel, Kontaminationen zu vermeiden. Und dennoch passiert es in Einzelfällen, dass später bei der Untersuchung an Asservaten DNA der Beamten festgestellt wird. Die Untersuchungsmethoden sind inzwischen so sensibel, dass bereits kleinste Spuren nachweisbar sind. Dies hat dann zur Folge, dass die DNA der Beamten ausgeformt und abgeglichen werden muss.

Die **Sphäronkamera**, eine Spezialkamera auf Stativ, ermöglicht es, vom Tatort oder Leichenfundort 360-Grad Bilder zu fertigen. So können auch später Sachverständige oder Verfahrensbeteiligte sich an den Tatort/Fundort versetzen und jedes Detail betrachten.

Die Mitarbeiter der Spurensicherung sammeln von unterschiedlichen Stellen des Leichnams und der Umgebung Maden und Puppen von Fliegen ein. Anhand der unterschiedlichen Entwicklungsstadien soll später die Leichenliegezeit bestimmt werden.

Wie Maden bei Kapitaldelikten helfen – Für den Laien gruselig, für den Kriminalisten ein spannendes und zugleich für die Klärung der Todeszeit hilfreiches Wunderwerk der Natur: Anhand der Entwicklungsstadien der Fliegen lassen sich Rückschlüsse auf den Zeitpunkt der Besiedlung des Leichnams und somit auf die Todeszeit schließen.

Der Arbeitsbereich der forensischen Rechtsmedizin hat in den letzten zwanzig Jahren stark an Bedeutung gewonnen. Die häufigste Frage, die zu beantworten ist: Wann ist die Person verstorben? Es geht um eine Todeszeitbestimmung mithilfe der Untersuchung von Insekten, die am Leichenfundort auftreten. Untersucht werden verschiedene Stadien von Insekten, insbesondere Fliegen, die menschliche Leichen als Brutstelle und Nahrungsquelle nutzen. Leichen werden von den Fliegen extrem schnell wahrgenommen beziehungsweise aufgespürt. Die Fliegenlarven (»Maden«) verlassen kurz vor der Puppenruhe den Leichnam und verpuppen sich abseits der Leiche, zum Beispiel in Löchern des Erdbodens oder etwa unter Teppichen, zum Teil auch direkt an den Leichen in den Haaren. In diesem Stadium wird die Made innerhalb der Puppe zur Fliege. Bei der Spurensicherung (Asservierung entomologischer Spuren am Leichnam) sind spezielle Aspekte zu beachten. Am Leichenfundort und bei der Sektion sollte der Madenbefall durch eine detaillierte Dokumentation erfasst werden. Die Luft- und Bodentemperatur am Fundort muss über einen längeren Zeitraum registriert werden, um die Verhältnisse exakt zu rekonstruieren. Dafür werden auch meteorologische Daten verwendet. Larven und Puppen sind sorgfältig einzusammeln und müssen dann in geeigneten Behältnissen aufbewahrt werden. Alle vorkommenden Insektenformen und

Entwicklungsstadien sind zu beachten. Die Entwicklungsstadien von Fliegen laufen zeitlich so eindeutig nachvollziehbar ab, dass man den Todeszeitpunkt relativ genau bestimmen kann. Im Bereich der forensischen Entomologie hat man in den vergangenen Jahren sehr viele Nachforschungen angestellt, in denen man zum Beispiel Tierkadaver bewusst in der Natur oder auch in Gebäuden deponiert hat. Entsprechende Untersuchungen führt man auch mit menschlichen Leichen durch. Die ersten derartigen Einrichtungen entstanden in den USA. Angeschlossen an eine derartige »Bodyfarm« sind wissenschaftliche Forschungseinrichtungen, in denen Rechtsmediziner sehr eng mit Biologen und Chemikern kooperieren.

Die Maden an dem Leichnam werden durch einen Sachverständigen untersucht. In dem entomologischen Gutachten heißt es später, dass die Besiedelung des Leichnams spätestens 2 Tage nach Sandras Verschwinden stattfand. Es sei von einer minimalen Liegezeit von 6 Tagen auszugehen. Ein früherer Todeseintritt ist nicht auszuschließen.

Am Tag nach der Bergung des Leichnams erfolgt die Obduktion.

Zwei Beamte der Mordkommission, KHK Geisler und KOK Römer, sind anwesend, fertigen Notizen und Lichtbilder. Während der Sektion wird insbesondere der Hals sorgsam freipräpariert und schließlich das Zungenbein untersucht.

Der Obduzent Prof. Dr. Habermann deutet auf den kleinen gebogenen Knochen: »Das Zungenbein ist nicht gebrochen. Allerdings ist bei jungen Menschen der Knochen noch flexibel, sodass auch bei Gewalt gegen den Hals ein Bruch des Zungenbeins nicht zwingend ist.«

Die Lungen werden entnommen. »Beide Lungen sind deutlich überbläht und auch das Gehirn hat deutlich an Volumen zugenommen. Diese Befunde deuten auf ein Ersticken hin.«

Während der Obduzent sich weiter auf seine Arbeit konzentriert, ergänzt er: »Sie wollen wissen, ob wir Hinweise oder Beweise für stumpfe Gewalteinwirkungen haben, oder? Schauen Sie mal her, die fleckigen

Klosterwaldmord – Gerechtigkeit im dritten Anlauf

Verfärbungen der Haut und des Unterhautfettgewebes im Bereich des linken Schlüsselbeins und der rechten Brust, Verfärbungen im Unterhautfettgewebe am linken Unterarm sowie Unterblutungen im Bereich der Schulterregionen sind zumindest Indiz dafür, dass es zu Gewalteinwirkungen gekommen ist. Bei diesen Verfärbungen handelt es sich um Hämatome und geformte äußere Verletzungsspuren können wir nicht feststellen. Aufgrund der Hirnvolumenvermehrung kommt am ehesten eine zentrale Lähmung als Todesursache in Betracht. Die Zungenbissverletzung deutet auf ein Kampfgeschehen hin. Aber eine eindeutige Todesursache kann man derzeit nicht feststellen. Ich hoffe, dass die feingeweblichen Untersuchungen weitere Erkenntnisse ergeben.« KHK Geisler fragt: »Und was meinen Sie? Wie lange hat der Leichnam dort gelegen?« Der Obduzent runzelt die Stirn: »Ich gehe von einer mehrtägigen bis einwöchigen Liegezeit aus.«

Zeitnah wird auch der kleine rote Wagen spurentechnisch untersucht – ohne weiterführende Erkenntnisse.

Nachdem die Beamten an dem Wochenende nahezu rund um die Uhr gearbeitet haben, trifft sich die Mordkommission Montagvormittag um 10 Uhr. 40 Beamtinnen und Beamte in Zivil und mit ihrer Dienstwaffe am Gürtel- oder Schulterholster sitzen am Tisch. An der Wand hängen Bilder des Opfers, des Tatorts und des roten Autos. Der Leiter der Mordkommission EKHK Erwin Sandmann begrüßt die Kollegen: »Zwar ist die Identität der Frau geklärt, aber vielmehr nicht. Die genaue Todeszeit ist bislang unklar. Nach aktuellen Erkenntnissen dürfte Sandra nicht in einer festen Beziehung gewesen sein. Ich fürchte, uns stehen harte Monate bevor.« Keiner ahnt zu diesem Zeitpunkt, wie recht er doch mit dieser Einschätzung haben wird.

KHKin Sarah Rieger von der Spurensicherung berichtet, was man am sogenannten Platz gefunden hat. »Unmittelbar neben der platten Stelle haben wir Filter für Selbstgedrehte, eine schwarze Brille und einen Bohrer gefunden. Vielleicht führen uns diese Gegenstände zum Täter.« KHKin Erika Kröger, die für die Verwaltung der Asservate zuständig ist, ergänzt:»Es gibt aktuell bereits einige hundert Asservate. Wir sollten in einer Spurenkonferenz mit dem Landeskriminalamt erörtern, welche Untersuchungen in welcher Reihenfolge Sinn machen.« Tatsächlich sind wenige Tage später über 1000 Spuren bzw. Spurenträger asserviert, die verwaltet werden. Für jedes Asservat wird schriftlich ein eigener Untersuchungsauftrag erteilt. Ein paar Tage später treffen sich einige Mitglieder der Mordkommissionen mit Mitarbeitern unterschiedlicher Fachbereiche im Landeskriminalamt und beraten das weitere Vorgehen. Die Asservate werden je nach Priorität in den folgenden Wochen in den Spezialabteilungen des Landeskriminalamts untersucht, viele Asservate durchlaufen mehrere Untersuchungsverfahren.

Einen Monat nach der Obduktion erreichen die Mordkommission die Ergebnisse der feingeweblichen Untersuchungen. EKHK Erwin Sandmann telefoniert mit dem Rechtsmediziner, der ihm die Befunde erklärt:»An der Schulter rückseitig haben wir eine dichte Ansammlung roter Blutkörperchen ohne Entzündungszellreaktion, am Rücken links ausgedehnte Blutungen ohne Entzündungszellreaktion und im Bereich der Lende rechts in der Muskulatur ebenfalls Einblutung ebenfalls ohne Entzündungszellen. Die untersuchten Unterblutungen stehen in zeitlich engem Zusammenhang zum Todeseintritt.«

Die Auswertung der auf Sandras Computer gefundenen Daten ergibt, dass Sandra Kontakt zu einem Mann hatte, beide haben sich in Internetforen der schwarzen Szene kennengelernt. Über ein Hochzeitsfoto wird der Mann, der – wie die Beamten zunächst glauben – Sandra auch Nacktaufnahmen von sich geschickt hat, aufwändig anhand der Hochzeitslocation ermittelt. Doch dieser Mann kennt Sandra gar nicht. Wer aber ist die nunmehr unbekannte Person, die diese Bilder an Sandra Tietjen gesandt und mit ihr gechattet hat? Warum hat die Person eine falsche Identität vorgegeben? Sehr umfangreiche Ermittlungen ergeben schließlich, dass die Bilder von einer Person namens Jenny Kerber versandt wurden. Kerber wurde aufwendig aus Speicherdaten ermittelt. Die Ermittlungen belegen nun, dass sie die Fotos des Mannes eigenmächtig aus dem Internet zog und für sich nutzte. KHK Jürgen Seifert, der die Spur ermittelt, berichtet: »Man sollte wirklich vorsichtig sein, welche Fotos man in das Internet stellt. Jenny Kerber hat Sandra Tietjen in den sogenannten schwarzen Foren kennengelernt und sich als eben dieser Mann ausgegeben. Beide unterhielten daraufhin ausschließlich via Internet eine Liebesbeziehung, die sogar bis zu einer Verlobung führte. Jenny Kerber nahm Einfluss auf Sandra, der so weit ging, dass Sandra ihr Leben umkrempelte. Das ist kaum zu glauben oder?«

Jenny Kerber – die Frau aus dem Ruhrgebiet, hat sich wenige Wochen zuvor scheinbar von Sandra Tietjen getrennt. Liegt da der Schlüssel zur Klärung dieses Verbrechens? Die Staatsanwältin Dr. Linnemann beantragt einen Durchsuchungsbeschluss für Jennys Wohnung. Weil Jenny noch bei ihren Eltern wohnt, werden auch deren Räume durchsucht. Die Eltern sind aufgebracht – verständlich. Ihnen die Hintergründe zu erklären, ist nicht wirklich einfach! Wenig später wird Jenny staatsanwaltschaftlich vernommen. Jenny kann glaubhaft machen, dass sie für die in Betracht kommende Tatzeit ein sicheres Alibi hat – ihre Mutter, die die Tochter begleitete, ist schlicht außer sich.

Auf dem Laptop des Opfers werden rätselhafte Bilder gefunden, die Sandra Tietjen u. a. auf aufgeschichteten Ästen liegend zeigen, ein Bild ist mit »Waldbett« bezeichnet. Was hat das zu bedeuten? Es werden erschreckende Parallelen zur Auffindesituation deutlich. Denn die Leiche lag ebenfalls rücklings auf dem Erdboden. Der linke Arm lag abgestreckt nach oben, beide Beine leicht abgespreizt genauso wie auf dem Foto. Zufall? Oder wurde da eine Situation konkret nachgestellt? Das würde aber zwangsläufig bedeuten, dass der Täter eine Kontaktperson sein muss.

Sandras Nachbarin wird erneut vernommen. Ihre Beschreibung des Beifahrers bleibt mager. In der Folgezeit wird intensiv nach diesem Mann gesucht – vergeblich. Die Akten wachsen und wachsen – doch eine Klärung des Tötungsdelikts scheint in weiter Ferne zu sein.

Weil Sandra Tietjen in unmittelbarer Nachbarschaft zu einer Klinik des Maßregelvollzugs wohnte, rücken auch die dortigen Bewohner, allesamt verurteilte Straftäter, in den Fokus der Ermittlungen, doch niemand passt zu der Personenbeschreibung der Nachbarin. Die Ausgangslisten für den Tatnachmittag helfen nicht weiter, denn die meisten der Patienten hatten Ausgang, durften den Park der Klinik oder das Stadtgebiet aufsuchen. Ein Team der Mordkommission führt auf den Stationen Info-Veranstaltungen durch in der Erwartung, dass sich die Patienten, denen irgendwas aufgefallen ist, bei der Polizei melden. Doch sachdienliche Hinweise bleiben aus. Lediglich der Chefarzt teilt einem Team der Mordkommission mit, dass der 45jährige Patient Gregor Simmel an einem Samstag im September mit Kratzern im Gesicht in die Klinik zurückgekehrt sei. Weil man in der Klinik davon ausgeht, dass die Polizei gewiss am Tatort DNA-Spuren gefunden und mit diesen Spuren einen Abgleich der Patienten vorgenommen hat, somit wohl keiner der Patienten als Täter in Frage kommt, betrachtet man mit dem Hinweis an die Polizei die Sache als erledigt. Das Spurenteam gelangt zu dem Schluss, dass Gregor, der blonde und längere Haare trägt, nicht in Betracht kommt, er angesichts seines Alters und Aussehens ganz und gar nicht zu der Beschreibung des Beifahrers passt, den die Nachbarin gesehen haben will, und teilt deshalb der Mordkommission den Hinweis des Chefarztes nicht mit. Folge: Gregor Simmel bleibt unbehelligt!

Die Mordkommission kommt täglich zusammen, jeweils morgens und abends. Erkenntnisse werden ausgetauscht, damit alle auf gleichem Stand bleiben. Die Neuigkeiten, die KHK Siegfried Stamm beisteuern kann, sind interessant: »Die schwarze Brille 30 Meter entfernt vom Leichenablageort am sogenannten Platz konnten Bernd und ich zuordnen. Sie gehört Sandra Tietjen. Wir haben das nächste Optikergeschäft aufgesucht. Die Fassung und die Daten der Gläser sind dort notiert. Die Brille wurde definitiv von Sandra gekauft.«

In den folgenden Wochen treffen nach und nach die ersten Ergebnisse der Untersuchungen im Landeskriminalamt (LKA) ein. KHKin Erika

Kröger berichtet von den neuen Erkenntnissen:»Gleich das Wichtigste vorweg:»Alle 21 Abstriche vom Leichnam sind ohne Befund – keine Täter-DNA. Dies ist auf den starken Fäulniszustand des Leichnams zurückzuführen. Insbesondere im Bereich der Scheide war das Gewebe nahezu vollständig verfault. Unter den Nägeln der Leiche befinden sich Farbabtragungen, deren Herkunft ungewiss ist. Möglicherweise handelt es sich um kosmetische Substanzen. Das LKA stellte darüber hinaus unter einigen Nägeln geringfügige Mengen molekulargenetischen Materials fest, möglicherweise DNA des Täters, eine vollständige Ausformelung ist nicht möglich, weil wir zu wenig Material haben. In dem roten PKW gefundene Haare sind die einer Frau, aber auch diese Erkenntnis führt nicht weiter. An den übrigen Gegenständen aus dem PKW wurden keine brauchbaren tatrelevanten Spuren festgestellt. An der Socke links ist eine unbekannte männliche DNA. Die DNA ist nicht eingestellt. Für eine Kontamination am Ablageort oder in der Polizeiinspektion gibt es keine Anhaltspunkte.« In einer weiteren Spurenkonferenz wird diese Spur durch die Sachverständigen erläutert. Es handelt sich wohl um eine alltägliche Kontamination. Eine Zuordnung ist aufgrund der geringfügigen Mischbefunde nicht möglich.

Die Zigarettenfilter sind zweifelsfrei Sandra Tietjen zuzuordnen. Es handelt sich um eine angebrochene Packung, aus der bereits Filter fehlen. An den vorhandenen Filtern wird molekulargenetisches Material von Sandra festgestellt.

Weil Frauke Tietjen der Polizei den Hinweis gibt, dass ihre Schwester sich für Pilzrituale, die Einnahme von halluzinogenen Pilzen, interessierte, wird ihr Mageninhalt untersucht – doch von Pilzen keine Spur! Ermittlungen zum rollengewalzten HSS Bohrer (keine Maschine, sondern tatsächlich nur der Bohrer, also der Aufsatz), der am sog.»Platz« lag, bringen lediglich die Erkenntnis, dass dieser nicht zum klassischen Baumarktsortiment gehört. Spezialwerkzeug am Tatort? Auch dieser Punkt wirft Fragen auf, zu denen bis zum Schluss keine Antworten gefunden werden können. An einem Papier ist ein sehr schwacher Mischbefund aus mindestens 2 Personen. Einer dürfte einem KT-Mitarbeiter (Kriminaltechnik) zuzuordnen sein.

Wochen später liegen weitere Ergebnisse vor. An dem Farnkraut, mit dem der Leichnam abgedeckt war, wird kein reproduzierbares Material festgestellt, das benötigt würde, um ein DNA-Muster zu ermitteln. Dasselbe gilt für das zusammengeknäulte Silberpapier. Inzwischen füllen die Ermittlungsakten mehrere Regale bei der Mordkommission. Die Beamten sind frustriert. Die Angst wächst, dass das Tötungsdelikt ungeklärt bleibt. Die Untersuchung eines Haares, das im Astwerk gefunden wurde, das der Leichenabdeckung diente, erbringt keine verwertbaren Erkenntnisse. Das Haar kann dem Opfer gehören, kann aber auch von einer unbekannten Person stammen.

Die Laboruntersuchung des Mageninhalts ergibt, dass das Opfer vor dem Tod den Arzneistoff Lamotrigin eingenommen hat – in therapeutischer Dosis. Hierbei handelt es sich um ein Antiepileptikum. Laut der behandelnden Therapeutin nahm Sandra Tietjen dieses Medikament ein zur Behandlung einer affektiven Störung, nicht einer Epilepsie. Eine Epilepsie wurde bei ihr nie diagnostiziert. Sämtliche Krankenunterlagen werden eingesehen.

Polizei und Staatsanwaltschaft müssen sich mit dem Verhalten von Familie Tietjen auseinandersetzen – dies insbesondere auch deshalb, weil die meisten Tötungsdelikte Beziehungstaten sind. Kann man in dem Waldgebiet zufällig eine Leiche finden, die fernab vom Waldweg unter Ästen und Farn verborgen ist? Obwohl die Polizei dort den Wald mit Hunden abgesucht hat? Warum hat Frauke Tietjen verheimlicht, dass sie mit ihrer Familie zur Tatzeit wenige 100 Meter vom Leichenfundort bzw. Tatort entfernt war? Warum lassen sich ihre Aussagen mit der Aussage eines Zeugen, der Kontakt zu ihr in der Klosterkirche hatte, nicht in Einklang bringen? Wie ist es zu erklären, dass der Vater vom Kopf des Leichnams Lichtbilder fertigte, bevor die Polizei verständigt wurde? Wieso hat er nach dem Verschwinden von Sandra deren Wohnung aufgeräumt, dort gesaugt und geputzt? Hinzu kommt, dass die Ermittlungen Hinweise darauf gegeben haben, dass es Streit um Unterhalt gegeben haben soll zwischen dem Vater und Sandra. Doch eine Beziehungstat? Auch diese Fragen lassen sich in den nächsten Wochen nicht alle beantworten.

Im Februar 2016 ruft die Staatsanwältin Dr. Linnemann die Asservatenverwalterin an »Welche Untersuchungsergebnisse stehen noch aus? Mich interessiert, ob an dem Kaugummipapier vom Platz DNA gefunden wurde.« KHKin Erika Kröger überlegt: »Ich habe inzwischen fast alle Asservate zurückbekommen. Ich schaue mir die Tüten gleich nochmal in Ruhe an!« Eine halbe Stunde später die Rückmeldung »Mit dem Kaugummipapier scheint etwas schief gelaufen zu sein. Auf dem Aufkleber ist notiert, dass eine Untersuchung auf DNA nach dem Tauchbad keinen Sinn mehr macht, aber das Papier sieht nicht so aus, als wäre es im Tauchbad gewesen. Es scheint nach wie vor in der Originaltüte zu sein, die nicht geöffnet wurde.« Wenig später und nach einem weiteren Telefonat mit dem Landeskriminalamt steht fest, dass dort ein Missverständnis dazu geführt hat, dass dieses Asservat nicht untersucht wurde. Die Staatsanwältin ordnet daraufhin an, dass nunmehr das Asservat im Institut für Rechtsmedizin in Hamburg untersucht wird. 3 Wochen später der Anruf der Polizei bei der Staatsanwältin: »Sie werden gleich genauso geschockt sein wie wir. Frau Dr. Lindgren hat an dem Asservat 16 Allele des Gregor Simmel gefunden. Hierbei handelt es sich um kurze DNA-Abschnitte, sogenannte STR, die individuell eindeutig zuzuordnen sind.

Simmel hat erhebliche Vorstrafen im Bereich der Sexualdelikte und seine DNA ist eingestellt in die DOC-Datei! und – es kommt noch schlimmer – er war Nachbar von Sandra, untergebracht im dortigen Maßregelvollzugszentrum.« Der Alptraum eines Ermittlers! Staatsanwältin Dr. Katharina Linnemann beantragt umgehend den Erlass eines Haftbefehls gegen Simmel und ruft bei der Kollegin an, die für die Vollstreckung des Urteils zuständig ist, auf dessen Grundlage Simmel untergebracht wurde. Die nächste Schocknachricht: Das Gericht hat

Simmel dort nicht nur zum Alkoholentzug untergebracht, sondern wegen dessen Gefährlichkeit auch die Sicherungsverwahrung angeordnet.

Sicherungsverwahrung – Die Sicherungsverwahrung als solche stellt keine Strafe dar, sondern ist eine sogenannte Maßregel, die allein dem Schutz der Bevölkerung dient. Sie kann durch ein Gericht zusätzlich zu einer Freiheitsstrafe angeordnet werden. Voraussetzung ist, dass der Angeklagte einen Hang zur Begehung erheblicher Straftaten hat und deshalb eine Gefahr für die Allgemeinheit darstellt. Sobald das Urteil rechtskräftig ist, verbüßt der Verurteilte die Freiheitsstrafe. Nach deren Verbüßung wird er nicht auf freien Fuß gesetzt, sondern verbleibt im Anschluss in der Sicherungsverwahrung.

Fast gleichzeitig trifft das Gutachten zur mikroskopischen Untersuchung von Lungengewebe und Kehlkopf des Opfers ein. Im Weichteilgewebe des Zungenbeins und des Kehlkopfes sind an zwei Stellen diskrete Blutungen erkennbar. Die feingeweblichen Untersuchungen der Organe ergeben keine Hinweise auf Organveränderungen, die zu einem krankheitsbedingten Tod hätten führen können. Der Nachweis zahlreicher MRP 14-positiver Makrophagen im Lungengewebe bekräftigt die Annahme eines todesursächlichen Erstickungstodes.

Feingewebliche Untersuchungen im Mikroskop sind in der Rechtsmedizin stets besonders wichtig. Das gilt insbesondere auch für Lungengewebe aus peripheren und zentralen Anteilen aller 5 Lungenlappen. Dass diese speziellen Fresszellen (Makrophagen) beim Erstickungstod vermehrt sind, ist leider nur ein Hinweis und kein Beweis, weil diese Makrophagen auch bei vielen inneren Erkrankungen vermehrt sind.

Als die Beschlüsse in der Klinik vollstreckt werden, ist die Überraschung dort nicht ganz so groß. Irgendwie habe man sowas fast befürchtet.

Wieso? Ja weil der Simmel am Tattag mit Kratzern im Gesicht aus dem Ausgang zurückgekehrt sei. Simmel wird verhaftet wegen Verdachts des Mordes. Sein Zimmer, das er sich mit einem weiteren Patienten teilt, und die Klinik werden durchsucht. Es sollen alle Patientenakten des Simmel und Simmels Kleidungsstücke beschlagnahmt werden inklusiv seiner Uhr, aller Schuhe und eines Rucksacks, um nach DNA-Spuren der Sandra Tietjen zu suchen.

Kurz nach der Vollstreckung der Beschlüsse meldet sich eine Beamtin bei dem Leiter der Mordkommission: »Ich glaube, uns ist ein großer Fehler unterlaufen. Als ich mit dem Kollegen dort in der Klinik war, hat der Chefarzt uns gesagt, dass Simmel Kratzer im Gesicht gehabt habe – am Tag von Sandras Verschwinden.« Man habe Simmel aber als Täter ausgeschlossen, weil der in seinem Aussehen so gar nicht zu der Beschreibung des Beifahrers passe, mit dem Sandra Tietjen an dem besagten Samstag gesehen worden sei.

Die Staatsanwältin fordert alle Vorstrafenakten und Gutachten an, um sich einen Überblick zu verschaffen.

Alle Mischbefunde am Tatort und in Sandras Wohnung werden mit Simmel abgeglichen, seine Gegenstände in seinem Zimmer (Armbanduhr, Kleidung, Schuhe) untersucht, eine Verbindung zwischen Simmel und Sandra kann anhand der Asservate nicht hergestellt werden.

Dennoch bleibt die Frage: Kannten sich beide? Die Ermittlungen zu dieser Frage bringen keine klaren Erkenntnisse. Möglicherweise haben Opfer und Tatverdächtiger sich mal im Wartezimmer einer örtlichen Physiotherapiepraxis getroffen, die beide besuchten.

Die Befunde der Fingernägel des Opfers werden erneut geprüft. Die schwachen Beimengungen zur Opfer-DNA sind für einen Vergleich ungeeignet, unter Nägeln der linken Hand sind zwar Merkmale wie die des Beschuldigten, jedoch lediglich als Zusatzmerkmale und unterhalb der internen Grenzwerte messbar. Aufgrund der zu geringen Mengen lässt sich mithin keine sichere Zuordnung vornehmen, eine Wahrscheinlichkeitsberechnung erscheint nicht möglich.

Die Staatsanwältin nimmt Kontakt zum Rechtsmediziner Prof. Dr. Heller auf. »Gregor Simmel muss körperlich untersucht werden. Mich interessiert, ob noch Spuren von Kratzern da sind.« In dem Gutachten heißt es später: »Der Beschuldigte hat einen athletischen Körperbau. Es werden keine Narben beidseits in der Wangenregion, der Schläfenregion sowie im Kieferbereich und am Hals festgestellt. Er hat kräftige Arbeitshände.«

Diese rechtsmedizinische Untersuchung ist einfach viel zu spät erfolgt. Alle von den Pflegern beschriebenen Verletzungen im Gesicht des Beschuldigten Simmel waren vollständig narbenlos abgeheilt. Im späteren Prozess hilft das diesbezügliche rechtsmedizinische Gutachten nicht weiter.

Die Nachbarin wird mit ihrem Einverständnis hypnotisiert und ergänzend vernommen. Kann der unbekannte Beifahrer eventuell doch Gregor Simmel gewesen sein? Lassen sich durch Hypnose Erinnerungen auffrischen? Auch dieser Versuch führt nicht weiter.

Die Staatsanwältin arbeitet sich durch die Pflegebögen. Am Tattag ist notiert: »Um 12:00 Uhr nutzt Herr Simmel seinen genehmigten Tagesausgang. Handy wurde mitgegeben. Geplante Rückkehr 20 Uhr. Herr Simmel kam um 17:30 Uhr aus dem Tagesausgang zurück. Handy hat er abgegeben. Patient hat 2 Schrammen auf der linken Wange. Er ist mit dem Fahrrad vom Weg abgekommen und hat einen Busch gestreift. Patient ist am Abend nicht wie sonst gekommen, um seine Tabletten zu holen, sondern hat schon beim 21:00 Uhr-Durchgang geschlafen.« Und auch die Einträge an den Folgetagen sind interessant: »Bei Herrn Simmel hat sich unter dem linken Auge ein Veilchen gebildet. Patient geht um 8:50 Uhr in den Tagesausgang. Handy und Perso hat er dabei. Geplante Rückkehr um 20:00 Uhr. Herr Simmel kommt um 13:30 Uhr aus dem Tagesausgang. Er gibt an, Schmerzen im Bein zu haben und sei deswegen früher auf Station gekommen. Herr Simmel wurde erneut auf die Blessuren im Gesicht angesprochen. Er gab an, dass er gestürzt sei. Auf die Frage, ob er eine neue Freundin habe, sagte er, er habe keine neue Freundin. Seine Ex-Freundin Frau Sauer würde ihn weiter kontaktieren, jedoch würde er das nicht wollen. Atemalkohol: 0 Promille.«

Die Patientenakten belegen weiter, dass der Beschuldigte Simmel sich von Anfang an gut führte, Probleme mit Alkoholrückfällen gab es nicht, weshalb Simmel recht früh Vollzugslockerungen gewährt wurden, erst Ausgänge im Park in Begleitung, dann ohne Begleitung, Ausgänge im Ort und schließlich Tagesausflüge und längerfristige Urlaube. Kurz vor der Tat bereits galt Simmel als ein Kandidat für das Probewohnen – trotz angeordneter Sicherungsverwahrung.

Nunmehr folgen zahlreiche Vernehmungen in der Klinik. Wer hat wann welche Auffälligkeiten an Gregor Simmel festgestellt? Gab es Hinweise darauf, dass der Beschuldigte Sandra Tietjen kannte? Hat er sich für die Berichterstattung zum Tötungsdelikt interessiert? Auch Ermittlungen zur Person des Tatverdächtigen werden geführt. Gregor Simmel ist das sechste Kind von 7 Geschwistern. Sein Vater ist vor 15 Jahren verstorben. Er hat den Kindergarten und die Grundschule besucht, anschließend die Hauptschule bis zur 10. Klasse, sowie im Anschluss daran das Berufsgrundbildungsjahr Fachrichtung Bau. Er wiederholte ein Ausbildungsjahr. Danach begann er die Ausbildung zum Landschaftsgärtner, arbeitete später im Straßenbau und heiratete nach der Geburt des ersten Kindes. Zwei weitere Kinder wurden geboren. Nach der Scheidung konsumierte er verstärkt Alkohol. Es folgten verschiedene Arbeitsstellen, die er teils wegen seiner Alkoholproblematik verlor. Schließlich lernte er nach einer weiteren gescheiterten Beziehung eine Frau kennen, mit der er 3 Kinder zeugte. Auch diese Beziehung zerbrach. Zwischenzeitlich befand sich der Beschuldigte in Haft. Zuletzt unterhielt er Kontakte zu einer körperlich behinderten Frau. Weil diese ihm unterlegen war?

Gregor Simmel wurde wiederholt psychiatrisch begutachtet. Manche Gutachten lesen sich nun – vor dem Hintergrund der Tat zum Nachteil der Sandra Tietjen – wie eine Prophezeiung.

Ein Gutachter bestätigt Gregor Simmel zwanghafte Persönlichkeitsanteile. Er sei ein egozentrisch denkender Mensch mit mangelnder Selbstkontrolle. Hinzu trete ein biographisch überdauerndes, unverhohlen verachtendes Frauenbild hinzu. Er spreche davon, Frauen nur zum Sex benutzen zu wollen, soweit er ihnen etwas Anderes vorgespiegelt, diente dies nur dazu, sie an sich zu binden. Er habe hohe sexuelle Bedürfnisse und benötige häufige sexuelle Befriedigung. Das Rückfallrisiko von Sexualdelikten liege bei ihm in einem überdurchschnittlichen Bereich.

Ein anderer Gutachter beschreibt eine ungünstige Langzeitprognose und begründet diese wie folgt:

Drei einschlägige Straftaten (gleichartige Delikte), wiederholte deviante Erregungsmuster, Alkoholabhängigkeit, erhebliche Beziehungsprobleme in der Vergangenheit, auch mehrfache gewaltfreie Vordelikte, Bewährungsversagen, Todesdrohungen gegenüber Opfern, aggressives Vorgehen bis hin zum Würgen bis zur Bewusstlosigkeit, verachtendes Frauenbild lassen weitere gleichartige Delikte erwarten. In seinem Gutachten beschreibt er, dass Simmel Paargespräche in der Therapie ablehnte und sich immer wieder in der Opferrolle sah. Die bisherigen Taten würden auf einer ich-synthonen frauenverachtenden Einstellung beruhen. In einem weiteren Gutachten, das im Zuge des letzten Strafverfahrens eingeholt wurde, heißt es u. a.: »Die Legalprognose ist ausgesprochen ungünstig. Mit hoher Wahrscheinlichkeit wird man mit schwerwiegenden Delikten gegen die körperliche, sexuelle und psychische Integrität anderer zu rechnen haben.« Festhalten könne man ferner, dass der Proband sich auf einen bestimmten Delinquenztyp, nämlich Vergewaltigung mit Würgen, spezialisiert habe, ähnliche Verhaltensmuster fänden sich auch bei seinen Vorverurteilungen. Das Merkmal »psychopathy« (gemeint: Psychopathie) liege bei ihm vor. Insbesondere aus den Vorgutachten gehe hervor, dass Hinweise dafür vorgelegen haben, dass Simmel Vergewaltigungsphantasien zur sexuellen Stimulation benutzt und sich durch die Furcht des Opfers angeregt fühlt. Insbesondere das Würgen scheine bei den Vergewaltigungen eine wichtige Rolle zu spielen, sodass man fast schon von einer ritualisierten Gewalt gegen die Opfer sprechen könne. Es bestehe der Verdacht eines sexuellen Sadismus.

Psychopathie – Dies ist die Bezeichnung für eine erhebliche Persönlichkeitsstörung. Sog. Psychopathen können nach außen hin charmant auftreten, sind aber häufig unehrlich und manipulativ, ihnen fehlt Empathie. Die Diagnose erfolgt anhand der sog. Psychopathie-Checkliste des Psychiaters Robert Hare, wonach für jedes Merkmal (wie etwa pathologisches Lügen, manipulatives Verhalten etc.) Punkte vergeben werden, die in der Summe zu einem maximalen Wert von 40 Punkten führen können.

Vor den ersten Lockerungen wurde Gregor Simmel durch die Prognosekommission begutachtet, die aus Sicherheitsgründen einzuschalten ist. Diese gelangte zu folgendem Ergebnis:»Trotz mittel- und langfristig noch ungünstiger Legal- und problematischer Behandlungsprognose bei der Alkoholkrankheit erscheint die kurzfristige Lockerungsprognose bei Einbindung in den institutionellen Rahmen eher günstig, sodass wir die Lockerungsgewährung für vertretbar halten. Das Rückfallrisiko ist eher gering.«

Ein Gutachter, der sich mit der Frage von Vollzugslockerungen befassen sollte, gelangte zu einer ähnlichen Einschätzung:»Die Delikte wirken abgesehen von der alkoholischen Enthemmung bestimmt durch Beziehungs- und Lebenskrisen, bei denen wegen der Sucht nach und nach berufliche, soziale und familiäre Bezüge zusammengebrochen waren. Die sexuellen Angriffe folgen, soweit dies bisher einsehbar ist, insbesondere nicht einem typischen sadistischen Erlebnismuster und Tatablauf, daher kann die Verdachtsdiagnose einer sadistischen Paraphilie b.a.w. nicht nachvollzogen werden. Die Therapien haben sichtliche Fortschritte gemacht bzgl. der biographischen Bezüge, er hat Fehlerwartungen an Partnerschaften korrigiert, lernte seine Delikte kritisch zu beleuchten und beginnt Kontakte mit seiner Restfamilie aufzunehmen. Der Patient wirkt bzgl. möglicher Rechtsfolgen beeindruckt und entwickelt Motivation, seine Chancen wahrzunehmen.«

Aufgrund dieser Einschätzungen erfolgten Lockerungsmaßnahmen, zunächst Tagesausgänge und schließlich auch Beurlaubungen.

Insgesamt ergibt sich aus den Ermittlungen, dass Gregor Simmel sich im Maßregelvollzugszentrum angepasst gezeigt hat, um als Belohnung Lockerungen (Ausgänge und Urlaub) zu erhalten. Während dieser Zeiten fuhr er viel mit dem Fahrrad. Disziplinarische Probleme gab es nicht, insbesondere keinen einzigen Alkoholrückfall. Ansonsten zeigte er sich gefühlskalt.

Die Pfleger in der Klinik berichten den Ermittlern davon, dass Gregor Simmel mit Mitpatienten eigenen Angaben nach ein Gewaltvideo geschaut und offenbar den Bedarf gehabt habe, einer Pflegerin davon im Detail zu berichten. Empathie sei für Simmel stets ein Fremdwort gewesen. Sexuelle Bedürfnisse, seine Gefühle und Gedanken habe er nur unter Druck preisgegeben.

U. a. sei eine Frau zu Besuch gekommen, die einen Sprachfehler und eine Gehbehinderung hat. Gregor Simmel sei viel und auch weite Strecken mit dem Fahrrad gefahren. Eine andere Pflegerin erzählt, er habe sie einmal gebeten, mit ihr seine Taten zu erörtern. Sie sei erschrocken gewesen, wie sehr er die von ihm begangenen Vergewaltigungen verharmlost und wie er sich ausgedrückt habe. Sie brach deshalb das Gespräch ab. Ein Kollege, der anwesend war, sagt, dass er den Eindruck hatte, dass es Simmel gefiel, die Details der Vergewaltigung der Kollegin zu erzählen. Er sei dabei sehr emotionslos gewesen und habe darauf bestanden, dass er die Frauen nicht vergewaltigt hat. Es sei ihm vielmehr darum gegangen, seine Macht zu demonstrieren und den Frauen Angst einzuflößen.

Die Pfleger berichten den Beamten von den Kratzern im Gesicht, können aber nicht mehr sicher die genaue Anzahl oder Lage erinnern. So sind die Beschreibungen sehr unterschiedlich. Teilweise wird von mehreren parallel verlaufenden Kratzern an der linken oder rechten Wange berichtet, teils davon, dass die Kratzer sogar bis über den Hals verlaufen seien. Jedenfalls waren die Kratzer lange Thema unter den Kollegen auf der Station. Sicher lässt sich auch feststellen, dass Gregor Simmel die Station ohne Kratzer verlassen hatte, am Tattag aber mit Kratzern zurückkehrte. Für diese lieferte er wohl unterschiedliche Begründungen. So soll er zunächst behauptet haben, vom Fahrrad gestürzt zu sein, später, er sei mit dem Rad einen Abhang hinab gefahren und Äste hätten ihm durch das Gesicht gekratzt.

Ein Pfleger, der am tatrelevanten Wochenende Nachtwache auf der Station hatte, erzählt:»Simmel ist an dem Abend relativ früh schlafen gegangen. Das fiel schon auf. Und die Geschichte mit den Ästen passte irgendwie nicht zu den Kratzern, die ich gesehen habe.«

Ein anderer Pfleger berichtet:»Patient Simmel kam sehr früh aus dem Tagesausflug zurück. Die reguläre Zeit sei 20:00 Uhr, Simmel war aber schon vor 17:30 Uhr zurück. Er hatte verschmutzte Schuhe und auffällige Kratzer im Gesicht. Er hat behauptet, dass die Kratzer von einem Ast verursacht worden seien. Es sah aber so aus, als sei er gekratzt worden. Es war eine Furche zu sehen, da war richtig etwas von der Haut abgeschält. Ich habe das für eine Lüge gehalten.« Er meine, dass der Kratzer unter dem linken Auge auf der Wange gewesen sei. Fotos seien davon nicht angefertigt worden, weil man die Patienten nicht fotografieren dürfe.»Ich hielt Simmel vor, dass der Kratzer merkwürdig aussieht, Simmel ist darauf aber nicht eingegangen. Die Schuhe waren schlammverschmutzt – so als wenn Simmel über einen Acker gegangen ist oder durch eine Furche im Wald. Simmel wirkte sehr ruhig und hat sich deutlich früher als sonst zurückgezogen. Ich hatte nicht den Eindruck gehabt, dass Simmel müde gewesen ist. Am nächsten Morgen fiel auf, dass Simmel Hämatome im Gesicht hatte. Ansonsten war dessen Verhalten wie immer. Simmel erhielt wieder Ausgang. Als ich ihn auf die Hämatome ansprach, behauptete er, dass er einen Fahrradunfall hatte und gestürzt ist.« Wie eine Entschuldigung klingt die Ergänzung»Wir dürfen Patienten nicht fotografieren, auch wenn die Verletzungen im Gesicht haben.«

Die Kratzer seien aus seiner Sicht eindeutig durch Fingernägel verursacht worden.»Dieser Umstand hat mich so verfolgt, dass ich darüber nachgedacht habe, einen anonymen Hinweis an die Polizei zu geben.«

Der Krankenpfleger Chris Eversen bekundet, dass er am Folgetag Frühdienst gehabt habe.»Simmel ließ sich für die Kratzer im Gesicht von mir eine Fettsalbe geben. Ich glaube, dass er ein oder zwei Kratzer hatte – beginnend vom Jochbein herunterlaufend. Auf welcher Gesichtsseite die Kratzer gewesen sind, weiß ich nicht mehr.«

Der Phantombildzeichner des Landeskriminalamts fügt jeweils anhand der Angaben der Zeugen die beschriebenen Kratzspuren auf Lichtbildern des Gregor Simmel ein.

Polizeizeichner haben im wirklichen Leben damit zu kämpfen, die Zeugen so zu befragen, dass anhand ihrer Angaben ein sogenanntes Phantombild erstellt werden kann. Tatsächlich ist es unglaublich schwer, einen Menschen, den man täglich sieht, so zu beschreiben, dass eine Zeichnung allein aufgrund der Zeugenangaben angefertigt werden kann, die so gut ist, dass Dritte diesen Menschen identifizieren können. Ungeahnt schwieriger aber ist es, wenn man einen Menschen nur einen Augenblick wahrgenommen hat. Ein Polizeizeichner ist grundsätzlich selber Polizist, ein Beamter, der ein herausragendes Talent hat zu zeichnen. Inzwischen können Computerprogramme die Spezialisten unterstützen.

Auch den Mitpatienten sind die Kratzer aufgefallen. Ihre Aussagen sind ähnlich diffus.

Die Ermittlungen ergeben, dass es zeitlich problemlos möglich ist, vom Maßregelvollzugszentrum mit dem Fahrrad zum Tatort zu fahren oder auch zu Fuß zu gehen, die Tat auszuführen und anschließend zum Maßregelvollzug zurückzukehren.

Doch was ist nun im Klosterwald genau passiert? Wo hatte der Beschuldigte Sandra Tietjen getroffen? Auf dem Waldweg oder am späteren Tatort? Kannten sich beide? Hatte man sich dort verabredet? Oder war Gregor Simmel gemeinsam mit Sandra Tietjen dorthin gefahren?

Schlussendlich bleiben 3 denkbare Szenarien denkbar, nämlich: Das Opfer ist alleine unterwegs, es kommt zum Kontakt und man verlagert gemeinsam zum Tatort. Das Opfer befindet sich bereits am Tatort, der Täter erkennt die Gelegenheit und setzt zur Tatbegehung an. Das Opfer geht alleine spazieren und wird vom Täter an geeigneter Örtlichkeit angegriffen und in den Wald gezerrt.

Die Staatsanwältin erhebt Anklage gegen Simmel wegen Mordes.

Prozess Nummer 1

Beginn September 2016

Der Angeklagte Simmel macht keine Angaben. Es folgt eine umfangreiche Beweisaufnahme. Einer der ersten Zeugen ist ein Psychologe des Maßregelvollzugszentrums. Er betritt mit einem dicken Ordner unter dem rechten Arm den Saal. Als der Zeuge während seiner Vernehmung beginnt, in dem Ordner zu blättern, greift die Staatsanwältin ein:»Sagen Sie, was sind das für Unterlagen? Sind das Originale aus der Krankenakte?« Der Zeuge weicht aus:»Wenn Sie mich in die Pflegeakten schauen lassen, kann ich Ihnen sagen, ob das hier Originale sind.« Der Vorsitzende Volker Sander bittet den Zeugen, ihm den Ordner zu überreichen und reagiert beim Blick auf die Akten ungehalten:»Hier auf der Seite befindet sich eine Originalunterschrift, also handelt es sich ganz offensichtlich um Originale, die sich nicht in der Akte befinden. Sämtliche Originale waren der Polizei am Tag der Durchsuchung auszuhändigen.« Die Staatsanwältin kündigt daraufhin unter lautem Gemurmel im Zuschauerraum an, die (erneute) Durchsuchung des Maßregelvollzugszentrums beantragen zu wollen, woraufhin die Sitzung für 15 Minuten unterbrochen wird. Während die Kammer über den angekündigten Antrag berät, telefoniert sie mit der Kriminalpolizei, bittet darum, sich für eine umfangreiche und zeitnahe Durchsuchung personell aufzustellen, und formuliert in aller Eile schriftlich den Antrag. Das Gericht erlässt umgehend den Durchsuchungsbeschluss. Eine Stunde später beginnt die Durchsuchung der Klinik, bei der weitere Unterlagen, die jedoch nicht für die Klärung des Tatvorwurfs von Relevanz sind, beschlagnahmt werden. Trotz der belastenden Indizienlage macht der Angeklagte Simmel weiterhin keine Angaben. Er gibt sich verschlossen, so als wenn ihn das Ganze nichts anginge. Lediglich einzelnen Beweisanträgen der Verteidiger ist zumindest indirekt zu entnehmen, dass er eine Tatbeteiligung bestreitet, er weiter behauptet, sich die Kratzer bei einem Unfall mit dem Rad im Wald zugezogen zu haben.

Die Beweisaufnahme ist umfangreich. Zwischendurch droht wegen gesundheitlicher Probleme des Angeklagten Simmel ein Platzen des Prozesses. Simmel wird im Krankenbett zur Sitzung gebracht.

> Während des Ermittlungsverfahrens wird der Tatverdächtige als **Beschuldigter** bezeichnet, nach Anklage und bis zur Eröffnung des Hauptverfahrens des Gerichts ist er ein **Angeschuldigter** und mit der Eröffnung des Hauptverfahren ein **Angeklagter**.

Nach über 30 Verhandlungstagen folgt am 15.06.2017 das Urteil: Georg Simmel wird wegen Totschlags zu einer Freiheitsstrafe von 12 Jahren verurteilt, das Gericht ordnet die Sicherungsverwahrung an. Der Vorsitzende Volker Sander macht in der mündlichen Urteilsbegründung deutlich, dass man der Zeugin Klaasen nicht glaubt. Sie will das Opfer am späten Nachmittag in der Nähe des Tatortes mit einem jungen Mann gesehen haben, der definitiv nicht Simmel gewesen sein soll. Würde man ihre Angaben glauben, könnte Simmel nicht der Täter sein. Können die

Angaben einer alten Dame, die mit einem Fahrrad auf Kopfsteinpflaster durch Menschengruppen gefahren ist und lediglich ein Pärchen für den Bruchteil einer Sekunde wahrgenommen hat und dies vier Wochen später erst der Polizei berichtet, bei der Indizienlage tatsächlich Zweifel an der Täterschaft begründen? Die Kammer meint: Nein!

Das Schwurgericht geht aber zugunsten des Angeklagten davon aus, dass sich Opfer und Täter zunächst dort freiwillig im Wald getroffen haben und möglicherweise auch zunächst freiwillig Sex miteinander hatten oder haben wollten, es dann aber zu einem Streit kam, in dessen Verlauf der Angeklagte Simmel Sandra Tietjen erwürgt hat. Das Gericht hält es für erwiesen, dass Sandra Tietjen am Tatnachmittag einen männlichen Beifahrer im PKW hatte, wobei unklar ist, ob es sich um den Angeklagten handelte oder nicht.

Staatsanwaltschaft, Nebenkläger und Verteidiger legen Revision ein.

Das Rechtsmittel der Revision ist das einzige Rechtsmittel, das das Gesetz gegen erstinstanzliche Urteile des Landgerichts vorsieht. Anders als eine Berufung führt eine Revision lediglich zu einer sehr eingeschränkten Überprüfung eines Urteils durch den Bundesgerichtshof, etwa auf Verfahrensfehler, Rechtsfehler oder Denkfehler. Die Beweiswürdigung hingegen ist nicht vollständig angreifbar, das Revisionsgericht überprüft deshalb auch selbst keine Beweise, vernimmt keine Zeugen. Ist eine Revision erfolgreich, hebt der Bundesgerichtshof das Urteil ganz oder teilweise auf und verweist es in der Regel an dasselbe Landgericht zurück. Dort verhandelt eine andere Kammer die zurückverwiesene Sache neu. Lediglich in Ausnahmefällen erfolgt die Zurückverweisung an ein anderes Landgericht, dann in der Regel ein Gericht desselben Oberlandesgerichtsbezirks.

Während die Staatsanwaltschaft ihre Revision nach Prüfung des schriftlichen Urteils im Hinblick auf die angeordnete Sicherungsverwahrung zurücknimmt, verfolgen Nebenkläger und Verteidiger weiter das Ziel, das Urteil aufheben zu lassen. Schließlich die Überraschung: Simmels Revision wird verworfen, aufgrund der Revision der Nebenkläger hebt der Bundesgerichtshof jedoch alle Feststellungen – auch die zur Täterschaft des Angeklagten – auf. Übersetzt heißt das: Die Nebenklage hat für Simmel das erreicht, was ihm verwehrt blieb, eine vollständige Aufhebung der Verurteilung!

Folge: Prozess Nummer 2

Beginn 24.06.2019

Die Staatsanwältin verliest ein zweites Mal dieselbe Anklage. Eine andere Strafkammer desselben Landgerichts erhebt erneut alle Beweise. Nach wiederum über 30 Verhandlungstagen fällt 22.11.2019 das zweite Urteil: Freispruch!

Diese Kammer ist nunmehr von der Richtigkeit der Aussage der Zeugin Klaasen überzeugt. Wenn Sandra Tietjen noch gegen 16 Uhr gelebt hat, kann der Angeklagte Simmel definitiv nicht der Täter sein. Zudem beobachtete die Zeugin aber auch, dass Sandra Tietjen mit einem jungen Mann Richtung Tatort ging, der definitiv nicht der Angeklagte war. Das Gericht hält es für möglich, dass der junge Beifahrer, den die Nachbarin im PKW beobachtet haben will, identisch ist mit dem Mann, den Zeugin Klaasen sah und dieser mit der Tat etwas zu tun hat. Die Kammer meint auch, dass die Todesursache nicht hinreichend sicher feststellbar ist. Und wieder legen alle drei Verfahrensbeteiligten Revision ein, und wieder muss der Bundesgerichtshof entscheiden, ob es bei diesem Urteil verbleiben soll.

Der Bundesgerichtshof hebt das Urteil im März 2021 auf und verweist nunmehr die Sache zur erneuten Entscheidung nicht nur an ein anderes Landgericht, sondern sogar an ein anderes Landgericht in einem anderen Oberlandesgerichtsbezirk.

Prozess Nummer 3

Beginn September 2021

Die Staatsanwältin Dr. Katharina Linnemann, die für das dritte Verfahren auf eigenen Wunsch an die dortige Staatsanwaltschaft teilabgeordnet wird, verliest dieselbe Anklage das dritte Mal. Eine dritte vollständige neue Beweisaufnahme folgt.

Was werden die Zeugen nach nunmehr 6 Jahren noch erinnern?

Wird man überhaupt noch irgendetwas sicher feststellen können?

Werden sich die Zeugen an die Kratzer erinnern?

Einige Zeugen haben überraschend gute Erinnerungen, andere inzwischen viel vergessen, auch einzelne Vorhalte des Vorsitzenden können die Erinnerung nicht auffrischen. Eine Zeugin offenbart sich als Medium, erscheint trotz Ladung nicht vor Gericht und legt den Hörer auf, als der Vorsitzende Jan Krämer bei ihr anruft, um sie mündlich zu laden. Schließlich sendet sie ein Attest ihrer Hausärztin an das Gericht, das bestätigen soll, dass sie nicht verhandlungsfähig ist. Weil die Verteidiger nicht auf die Vernehmung der Zeugin, die gegenüber der Polizei behauptet hat, Sandra Tietjen noch nach der angenommenen Tatzeit gesehen zu haben, verzichten will, telefoniert der Vorsitzende mit der Ärztin, die mitteilt, dass sich die Zeugin davor ängstige, dass sie als Medium in der Sitzung der Lächerlichkeit preisgegeben werde. Schließlich erscheint die Zeugin doch vor Gericht, berichtet, dass sie im engen Kontakt zu Engeln stehe. Sie könne es riechen, wenn ihre vor einiger Zeit verstorbene Mutter durch das Haus gehe. Zur Aufklärung des Tötungsdelikts kann sie jedoch nichts beitragen.

Mit Spannung wird die Aussage der Zeugin Klaasen, mittlerweile über 80 Jahre alt, erwartet. Als der Vorsitzende Jan Krämer die Zeugin dazu anhält, in einen Bericht der Kammer ihre Erinnerungen darzulegen, wird rasch klar, dass die Dame nicht Sandra Tietjen gesehen hat. Sandra habe eine blickdichte schwarze Strumpfhose und einen langen schwarzen Rock getragen, darüber einen dunklen Popelinemantel – diese Beschreibung ist gänzlich neu. Als ihr der Vorsitzende die Bilder der Überwachungskamera der Tankstelle vom Tattag und kurze Zeit vor dem Besuch des Klosterwaldes zeigt und sagt »Die Polizei meint, dass darauf Sandra zu sehen sei.«, reagiert die Zeugin ungehalten: »Dann war die das eben nicht, die ich gesehen habe!« Nochmal weist die Zeugin daraufhin, dass sie mit ihrem Rad auf einem mit Kopfsteilpflaster belegten Fußweg im Klosterpark unterwegs gewesen sei. Es seien dort viele Leute gewesen, auch spielende Kinder, denen sie auf dem Rad habe ausweichen müssen. »Und dann ging dieses Paar dort, das etwas zur Seite getreten ist, nachdem ich geklingelt habe. Die Frau wich nach links aus und schimpfte, der Mann ging nach rechts, ich bin mittendurch gefahren. Während der Weiterfahrt habe ich mich kurz nach links über meine Schulter umgeschaut und dabei sowohl die Frau als auch den Mann von vorne gesehen. Die Frau hatte genauso eine schwarze Brille getragen, wie Sandra auf dem Bild, das mehrere Wochen später veröffentlicht worden ist.« Ja und der Mann? Der sei deutlich jünger gewesen als der Angeklagte Simmel. Auf Nachfrage kann sie nicht erläutern, wie sie bei dem kurzen Blick seitlich über die linke Schulter auch den von ihr aus rechts stehenden Mann gesehen haben will. Die Verteidiger sind weiter von der Aussage der Zeugin überzeugt und beantragen, die Spuren unter den Nägeln des Opfers erneut untersuchen und eine Wahrscheinlichkeitsberechnung durchführen zu lassen, wobei die Verteidiger damit beweisen wollen, dass die DNA unter den Nägeln der Leiche sicher nicht von Simmel stammt. Es gäbe eine ganz neue Untersuchungsmethode. Der Schuss geht schließlich nach hinten los, man liefert ungeahnt ein weiteres Indiz gegen Simmel.

Die Kammer verurteilt Gregor Simmel nach 26 Sitzungstagen im Februar 2023 wegen Mordes zu einer lebenslangen Freiheitsstrafe und ordnet die Sicherungsverwahrung an. Der Vorsitzende Jan Krämer erläutert in der Urteilsverkündung: »Die Kammer ist zu der Überzeugung gelangt, dass der Angeklagte im Wald die Geschädigte bemerkte, die dort alleine zu Fuß unterwegs war, sich entschloss, diese spontan zu überfallen und sich gegen ihren Willen sexuell an ihr zu vergehen. Er griff sie deshalb überraschend an und zog sie etwa 100 Meter von dem befestigten Weg in den Wald. Was im Weiteren dort geschah, ließ sich nicht klären, insbesondere nicht, ob er selber die Geschädigte entkleidete oder sich diese aus Angst vor weiterer Gewaltanwendung selber auszog. Jedenfalls entledigte sie sich nicht aus eigenem Antrieb ihrer Kleidung, sondern der Angeklagte veranlasste dies oder zog sie selber aus, um sexuelle Handlungen an ihr vorzunehmen. Zu diesem Zwecke drückte er sie auf den Boden. Während seiner Bemühungen, sich sexuell an ihr zu vergehen, oder danach drückte er ihr längere Zeit Mund und Nase zu, um ihren Widerstand zu brechen und sie gefügig zu machen. Dabei nahm er mindestens billigend ihren Tod in Kauf.«

Ein anderer Geschehensablauf sei aus Sicht der Kammer auszuschließen, insbesondere, dass sie sich freiwillig zu sexuellen Handlungen mit dem Angeklagten entschlossen habe. »Sandra verstarb an einem Ersticken. Die Kammer ist davon überzeugt, dass Sandra an dem Nachmittag alleine unterwegs war.« Der Vorsitzende begründet, warum die Kammer der Ansicht ist, dass sich die Nachbarin geirrt hat, als sie einen jungen Mann als Beifahrer im PKW gesehen haben will. Die Nachbarin sei gedanklich stark in andere Überlegungen eingebunden gewesen und habe lediglich einen sehr kurzen Moment einen Blick auf das vorbeifahrende Auto werfen können, noch dazu von einer deutlich erhöhten Position. Zudem habe sie selbst ihrem Mann zu keinem Zeitpunkt diese Person näher beschrieben. Im Hinblick auf die Zeugin Klaasen sei die Kammer der festen Überzeugung, dass diese eine andere Frau gesehen hat. Die Wahrnehmungsmöglichkeiten der Zeugin seien sehr eingeschränkt gewesen. Sie sei in Eile auf dem Kopfsteinpflaster mit dem Rad gefahren, musste mehrfach anderen Besuchern ausweichen, die Begegnung war ein Allerweltgeschehen, weshalb kein Anlass bestand, sich die Gesichter des Paares einzuprägen. Die Kammer könne zudem nicht nachvollziehen, wie es der Zeugin gelungen sein will, beide Gesichter beim Umschauen während der Fahrt wahrzunehmen. Schließlich entspreche die Kleidung der Frau, die die Zeugin für Sandra halte, nicht der Kleidung, die Sandra wenige Zeit vor dem Spaziergang bei dem Besuch der Tankstelle getragen habe.»Darüber hinaus hat die Kammer ein zusätzliches Gutachten in Auftrag gegeben zur biostatischen Bewertung der DNA-Befunde unter den Nägeln der Toten. Die neue Methode unterscheidet sich von der klassischen Bewertung im binären Modell dadurch, dass auch Signalintensitäten der nachgewiesenen Allele sowie die nicht reproduzierbaren DNA-Merkmale in die Bewertung einbezogen werden. Die neue Methode unterstützt zumindest die Hypothese, dass sich im untersuchten Spurenmaterial neben der DNA-Beimengung der Geschädigten auch eine geringfügige DNA-Beimengung des Angeklagten befindet.« Dass die Beimengungen von dem Angeklagten stammen und nicht einer unbekannten Person sei ca. 812 Millionen mal wahrscheinlicher.»Dabei ist sich die Kammer durchaus bewusst, dass es sich bei dieser neuen Methode noch nicht um ein standardisiertes und validiertes Verfahren handelt. Allerdings fügen sich diese Ergebnisse in die weiteren Beweisergebnisse nahtlos ein.«

Die Kammer ist der Überzeugung, dass sich aus den Vortaten ein bestimmtes Tatmuster ergibt, dass Zweifel an einem überfallartigen Zugriff auf Sandra und ein Verbringen gegen ihren Willen in den Wald mit dem Ziel sexueller Übergriffe nicht zulässt.

Die erneute Revision des Angeklagten wird verworfen. Endlich kann Familie Tietjen Ruhe finden.

Die Crux bei Zeugenaussagen – Nicht selten belügen Zeugen das Gericht absichtlich, weil sie Interesse daran haben, dass ein Angeklagter nicht verurteilt wird oder umgekehrt. Bisweilen sind Zeugen aber auch fest davon überzeugt, dass sich der von ihnen geschilderte Sachverhalt genauso ereignet hat. In einem kürzlich verhandelten Fall war das eigentliche Tatgeschehen (Täter sticht massiv auf das Opfer in einem Supermarkt ein, das Geschehen wird von mehreren Videokameras aufgezeichnet.) objektiv zweifelsfrei feststellbar. Durchaus honorige Zeuginnen berichteten dem Gericht, wie sie auf den Täter zugetreten sind, ihn angeschrien, sich um das Opfer gekümmert haben. Nichts davon bestätigten die Videoaufnahmen. Als das Gericht den Zeuginnen die Aufnahmen zeigte, waren die Damen sprachlos und vermochten glaubhaft nicht zu erklären, warum sie den Sachverhalt anders in der Erinnerung abgespeichert hatten.

Und schließlich unterliegen Zeugenaussagen der freien Beweiswürdigung des Gerichts, das am Ende nur dann einen Angeklagten verurteilen darf, wenn die Richter keine vernünftigen Zweifel an der Schuld des Angeklagten haben. Dass diese Beweiswürdigung sehr unterschiedlich ausfallen kann, zeigt der Klosterwaldmord.

Die Sicht der forensischen Psychiaterin

Wer war der Mörder? Diese Frage war im Fall des Klosterwaldmordes besonders aufwändig zu lösen und zeigt Ähnlichkeiten zu Krimi-Drehbüchern, bei der die Fährte, die der Zuschauer aufnimmt, immer erst mal wieder neu in eine andere Richtung gelenkt wird. Der Fall zeigt auch einmal mehr deutlich, wie intensiv und ernsthaft die Bemühungen sind, sexuell motivierte oder sexuell assoziierte Tötungsdelikte aufzuklären und welches Gewicht Zeugenaussagen haben können. Dass die Bewertung von Zeugenaussagen daher strikt in der Hand der Justiz bleiben muss, aber eben auch eine sehr anspruchsvolle Aufgabe mit weitreichenden Folgen sein kann, wird hier besonders sichtbar. Dass Kriminalfälle im Einzelfall auch so verworren erscheinen können, dass sogar auf äußerst unkonventionelle Methoden zurückgegriffen wurde, lässt im Nachhinein nur mutmaßen, wie groß zeitweilig die Ratlosigkeit bei den Ermittlern und der Justiz gewesen sein muss. Dass eine Zeugin hypnotisiert wird, um deren Aussagequalität womöglich zu steigern und präzisere Beobachtungen zu schildern, ist nun kein etabliertes Vorgehen. Und auch die Einladung eines Mediums als Zeugin zeugt davon, dass die Suche nach Erkenntnis auch in den Bereich des Unkonventionellen ausgedehnt wurde. Der Fall hat also neben der Brutalität des Deliktes und dem in der Regel lebenslangen Leid, das mit einer solchen Tat über die Familie des Opfers hineinbricht, auch seine anekdotischen Kuriositäten.

Aus forensisch-psychiatrischer Sicht ist der Klosterwaldmord allerdings in ganz anderer Hinsicht besonders interessant. Der Fall ist eigentlich Pflichtlektüre in einem Lehrbuch zur Erstellung von Delikthypothesen und ein Fall für interdisziplinäre Fortbildungen von Gutachtern und Juristen gleichermaßen, denn Fälle wie diese führen den Fachmann zu der heiklen Frage, wie sinnvoll und sauber fachlich begründet es überhaupt sein kann, Sexualstraftäter in einer Entziehungsanstalt unterzubringen. Der Fall zeigt in seinem maximal problematischen Verlauf auch, in welchem kritischen Spannungsfeld Forensische Kliniken tätig sind, wenn sie einerseits die Allgemeinheit vor der Gefährlichkeit ihrer Insassen schützen sollen und müssen, zum anderen aber durch den Therapieauftrag der Resozialisierung zu dienen haben. Eine Unterbringung nach § 63 StGB ist zeitlich erst einmal unbefristet. Sie soll möglichst nicht mehr als 6 Jahre betragen und nach einer Dauer von 10 Jahren verändert sich die Fragestellung in Bezug auf die Gefährlichkeitsprognose in der Weise, dass Gutachter dann sicher nachzuweisen haben, dass mit weiteren Straftaten zu rechnen ist. Aber immerhin richtet sich die Dauer der Unterbringung, bis auf einige juristische Besonderheiten, nach der noch vorhandenen Gefährlichkeit, die aus einer schweren Störung resultiert. Bei Tätern wie Gregor Simmel sind das Menschen mit schweren Persönlichkeitsstörungen und bzw. oder schwerwiegenden sexuellen Abweichungen. Kurzum: eine Klinik hat da Zeit. Bei der Unterbringung gem. § 64 StGB ist die Sache grundsätzlich anders: die maximal mögliche Dauer der Behandlung umfasst 2 Jahre plus 2/3 der zusätzlich verhängten Haftstrafe. Das bedeutet auch, dass die Kliniken viel schneller mit sog. »Lockerungen« beginnen, also Gewährung von Ausgängen. Zum anderen ist die Kombination der Anwendung von § 64 StGB und § 66 StGB (Sicherungsverwahrung) besonders tückisch, weil es sich bei Menschen, die zur Sicherungsverwahrung verurteilt werden, ja nachweislich um besonders gefährliche Täter handelt.

Aus fachlicher Sicht ist bei Tätern wie Gregor Simmel allerdings festzustellen gewesen, dass die einschlägige Vorgeschichte aus Sexualstraftaten gegen Frauen und einer tiefsitzenden frauenfeindlichen Grundüberzeugung schon dazu führten, dass Gutachter früher bereits richtiger Weise eine ungünstige Legalprognose, also eine auf lange Sicht bleibende Gefahr für weitere Gewaltstraftaten gegen Frauen beschrieben haben. Viele Täter trinken auch im Übermaß Alkohol und es ist keine Frage, dass Menschen, die nüchtern sind, sich für gewöhnlich besser im Griff haben als Menschen, die alkoholisiert sind. Alkohol ist in Bezug auf schwere Gewaltstraftaten im Übrigen auch eine weitaus häufigere Droge als die illegalen Drogen. Die Gefahr von Alkoholisierung für die Begehung von Gewaltdelikten wird, nicht zuletzt wegen der großen kulturellen Akzeptanz von Alkoholkonsum und auch zeitlich begrenztem Alkoholexzess, nach wie vor unterschätzt. Entscheidend ist hier aber folgendes: eine tief in der Persönlichkeit verankerte Verachtung für Frauen, gepaart mit dem in der Biographie immer wieder kehrenden Muster, sich mit (unterlegenen oder hilflosen) Frauen zusammen zu tun, um diese letztlich einfach als Sexualpartnerin verfügbar zu haben, und das dann in der Kombination mit Gewaltdelikten gegen Frauen, liegt nicht ursächlich am Alkoholkonsum. Das Kernproblem der Gefährlichkeit dieser Personen liegt in ihrer Persönlichkeit, in ihren emotionalen Mustern, ihren Überzeugungen, ihrer gestörten Art und Weise der Beziehungsfähigkeit. Ein Fall wie der des Gregor Simmel ist der Alptraum für jede forensische Klinik. Sie muss nämlich bei einer fachlich sauberen Herausarbeitung der sog. Delikthypothese, also der Verbindung von Tätereigenschaften und Taten ggf. dazu kommen, der Justiz mitzuteilen, dass der Zweck der Maßregel nach § 64 StGB in einem solchen Falle nicht zu erreichen sein wird.

Anglermord –
und am Ende Freispruch aus Mangel an Beweisen

Eine Kreisstadt in Niedersachsen mit etwa 32.000 Einwohnern
04.07.1984

Alfred Geisler eilt an der Weser entlang zur Arbeit. Er hat heute früh verschlafen. Kurz vor dem Kriegsdenkmal wird er auf etwas aufmerksam. Was liegt da am Wasser? Hat da jemand Müll entsorgt? Er verlässt den Fußweg und begibt sich über die Rasenfläche zum Ufer. Schlagartig erstarrt Alfred. Da liegt jemand in einer Art Embriohaltung und mit dem Gesicht im Wasser.»Hallo?« Alfred Geisler wird schnell klar, dass jede Hilfe zu spät kommt, er läuft zur Telefonzelle und setzt einen Notruf ab. 10 Minuten später ist die Polizei vor Ort. Der Unbekannte wurde Opfer eines Gewaltverbrechens.

Über 30 Jahre später sitzen der Leiter der Mordkommission und die Staatsanwältin Dr. Katharina Linnemann zusammen. Beide haben die Akten des Cold Case studiert. Beide gelangen zu dem Ergebnis, dass ein Anfangsverdacht gegen Christian Erdmann besteht. Damals hatte die Staatsanwaltschaft das Verfahren gegen ihn mangels Beweise eingestellt. Beide diskutieren die Indizien.

KHK Ernst Fessler, Leiter der Mordkommission, resümiert:»Christian Erdmann war zur Tatzeit 20 Jahre alt und hat ein sehr auffälliges Aussageverhalten gezeigt, er spielte geradezu mit den Kollegen.«

Erdmann war bereits in jungen Jahren, damals zur Tatzeit 20 Jahre alt, eine eher schillernde Person unter der polizeilichen Kundschaft. Über 1100 Eigentumsdelikte wurden ihm mit gerade einmal 20 Jahren zur Last gelegt. Nur vier Jahre nach dem Anglermord erstach er eine alte Dame, die in seiner Nachbarschaft wohnte. Deshalb verurteilte ihn das Gericht wegen Mordes zu einer lebenslangen Freiheitsstrafe. Die Urteilsgründe klingen wie ein Krimi.

Staatsanwältin und Moko-Leiter gelangen zu einem klaren Ergebnis: »Der Fall verspricht noch Chance auf Aufklärung. Wir sollten uns die Asservate anschauen und prüfen, ob man objektiv Spuren feststellen kann.« Tatsächlich sind noch Asservate im Keller der Staatsanwaltschaft gelagert. Doch bei der Durchsicht wird schnell klar, dass eine Nachuntersuchung der Asservate auf etwaige DNA-Spuren wohl eher nicht zur Klärung wird beitragen können. Denn die Asservate sind teils in Plastiktüten, teils Kleidungsstücke von unterschiedlichen Personen zusammen in einem blauen Müllbeutel, nichts ist – wie heute üblich – in einzelnen DNA-Tüten gesichert, um Kontaminationen zu vermeiden, denn DNA war damals bei Ermittlungen noch kein Thema.

Der Umgang mit Asservaten bzw. Spurenträgern damals und heute – nicht selten finden die Ermittler am Tatort Blut, Speichel, Sperma, Haare oder auch nur einzelne Hautschuppen. Schon eine minimale Menge an DNA-Material kann heute einer bestimmten Person zugeordnet, mit Mustern in der DNA-Datenbank abgeglichen werden. Der Bundesgerichtshof hat 1990 die DNA-Analyse im Ermittlungsverfahren für zulässig erklärt, sodass ab Beginn der 90er Jahre DNA für die Aufklärung von Straftaten erheblich an Bedeutung gewann.

Das Studium der Akten ist wie eine Zeitreise, dünnes vergilbtes Papier, teils Durchschläge, Vermerke und Vernehmungen mit Schreibmaschine getippt, bisweilen haben einzelne Buchstaben kleine Löcher in das Papier gestanzt. Die Polizei führte damals Ermittlungen zum Beschuldigten und zu seiner Person durch. Christian Erdmann ist als jüngstes von drei Geschwistern geboren worden. Seine Schwester Conny ist 6 Jahre, sein Bruder Siggi 3 Jahre älter als er. Seine Eltern haben in derselben Straße wie die Getötete Sauer ein Haus gebaut. Dort verbringt Christian Erdmann Kindheit und Jugend. Sein Vater ist Arbeiter, seine Mutter Hausfrau. Nach zahlreichen Problemen in der Schule erlangt er schließlich den Hauptschulabschluss und lernt Tischler, ohne einen Abschluss zu erwerben. Als er wegen von ihm begangener Diebstähle einen einwöchigen Jugendarrest absitzen muss, kommt es zum Streit mit seinen Lehrmeistern, in dessen weiterer Folge er die Ausbildung abbricht. Weil sich das Verhältnis zu den Eltern zusehends verschlechtert, zieht er aus, ist arbeitslos, begeht weiter Straftaten.

Vier Jahre nach dem Tode des Anglers kommt ihm nach Kneipenbesuchen gegen Morgen spontan die Idee, in das Haus der Nachbarin Sauer einzubrechen. Er hat vor, Geld und wertvolle Gegenstände zu stehlen. Er gibt im Strafverfahren an, für Drogen und Alkohol im Monat 200 bis 300 DM ausgegeben zu haben. Christian Erdmann kennt die 78-Jährige seit früher Kindheit. Die alte Frau ist zur Tatzeit schwerhörig ist und sieht schlecht. Er steigt dort ein, entwendet eine Geldbörse mit 50 DM Bargeld, und obwohl er bei der Suche nach Beute fortlaufend Lärm verursacht, lässt er sich von der weiteren Tat nicht abhalten. Plötzlich steht die Nachbarin in der Tür und fragt, was er dort mache. Er glaubt, dass sie ihn nicht erkannt hat, drängt jedoch die ihm unterlegene Frau in das Schlafzimmer und wirft sie auf das Bett. Er schiebt das Nachthemd hoch und übt den Geschlechtsverkehr aus. Er macht sie wehrlos, wickelt ihr ein Tuch und Klebeband um den Hals und stopft es ihr in den Mund, um sie am Schreien zu hindern. Bei dem Geschlechtsverkehr stört er sich an dem von dem Opfer getragenen Pessar (Gebärmutterzapfen = medizinisches Produkt bei Gebärmuttervorfall) und reißt es heraus, wodurch er ihr eine stark blutende Verletzung zufügt. Er kommt während des Geschlechtsverkehrs zum Samenerguss. Weil ihm klar ist, dass die Frau ihn erkannt hat und er wegen des Einbruchs und der Vergewaltigung überführt werden könnte, entschließt er sich, die Frau zu töten. Mit einem Messer sticht er der Frau in das Herz. Er sucht danach die

Wohnung nach Wertgegenständen ab und nimmt Schmuck und Uhren an sich. Um die Spuren zu verwischen, versucht er, das Haus in Brand zu setzen. Am nächsten Tag sortiert er den Schmuck, wirft einen Teil weg und einen Teil verschenkt er. Gegenüber dem psychiatrischen Sachverständigen streitet er alles ab. Er empfinde die Anklage als Witz. Er sei sich keiner Tat bewusst. Bei seiner Einlassung vor der Kammer sagt er zunächst, er wisse nicht, wie er in den Besitz der Uhren gekommen sei. Am fünften Verhandlungstag räumt er ein, bei der Nachbarin eingebrochen zu sein, um dort zu stehlen. Sie habe ihn ertappt, woraufhin er sie auf das Bett geworfen habe. Anschließend habe er sie dort gefesselt, den Schmuck an sich genommen und das Haus wieder verlassen. An die Vergewaltigung könne er sich nicht erinnern. Als er das Haus verließ, habe »sie wohl noch gelebt«. Die Kammer gelangt zu dem Ergebnis, dass Christian Erdmann die Frau zur Verdeckung der vorangegangenen Straftaten getötet hat. Der psychiatrische Sachverständige führt aus, Erdmann weise eine dissoziale und gefühlsarme Persönlichkeit auf mit mangelhafter Gewissensbildung. Eine Suchtmittelabhängigkeit konnte nicht festgestellt werden.

In einer polizeilichen Vernehmung, die einige Monate nach der Tötung des Anglers durchgeführt wird, räumt Christian Erdmann eine Vielzahl von Straftaten ein. Die Palette reicht von Ladendiebstählen, über Zweiraddiebstähle, Einbruchsdiebstähle bis hin zu einem Raub auf einen Geldboten. Die Delikte hat er eigenen Angaben nach im Zeitraum von 2 Jahren begangen. Insgesamt werden ihm in diesem Zeitraum 1119 Eigentumsdelikte zur Last gelegt. Anlässlich dieses Geständnisses räumt er auch ein, dass er das Diebesgut zum Teil in der Stadt bunkerte, u. a. in einem »Schuppen« in der Gasse Deichweg.

In dem Verfahren zum Nachteil des Anglers wird Christian Erdmann damals mehrfach vernommen, die Staatsanwältin und ein Polizist vernehmen ihn nun in der JVA erneut. Der Beschuldigte streitet alles ab. »Die Beweislage ist für mich gut!« sagt er grinsend.

Die Gefangenenpersonalakten geben Einblick in seine Persönlichkeitsstruktur. Im Vollzug wird er als leicht aufbrausend und reizbar erlebt, ohne jede Einsicht.

Auch zuletzt bescheinigen Gutachter eine dissoziale Persönlichkeitsstörung, herzloses Unbeteiligtsein gegenüber den Gefühlen anderer, eine deutliche und andauernde Verantwortungslosigkeit und Missachtung sozialer Normen, Regeln und Verpflichtungen sowie ein Unvermögen zur Beibehaltung längerfristiger Beziehungen. Er habe eine sehr geringe Frustrationstoleranz und niedrige Schwelle für aggressives, auch gewalttätiges Verhalten und eine Unfähigkeit zum Erleben von Schuldbewusstsein oder zum Lernen aus Erfahrung, besonders aus Bestrafung. Das Tatgeschehen zum Nachteil Sauer erklärt Christian Erdmann dem Sachverständigen weiter mit »Erinnerungslosigkeit«. Über Motive und einen eventuellen sexuellen Sadismus redet er nicht. Christian Erdmann erfüllt laut Gutachter einige Merkmale der Psychopathie.

Staatsanwältin und Mordkommission erörtern die Indizien nach Aktenlage.

Der Moko-Leiter ergreift als Erster das Wort: »Am Morgen des Tattages fand der Arbeiter Geisler um 6.50 Uhr auf seinem Weg zur Arbeit den Leichnam des Anglers und informierte umgehend die Polizei. Am Tatort war u.a. KHKin Bettina Heine. Sie ist vor einem Jahr verstorben. Sie hat in ihrem Bericht die getroffenen Feststellungen beschrieben. Die Leiche lag bekleidet mit dem Kopf im Weserwasser. Der Leichenfundort befand sich ca. 30 Meter unterhalb des Kriegerdenkmals. Die Leiche wies deutliche Kopfverletzungen auf. Etwa einen Meter oberhalb der Leiche wurden Blutspuren festgestellt. Unmittelbar daneben lagen Steine in Tomatengröße. Auf der Rasenfläche zwischen dem Kriegerdenkmal und der Leiche fand die Polizei helle Glassplitter, Splitter einer Kornflasche mit dem Etikett Strothmann Kornett, und eine Taschenlampe. Das Splitterfeld war etwa 25 Meter entfernt von dem Leichenfundort und befand sich am Anfang der Schleifspur, die zum Leichnam führte.«

Sander, der Hauptsachbearbeiter der Moko ergänzt:»Den Tatort-befundbericht hat KOK Erich Saßnitz verfasst. Auch er ist leider verstorben. Wir werden allein mit seinem Vermerk arbeiten müssen. Daraus ergibt sich: Hinter dem Denkmal lagen auf einer Fläche von etwa 8 Quadratmetern verteilt Glasscherben und Glassplitter, die von einer zerschlagenen Strothmann-Flasche stammten. Die Leiche wurde in gehockter Stellung mit dem Kopf im Wasser liegend vorgefunden. Den Spurensicherungsbericht hat KHK Florian Heid verfasst. Aus dem Bericht ergibt sich: Es wurde eine Schleifspur von dem oberen Bereich des Weserwalls zum eigentlichen Leichenfundort festgestellt. Im Bereich dieser Schleifspuren befanden sich Blutanhaftungen. Die Schnapsflasche ist das Tatwerkzeug. Der Flaschenhals lag 4 Meter von der Leiche entfernt in der Weser. Ferner wurden unmittelbar am Tatort Schuhsohlenabdrücke eines Sportschuhs der Marke Sporttreff in der Größe 43–46 festgestellt. Die Abdrücke dürften von dem Täter stammen. Lichtbilder dieser Schuhe befinden sich in der Akte.«

Die Staatsanwältin schüttelt den Kopf»Der Flaschenhals wurde von der Weser weggespült. Die Scherben sind damals bereits vernichtet worden. Wir haben somit keine Chance, noch Täterspuren nachzuweisen. Die Fotos vom Tatort sind überschaubar.«

Sander meint:»Ja. Man hat damals nur wenige Fotos gefertigt. Die überlappend in die Akte geklebten Fotos musste man mit einem speziellen Gerät betrachten, dann erhielt man eine 3-D-Sicht auf den Tatort. Sowas ist heute unvorstellbar! Die Schuhsohlenabdrücke am Tatort wurden ausgegipst, immerhin haben wir noch einen Gipsabdruck von damals«. Die Staatsanwältin lacht»Nur leider können wir damit gar nichts anfangen.«

Sander ergänzt:»Die Ermittlungen zu diesen Schuhabdrücken haben ergeben, dass sie zu einem Sportschuh gehören, der von der Firma Deich vertrieben wurde. Am Tattag herrschten herbstliche 12,5 Grad.

Der Himmel war bedeckt. Am Abend zuvor hatte es geregnet. Aus dem Einsatzbericht ergibt sich der zeitliche Ablauf: 6.50 Uhr Anruf bei der Polizei und Mitteilung, dass am Weserwall eine Leiche liegt, 6.55 Uhr Eintreffen der Polizei am Tatort. Dies ist der früheste Zeitpunkt, zu dem Polizeibeamte sich ein erstes Bild von der Spurenlage und – teilweise – dem Verletzungsbild machen konnten, zu diesem Zeitpunkt war die Leiche weder angerührt noch gedreht worden. Nach 6.55 Uhr wurden Beamte der Spurensicherung und des Fachkommissariats I zugeführt. Der Leichenfundort/Tatort war ab spätestens 7 Uhr großräumig abgesperrt. Ab diesem Zeitpunkt erfolgten Untersuchungen am Tatort. Irgendwann im Zeitraum 6.55 Uhr bis 12 Uhr dürften die Beamten am Tatort/Fundort das äußere Verletzungsbild zur Kenntnis genommen haben, nämlich die Schnittverletzung am Hals und die Kopfverletzungen.«

Der Moko-Leiter weiß zu berichten:»Die Kollegen hatten die Opferidentität bereits im Laufe des Nachmittags des Tattages festgestellt, nachdem am Nachmittag in dem kostenlosen Anzeigenblatt über den Leichenfund an der Weser infomiert worden war. Aufgrund des Umstandes, dass dem Getöteten sämtliche Wertgegenstände abgenommen worden waren, ging die Polizei von Anfang an von einem Raubmord aus, zumal sich im Laufe der Ermittlungen kein Hinweis auf ein anderes Motiv ergeben hat.«

Die Staatsanwältin schlägt den Obduktionsbericht auf und liest vor:»Die Obduktion wurde am Tattag ab 12 Uhr durchgeführt. An dem Leichnam waren keine Abwehrverletzungen zu erkennen, was dafürsprechen könnte, dass das Opfer überfallartig zu Boden gebracht wurde. Als Todesursache wird eine Schädelzertrümmerung genannt. Während der Obduktion fiel aus dem linken Stiefel des Opfers ein Glassplitter. Folgendes Verletzungsbild wurde festgestellt: Am Hinterkopf zeigte sich von der Mittellinie ausgehend nach links leicht schräg ansteigend eine 5 cm lange Quetsch-Risswunde mit gezackten Wundrändern, 8 cm oberhalb und 4 cm hinter den oberen Ohransatz links eine

2 cm lange Quetsch-Risswunde mit zackigen Wundrändern, 9 cm oberhalb und 3 cm hinter dem linken Ohransatz gelegen eine 2,2 cm lange
Quetsch-Risswunde mit etwa 1 mm breitem Schürfsaum und gezackten Wundrändern. Der Schädelknochen am Hinterkopf und links waren
deutlich widernatürlich eindrückbar. Im Bereich der linken Kotelette
vor dem Ohr eine schräg absteigende 4 cm lange relativ glattrandige
Wunde. In der Haut an der Schläfe links fanden sich mehrere zackige
oberflächliche Hautschürfungen und Quetsch-Risswunden der Haut.
Dicht oberhalb der linken Augenbraue war eine etwa markstückgroße
Unterblutung der Haut erkennbar, in deren Bereich ebenfalls der Schädelknochen eindrückbar war. In der Stirnmitte befand sich eine 5,5 cm
lange bogenförmige Quetsch-Risswunde mit gezackten Rändern. In
der Tiefe waren in diesem Bereich zerborstene Schädelknochen zu
erkennen. Das knöcherne Nasengerüst war zertrümmert. Die Lippen
waren aufgerissen. Eine Schnittwunde befand sich im Bereich des Halses mit Eröffnung des Kehlkopfes. Ferner wurden am Hals ein Bruch
mehrerer Kehlkopfknorpel sowie ein mehrfacher Bruch des Zungenbeins festgestellt. Diverse Zähne waren abgebrochen bzw. gelockert.
Das Opfer hat hochgradig Blut eingeatmet. Schlammbestandteile in der
Speiseröhre, eine massive akute Lungenüberblähung und eine deutliche
Blutarmut der Milz sind Hinweise auf ein Ertrinken. Als Todesursache
werden schwere Hirnquetschungen infolge der Schädelzertrümmerung
benannt. Terminal könnte sich noch ein Ertrinkungsvorgang abgespielt haben. Stumpfe Gewalteinwirkungen auf den Schädel haben im
Wesentlichen auf die linke Kopfseite und die linke Gesichtsseite eingewirkt, wobei an der gegenüberliegenden Seite an der Kopfschwarte die
Blutungen als sog. Widerlagerverletzungen aufzufassen sind. Weitere
stumpfe und z. T. auch scharfkantige Gewalteinwirkungen haben auf
das Gesicht in der Mitte eingewirkt. Der Tod dürfte gegen Mitternacht
eingetreten sein. Wenn man das liest, gruselt es einem! Aus dem Obduk-
tionsprotokoll geht nicht klar hervor, in welcher Reihenfolge die Verletzungen erfolgten oder ob man dazu überhaupt Feststellungen treffen

kann. Auch bleibt unklar, ob der erste Angriff von hinten erfolgte, die ersten Verletzungen zur Bewusstlosigkeit oder gar schon zum Tode führten. Wir sollten unbedingt eine Nachbegutachtung durchführen lassen.«

Der Moko-Leiter gibt zu bedenken, dass sich der Akte nichts dazu entnehmen lässt, dass sich Opfer und Täter zuvor kannten. Die Staatsanwältin hält inne und schaut auf:»Der Umstand, dass ihm Wertsachen, nämlich Geld und Uhren, entwendet wurden, spricht meines Erachtens für eine Bereicherungsabsicht des Täters, man muss sich somit nicht zwingend gekannt haben.«

Die Ermittler tragen zusammen, was sich aus den Akten zur Person des Opfers ergibt. Das Opfer wurde übereinstimmend als passionierter Angler und friedlicher und ruhiger Mensch beschrieben, der niemandem etwas zu Leide tun könne. Er habe sich am Vorabend alleine an das Weserufer begeben, um dort Taumaden zum Angeln zu suchen – so Zeugen,

Der Moko-Leiter weist auf die einstigen Ergebnisse hin:»Damals haben die Kollegen festgestellt, dass sich Christian Erdmann tatzeitnah in Tatortnähe aufgehalten hat.«

Die Staatsanwältin fragt:»Hat jemand mal die Aussagen der Zeugen ausgewertet bzw. gegenübergestellt?«

KHK Erik Christiansen meldet sich nickend zu Wort:»Die Zeugen haben damals ausgesagt, dass sich das Opfer am Vorabend bis gegen 23.10 Uhr in der Wohnung von Freunden aufhielt, wo etwas Bier getrunken und das Fußballländerspiel Deutschland-Holland geschaut wurde. Er fuhr mit seinem Fahrrad, das am Tatort im Bereich des Denkmals gefunden wurde, fort, um am Weserufer hinter dem Finanzamt noch Würmer für den Fischfang zu sammeln. Er hatte Gummistiefel an und seine Taschenlampe bei sich, die ebenfalls später im Bereich des Tatorts gefunden wurde, und seine Geldbörse. Bevor er sich verabschiedete, zog er am Automaten eine Schachtel Reval. Gegen 23.45 Uhr dürfte der Zeuge Zellmann den Getöteten noch lebend gesehen haben. Er hat ausgesagt, dass er in der Zeit von 23 Uhr bis 00.15 Uhr am Weserwall nach Würmern suchte. Gegen 23.45 Uhr sei ihm das am Baum in der Nähe des Denkmals stehende rote Herrenfahrrad aufgefallen sowie ein Wurmsucher auf der Rasenfläche davor. Als er gegen 00.15 Uhr nach Hause gefahren sei, hat somit der Mann noch gelebt. Demnach lässt sich die Tatzeit weiter eingrenzen. Während der Todeszeitpunkt durch die Obduzenten mit ›gegen Mitternacht‹ benannt wurde, dürfte der Tod eher in einem engen Zeitraum nach Mitternacht eingetreten sein. Die damaligen Ermittlungen haben ergeben, dass das Opfer mindestens 350 DM in einer Geldbörse mit sich führte sowie eine Armbanduhr und eine Taschenuhr. Diese Wertsachen wurden dem Getöteten abgenommen.«

KHK Weber gibt zu bedenken: »Ein wesentliches Indiz gegen den Beschuldigten ist meines Erachtens, dass die Brieftasche mit den entwendeten Dokumenten, u.a., in einem Abbruchhaus in der Gasse Deichweg entdeckt wurde. Mehrere Kinder fanden wenige Tage nach der Tat in einem verfallenen Haus in der Gasse Deichweg die fehlenden Gegenstände des Getöteten, eine Brieftasche mit Dokumenten und eine leere Geldbörse. Beides war zusammen in einem Loch einer Spanplattenverschraubung in einer Höhe von 2,22 Meter versteckt, sodass die Person, die die Gegenstände dort abgelegt hat, recht groß gewesen sein muss. Die Kollegen haben das damals geprüft, Christian Erdmann ist ausreichend groß, um ohne Leiter an diese Stelle zu gelangen. Von dem Fundort wurde eine Skizze gefertigt, leider gibt es keine Lichtbilder.«

Die Staatsanwältin ergänzt: »Ja, das habe ich auch gelesen. Auch sollen damals Vater und Bruder des Christian Erdmann der Polizei gesagt haben, dass sie diesen verdächtigen, bei ihnen im Wohnhaus gestohlen und die Beute dort im Abbruchhaus versteckt zu haben. Aber wir werden Probleme bekommen, die Aussage der Angehörigen zu verwerten.«

Weber meint: »Der Vater teilte damals den Kollegen mit, dass er den Christian verwammst hat und dieser schließlich gestand, dass die Beutestücke in einem Haus in eben dieser Gasse liegen würden. Sie seien zusammen zu dem Objekt gegangen. Christian habe sie zu dem Gebäude geführt, dessen Tür mit einem Messingbügelschloss versehen gewesen sei. Der Bruder Siggi hat eigenen Angaben nach das Bügelschloss aufgebogen, aber die Gegenstände nicht gefunden. Am Nachmittag ist er erneut zu diesem Gebäude gefahren und hat dort weitergesucht. Nun hat hat er eine Brieftasche in einer Öffnung einer Spanplatte gefunden, die vor ein Fenster des Abbruchshauses genagelt worden sei. Er hat die Brieftasche angeblich nur betrachtet und zurückgelegt. Hilft uns die Aussage nicht weiter?«

Die Staatsanwältin ist unsicher: »Zwar ist der Vater tot und damals förmlich vernommen worden. Aber es ist nicht ganz klar, worüber er belehrt wurde und ob man ihm gesagt hat, dass er im Rahmen des Mordverfahrens keine Angaben machen muss, weil sich die Ermittlungen gegen seinen Sohn richten.« Weber wendet ein: »Aber immerhin hat Christian Erdmann in der Vernehmung im Dezember selber eingeräumt, dass er das Diebesgut zum Teil dort gebunkert hat, wo auch die Gegenstände des Getöteten gefunden wurden. Demzufolge nutzte er in dem tatrelevanten Zeitraum dieses Abbruchhaus tatsächlich, um dort Gegenstände aus Straftaten zwischenzulagern.« Weiter ergänzt er: »Einige Tage später entdeckten dieselben Kinder in unmittelbarer Nähe zu dem Fundort der vorgenannten Gegenstände des Getöteten auch Bekleidungsgegenstände des Beschuldigten. Die Bekleidung und die Turnschuhe in Größe 44 der Marke Deich waren ebenfalls in einer Höhe von etwa 1,50 Meter in einer Mauerspalte versteckt – damit haben wir eine ähnliche Vorgehensweise wie bzgl. der Gegenstände des Getöteten. Bei der Absuche des Objekts durch die Polizei wurden keine Hinweise darauf erlangt, dass auch noch anderen Personen – außer der Beschuldigte – dort Gegenstände gelagert haben, schon gar nicht versteckt in Mauerspalten.«

»Okay, damit haben wir zumindest Indizien dafür, dass Christian Erdmann dort die Beute abgelegt hat. Was ist mit einem etwaigen Alibi?« fragt die Staatsanwältin.

Der Moko-Leiter wendet sich den Akten zu und blättert: »Der Beschuldigte hat den Vorabend der Tat bis etwa 00.30 Uhr in der der Gaststätte Chilischote verbracht, wo er über die gesamte Zeit lediglich zwei Bier konsumierte. Die Wirtin sagte damals aus, dass Christian gegen 20 Uhr in das Lokal gekommen sei. Er habe an dem gesamten Abend nur Bier getrunken, zwei Bier mit Kleingeld bezahlt. Er hat die Kneipe zwischen 0.30 Uhr und 1.00 Uhr zusammen mit ihr und dem Zeugen Kost verlassen. Der Zeuge Kost hat ausgesagt, dass er gegen 00 Uhr in der Chilischote eingetroffen sei. Der Beschuldigte habe angetrunken gewirkt. Gegen 00.45 Uhr – 1.00 Uhr hätten sie zu dritt, er, die Wirtin und der Beschuldigte, das Lokal verlassen, Christian sei allein fortgegangen. Erdmann sei in Richtung Rathaus und damit Richtung Tatort gegangen. Die Wirtin hat das damals bestätigt und ergänzt, dass der Beschuldigte gesagt habe, dass er noch jemanden suchen wolle, bei dem er übernachten könne oder der ihn vielleicht nach Hause fahre. Vielleicht käme er aber später auch noch in die Disco. Beide Zeugen waren sich sicher, dass der Beschuldigte im gesamten Zeitraum nicht seinen Hund dabeihatte. Während die Zeugen nun auf direktem Wege zur Diskothek gingen, nahm der Beschuldigte einen Umweg. Die von den drei Personen genutzten Wege haben wir auf einer Karte visualisiert. Um von der Chilischote zum Tatort, von da aus zum Abbruchhaus und dann zur Disco zu gehen, hätte er lediglich 17 Minuten benötigt, sodass er ausreichend Zeit hatte, die Tat zu begehen, ein Alibi für die halbe Stunde hat er jedenfalls nicht.« Die Staatsanwältin betrachtet nachdenklich den ihr von Weber überreichten Stadtplan, während dieser fortführt: »Tatsächlich kam Christian Erdmann etwa eine halbe Stunde später in die Diskothek, dort soll er laut der Zeugen ein abweichendes Verhalten gezeigt haben, er trank drei alkoholische Getränke hintereinander und gab nunmehr eine Lokalrunde aus, die er mit einem 50-DM-Schein bezahlte. Darüber hinaus gab er ungefragt an, was er in der letzten halben Stunde gemacht hat und behauptete – wahrheitswidrig – von der Polizei verfolgt worden zu sein. Einzig denkbarer Grund ist, dass sich der Beschuldigte nun gegenüber den Zeugen ein Alibi verschaffen wollte. Das Geld soll er lose in der Hosentasche gehabt haben. Der Beschuldigte hatte eine dunkle Motorradjacke getragen, ein helles T-Shirt und eine Jeanshose. Ob die Klamotten schmutzig gewesen sind, wussten die Zeugen nicht.

Anschließend fuhr der Beschuldigte mit einem Taxi in den Nachbarort, wo er zur damaligen Zeit in einem Bauernhaus zwei Zimmer angemietet hatte und sich das Bad mit dem Cousin Heiko und dessen damaliger Ehefrau Maria teilte. Soweit Christian Erdmann damals behauptet hat, in der Tatnacht in der Spielothek Geld gewonnen zu haben, konnte das widerlegt werden. Die Angestellte hat das damals sicher ausgeschlossen. Christian Erdmann sei definitiv nicht dort gewesen.« Die Staatsanwältin wendet ein:»Hätte er nicht Blut an der Kleidung haben müssen? Hätte das den Zeugen nicht auffallen müssen?« Weber entgegnet:»Ja, der muss ziemlich sicher Blut an der Kleidung gehabt haben. Aber wir halten es für möglich, dass er die Kleidung im Abbruchhaus gewechselt hat oder den Zeugen in der Disco das Blut einfach nicht aufgefallen ist. Bei Discolicht müssen die Zeugen das nicht zwangsläufig bemerkt haben, zumal keiner der Zeugen den Fokus auf dessen Kleidung gehabt haben wird. Die Kleidung muss auch nicht klitschnass geworden sein, auch das haben wir schon erörtert.«

Die Ermittler gelangen zu dem Ergebnis, dass aktuell die Beweislage noch zu dünn ist, um Christian Erdmann wegen Mordes anzuklagen. Der Fall soll in einer Fernsehsendung vorgestellt werden. Vielleicht findet man doch noch Zeugen.

Ein Jahr später wird tatsächlich der Fall ausgestrahlt. Die Produktionsfirma stand bei der Herstellung des Films vor besonderen Herausforderungen. Für zur Tatzeit passende Fahrzeuge, Wohnungseinrichtung und Kleidung war man u. a. auf die Unterstützung von Museen angewiesen. Doch der riesige Aufwand lohnt sich. Noch während der Sendung meldet sich Ulrike Schmidt und teilt mit:»Ich wohnte im Sommer des Tatjahres zusammen mit Christian Erdmann und Heiko Anders und dessen späterer Ehefrau Maria in einem Bauernhaus nahe der Weserstadt. Ich habe mich nach der Tat und vor Heikos Auswanderung nach Kanada mit ihm unterhalten. Heiko Anders hat berichtet, dass er Christian verdächtige, mit dem Mord an dem Angler etwas zu tun zu haben. Er machte das daran fest, dass der Beschuldigte an dem Morgen der Mordnacht gegen 7 Uhr nach Hause gekommen ist. Christian hat zu diesem Zeitpunkt dem Heiko erzählt: Heute Nacht ist jemand in der Kreisstadt erschlagen worden!« Die Frau wird noch an dem Abend vernommen. Sie berichtet, dass der Beschuldigte den Heiko Anders gefragt haben soll, ob ›wir davon schon gehört hätten.‹ Möglicherweise habe Heiko Anders auch ›ermordet worden‹ gesagt. Weiter habe dieser ihr etwas später erzählt, dass der Christian seine von ihm ständig getragenen Sportschuhe beseitigte ohne ersichtlichen Grund dafür. Heiko erzählte, dass der Christian noch sagte: ›Dieser blöde Angler, der hat so genervt, weil wir so laut gewesen sind.‹ Heiko Anders habe wegen dieser Sache nichts mit der Polizei zu tun haben wollen, weil er Angst hatte, dass seine Ausreise nach Kanada dann nicht mehr klappt. Den letzten Kontakt zu ihm habe sie zu der Zeit gehabt, als dieser ausgewandert sei, also irgendwann im Sommer des Tatjahres.

Die Aussage verblüfft die Ermittler. Bedeutet die Aussage, dass dieser Cold Case kurz vor der Aufklärung steht? Hat Christian Erdmann unmittelbar nach seiner Heimkehr absolutes Täterwissen präsentiert? Schließlich kannte selbst die Polizei die Todesursache frühestens am Mittag des Tattages.

Staatsanwältin Dr. Katharina Linnemann richtet ein förmliches Rechtshilfesuchen an die kanadischen Behörden, bittet darum, dass Heiko Anders und Maria Willmer dort in ihrer Anwesenheit vernommen werden. Einige Monate später teilen die kanadische Behörden mit: Die Zeugen leben im Osten Kanadas. Etwa ein halbes Jahr nach der Aussage der Zeugin Schmidt wird Heiko Anders durch zwei Constable zu Hause aufgesucht und erstmalig in dieser Sache vernommen. Weder Heiko Anders noch Maria Willmer wissen im Vorfeld, dass sie in dieser Sache befragt werden sollen, sondern beide werden für sie völlig überraschend aufgesucht. Heiko Anders wird lediglich gesagt, dass die deutschen Behörden um seine Vernehmung gebeten hätten, woraufhin Heiko spontan fragt, ob es um »the murder-case on the river« gehe. Und dann berichtet er, dass Christian ihm am Morgen nach der Tat sagte, dass ein Mann am Weserufer erschlagen worden sei. Christian fragte, ob er davon schon gehört habe.

Heiko Anders wird am nächsten Tag in der Dienststelle audio-video-vernommen. »Christian hat grundsätzlich immer gelogen. An dem Morgen nach der Tat habe ich ihn in der gemeinsamen Wohnung getroffen. Christian hat mich gefragt: Wisst ihr schon das Neueste? An der Weser haben sie jemanden umgebracht. Den haben Sie mit der Schnapsflasche erschlagen.« Während der Zeuge sich ausschließlich auf Englisch mit dem Constable unterhält, zitiert er diese Sätze in Deutsch, was besonders authentisch wirkt. Er wisse, dass der Beschuldigte in der Nacht in der Kreisstadt gewesen sei. Er habe zunächst gedacht, dass der Beschuldigte wieder Lügen erzähle und damit Aufmerksamkeit erlangen wolle. Aber am nächsten Tag sei tatsächlich in der Zeitung von dem Mord berichtet worden. Dies sei ihm von anderen erzählt worden. Da sei für ihn klar gewesen, dass »er keinen Scheiß erzählt hat den Tag davor. Ich habe grundsätzlich selber nie Zeitung gelesen. Verbunden mit dem Umstand, dass der Christian neue Kleidung trug, erschien mir das ganze so strange, dass ich dies über all die Jahre nicht vergessen habe. Christian hatte eigentlich immer dieselben Sachen an. Aber an diesem Morgen trug er neue Kleidung. Das Gespräch fand statt, nachdem ich morgens aufgestanden bin, um zu frühstücken. Die genaue Uhrzeit kann ich nicht benennen.« An weitere Angaben des Christian Erdmann zu dem Mordfall erinnert er sich nicht. Frau Schmidt habe er damals täglich gesehen. Ob er sich mit ihr über den Fall unterhielt? »Kann sein. Ich weiß heute nicht mal mehr, zu welcher Jahreszeit sich das Ganze abgespielt habe. Denn in Deutschland sind die Jahreszeiten annähernd ähnlich und nicht so unterschiedlich in den Temperaturen wie in Kanada.« Er erinne sich daran, dass er im Februar des Tatjahres nach Deutschland zurückgekehrt sei, weil noch Papiere gefehlt hätten. Im August habe er zusammen mit seiner damaligen Ehefrau Maria Deutschland endgültig verlassen. »Ich hatte wegen des Mordes Angst, dass es Probleme mit der Auswanderung gibt.«

Maria Willmer hingegen kann sich an Details nicht erinnern. Die Polizei wertet daraufhin die damalige Presse aus. Ergebnis ist: Es kann ausgeschlossen werden, dass der Beschuldigte am Tattag die von ihm dem Heiko Anders berichteten Erkenntnisse aus der Presse erlangt hat. Erst über einen Monat später hieß es in der Presse: »Schleifspuren und Blutflecke sowie die Splitter einer Flasche im kurzgeschnittenen Gras lassen vermuten, dass sich dort ein nächtlicher Kampf auf Leben und Tod abgespielt haben könnte. ... Die Obduktion ergab, dass die Verbrecher ihrem Opfer zuvor mit einem stumpfen Gegenstand den Schädel zertrümmert hatten.«

Während des neuen Ermittlungsverfahrens signalisiert ein Mitinsasse der Polizei, dass er wisse, ob der Beschuldigte den Raubmord begangen hat oder nicht, er wolle aber nur unter bestimmten Bedingungen aussagen. Später gibt er an, sich um die Sicherheit seiner Lebensgefährtin Sorgen zu machen. Wenn er gegen den Beschuldigten aussage, würde er in der JVA als Verräter gebrandmarkt. Dessen Lebensgefährtin behauptet gegenüber der Polizei, dass Christian Erdmann dem Zeugen in Bezug auf den Altfall gesagt habe, dass »er es zwar war, aber man ihm nichts anhaben kann«. Sie würde mit dem Freund »andauernd über den Altfall sprechen, weil sie wolle, dass diese Sache aufgeklärt werde«. Wenn sie ihn nach Einzelheiten fragen würde, bräche er das Gespräch ab.

Die Staatsanwältin erörtert mit der Mordkommission die Beweislage. »Handfeste Beweise haben wir nicht, nur eine Fülle von Indizien! Für mich ist besonders gewichtig, dass Christian Erdmann am Tattag dem Heiko Anders Täterwissen preisgegeben hat.«

Der Moko-Leiter deutet auf die Aufzeichnungen an den Wänden im Moko-Raum: »Dazu die dauernd wechselnden Angaben. Wir haben die mal aufgelistet:»Kurz nach der Tat hat Christian erzählt, dass er von einem Dealer wisse, dass die Beute aus dem Einbruch bei seinen Eltern vermutlich in dem Abbruchhaus liegen würden. Nachdem er mit seinem Vater und seinem Bruder Siggi, die beide ihn selber verdächtigten, die Wertgegenstände im Elternhaus gestohlen zu haben, dort gewesen sei und vergeblich nach der Beute aus dem Einbruch im Elternhaus gesucht hätte, sei er an demselben Tag noch einmal alleine dorthin gegangen. Da, wo früher ein Fenster gewesen war, will er eine Brieftasche mit Papieren und Ausweisen gefunden haben, etwa in seiner Augenhöhe. Er habe die Brieftasche in die Hand genommen und die Papiere durchgeschaut. Eine Geldbörse habe er dort nicht gesehen, obwohl diese unmittelbar neben der Brieftasche lag. Nach seinem Alibi befragt gab er an, in der Tatnacht des Mordes von 18–22/23 Uhr in der Spielhalle gewesen zu sein. Danach sei er mit seinem Hund in das Restaurant»Chilischote« gegangen, wo er bis etwa 1 Uhr – und er deckt damit die Tatzeit ab – war. Nach Verlassen der Chilischote sei er mit dem Hund bis zur Diskothek spaziert. Weil er in der Spielhalle an einem Automaten gewonnen hatte, habe er die 25 DM für die Taxifahrt ›grade in der Tasche‹ gehabt. Gegen 4 Uhr sei er zu Hause angekommen und habe sich schlafen gelegt. Nach seinem Alkoholkonsum in der Nacht befragt, erklärte er: ›Ich war ganz schön im Arsch. Am nächsten Tag war ich wieder in der Spielhalle und dort wurde erzählt, dass ein Jugendlicher erschlagen worden ist.‹ Es wurde von unterschiedlichen Tötungsarten, Erschießen, Erschlagen, Erstechen, gesprochen. Es sei auch erzählt worden, dass der Jugendliche 20.000 DM bei sich gehabt hätte. Das passt alles nicht zusammen und ist von der Intention getragen, etwaige Fingerabdrücke an der Beute zu erklären. Einen Tag später hat Erdmann schon eine abweichende Version gebracht. Da räumte er ein, auch die Geldbörse des Opfers gefunden und angefasst zu haben. Er habe hineingeschaut und beide Gegenstände zurückgelegt. In dem Abbruchgebäude sei er nur zweimal gewesen, an diesem einen Tag alleine und am Tag davor mit Vater und Bruder, was ebenfalls im Widerspruch zu späteren Aussagen steht.

Als ihm die abweichenden Zeugenaussagen in Bezug auf den angeblich mitgeführten Hund vorgehalten wurden, hat er behauptet: ›Dann habe ich ihn wahrscheinlich doch nicht mitgehabt, aber ich glaube, ich hatte ihn doch mit!‹

Weiter hat er damals angegeben, dass er in der Tatnacht nicht am Weserwall gewesen ist. Wenn die Zeugen meinen würden, er habe gesagt, die Polizei hätte ihn verfolgt, müssten die wohl was falsch verstanden haben. 2 Tage später wurde ihm vorgehalten, dass die Mitarbeiterin in der Spielhalle ausschließt, dass er dort war. Daraufhin hat Christian lediglich gekontert, was die in der Spielhalle sagen würden, sei ihm echt egal!

Fünf Monate danach haben die Kollegen Christian Erdmann erneut vernommen, dieses Mal in anderer Sache. Nun kam er mit einer neuen Version. Seine bisherigen Angaben im Mordfall seien nur bis zu dem Zeitpunkt richtig, wo er die Chilischote verließ. Ab diesem Moment habe er bislang die Unwahrheit geschildert. Tatsächlich sei er nun mit seinem Hund in Richtung Rathaus gegangen. Unterwegs habe er gesehen, dass zwei PKWs die Straße Richtung Tatort hinuntergefahren seien. Eines der Fahrzeuge sei der ehemalige Opel-Caravan seines Cousins Heiko Anders gewesen. Er kenne den Fahrzeugführer nicht namentlich, wisse aber, dass der zur Rauschgiftszene gehöre. Hinter diesem Fahrzeug sei ein Mercedes gefahren. Beide Fahrer seien ausgestiegen und in Richtung des Denkmals gegangen. Er habe zwei bis drei Schreie gehört und Rufe ›Ihr Schweine! Ich gehe zur Polizei!‹ Dann habe er noch ein ›A!‹ vernommen. Nun sei er in Richtung Denkmal gegangen, will sich hinter einer Buschgruppe versteckt und von hier aus gehört haben, dass etwas in das Wasser geworfen worden ist. Unmittelbar danach sollen die beiden Personen vom Weserufer die Böschung hinaufgelaufen sein, an ihm vorbei, ohne ihn zu bemerken, obwohl sein Hund kurz angeschlagen hat. Er meine, dass insgesamt vom ersten Beobachten der Fahrzeuge bis zum Fortfahren etwa 20 Minuten vergangen seien. Eine der beiden Personen habe Turnschuhe getragen. Die Rasenfläche beim

Denkmal und den Weg zwischen dieser Rasenfläche und dem Weser-ufer will er nicht betreten haben. Auf die Nachfrage, wo er sich bewegt hat, reagierte der Beschuldigte damals – so ergibt sich aus dem Vermerk der Kollegen – stutzig und ergänzte schließlich, dass er am eigentlichen Leichenfundort bzw. Tatort in den Nachmittagsstunden des Vortages mit seinem Hund Stöckchenwerfen gespielt hat. Nachdem die beiden PKW fortgefahren seien, sei er zur Disco gegangen, später mit einem Taxi nach Hause gefahren. Seinen Hund habe er nicht mitgenommen. Den habe er vorher zu einem Freund gebracht. Den Namen des Freun-des wolle er aber nicht benennen. Trotz Hinweises darauf, dass dieser Zeuge für seine Glaubwürdigkeit von Wichtigkeit sei, weigerte sich der Christian Erdmann, den Namen zu nennen. Zwei Tage später hat er be-hauptet, bei seinen bisherigen Angaben sei er nicht ganz ehrlich gewe-sen. Die Chilischote habe er gegen 00.30 Uhr verlassen. Bis zu diesem Zeitpunkt habe er zwei bis drei Bier getrunken und sei nicht betrunken gewesen. Bezahlt habe er für die Getränke nichts, weil er für den Be-treiber gearbeitet hätte. Während seines Aufenthalts in dieser Kneipe will er seinen Hund bei sich gehabt haben. Zwei Begleiter sollen sofort Richtung Disco gegangen sein. Diese hätten ihn vor der Verabschie-dung gefragt, ob er nicht mitkommen will. Er habe geantwortet, dass er zunächst noch mit dem Hund laufe. Vielleicht käme er später nach. Er sei nun mit Hund Richtung Rathaus gegangen, als er auf die beiden vorgenannten Fahrzeuge aufmerksam geworden sei. Er habe gesehen, dass die Fahrzeuge geparkt wurden und die Personen aus dem PKW in Richtung Weser gingen. Aus Neugier sei er gefolgt. Plötzlich habe er Schreie gehört, zwei, drei oder fünf und nur die besagten Wortfet-zen aufgeschnappt. Er sei noch neugieriger geworden und schnell mit seinem Hund in Richtung Denkmal gegangen. Schließlich versteckte er sich hinter einer Buschgruppe. Hier habe er gehört, dass etwas in das Wasser geworfen worden ist. Es habe sich jedenfalls nicht um einen Stein gehandelt. Es müsse ein größerer Gegenstand gewesen sein. Die Männer flüchteten zu ihren Fahrzeugen. Sein Hund habe kurz gebellt, die ganze Angelegenheit etwa 20 Minuten gedauert. Nun brachte er dem Bekannten den Hund. Der Mann sei niederländischer Staatsangehöriger. Den Namen wolle er nicht sagen. Der Mann sei inzwischen wieder in Holland. Eigentlich könnten nur diese beiden Männer den Mord verübt haben.

Im Dezember haben ihn die Kollegen nochmal aufgesucht und gefragt, wieso er eigentlich anlässlich einer der vorherigen Vernehmungen gefragt habe, ob es richtig ist, dass der Angler mit einer Kornflasche erschlagen wurde. Wie er darauf gekommen sei? Davon habe er in der Spielhalle gehört. Der Mann einer Angestellten dort arbeite im Supermarkt und sei gefragt worden, wer Strothmannkorn gekauft habe. Weil so viel in dieser Sache gemunkelt werde, habe er nur wissen wollen, ob das stimme. Und weiter behauptete Erdmann, er habe sich an dem Morgen schlafen gelegt und bis etwa 11 Uhr gepennt, sei dann aufgestanden und habe mit Heiko geschnackt, der ihn mittags mit seinem Auto mit in die Kreisstadt genommen habe. Sein Cousin und dessen Frau hätten dort eingekauft und er habe gegen 14 Uhr/14.30 Uhr den Hund abgeholt. Dann sei er durch die Geschäfte gegangen, sei auch in der Spielhalle gewesen. Dort erst habe er erfahren, dass an der Weser ›einer umgebracht wurde‹! Mit dem Mord jedenfalls habe er nichts zu tun.

In einer weiteren Vernehmung einen Monat später in anderer Sache räumte er ein, dass er das Diebesgut zum Teil in dem besagten Abbruchhaus bunkerte und bei der Firma Deich mehrfach Sportschuhe in Größe 44 gestohlen hat.

Und fünf Jahre später versuchten es die Kollegen nochmal. Damals sagte er lediglich: ›Der Angler war zur falschen Zeit am falschen Ort, und ich war zur falschen Zeit ebenfalls am falschen Ort‹, den Fall könne man beruhigt einstellen, da man den wahren Täter ohnehin nicht finden würde. Ferner behauptete er nun beiläufig, dass er ein ideales Alibi habe.

Ja und an unsere letzte Vernehmung erinnern Sie sich ja selber, besonders an den Satz: ›Aus meiner Perspektive ist für mich die Indizienlage perfekt.‹ Und die Antwort auf die Frage, wie der Niederländer heiße, zu dem er den Hund gebracht habe, passte auch so ganz in das Bild: ›Die Niederländer haben alle saublöde Namen.‹«

Die Staatsanwältin erörtert mit der Mordkommission die Frage, ob die damaligen Zeugen und Vernehmungsbeamten vor Anklageerhebung erneut zu vernehmen sind. »Angesichts der Besonderheit dieses Falles und der Person des Christian Erdmann bin ich mir sicher, dass sich die Vernehmungsbeamten gut an die Vernehmungen und auch Details erinnern können. Wenn wir die nun alle vorab vernehmen, setzen wir uns dem Vorwurf aus, die Zeugen vor der Hauptverhandlung fit gemacht, deren Erinnerung aufgefrischt zu haben.«

Staatsanwältin Dr. Linnemann gelangt nach Bewertung aller Indizien schließlich zu dem Ergebnis, dass ein hinreichender Tatverdacht gegen Christian Erdmann besteht und erhebt im Juli 2018 Anklage wegen Mordes. Weil er zur Tatzeit noch Heranwachsender war, ist für ihn die Jugendstrafkammer zuständig, die eine Eröffnung des Haupterfahrens ablehnt, weil sie die Indizienlage für nicht ausreichend erachtet.

Das Oberlandesgericht eröffnet daraufhin aufgrund der Beschwerde der Staatsanwaltschaft das Hauptverfahren vor einer anderen Kammer desselben Landgerichts.

Der Prozess vor der Schwurgerichtskammer startet im Mai 2019. Christian Erdmann gibt sich von Anfang an siegessicher und lässt sich in der Hauptverhandlung nicht zu den Tatvorwürfen ein.

Das Gericht bemängelt, dass das Tatwerkzeug vernichtet worden ist und zu wenig Bilder vom Tatort und Ablageort im Abbruchhaus existieren, sodass nur begrenzt die jeweilige Situation bewertet werden könne.

Die Wirtin wird als Zeugin vernommen. Sie erinnert sich an gar nichts. Sie könne sich weder an die Tatnacht noch allgemein an den Christian erinnern. Sie wirkt aufgeregt, gestresst, behauptet, in geschlossenen Räume Platzangst zu haben. Ähnlich äußern sich die weiteren Zeugen aus der Tatnacht. Den Zeugen werden jeweils die damaligen polizeilichen Vernehmungen vorgehalten zum Zwecke der Auffrischung der Erinnerung. Aber auch im Anschluss daran geben sie weiter an, sich an nichts erinnern zu können.

Aus der Akte ergibt sich, dass die Polizisten den »Gaststätten-Zeugen« damals jeweils ein Lichtbild des Christian Erdmann vorgelegt haben, um diesen zu identifizieren. Dieses Bild befindet sich nicht in der Akte, was das Schwurgericht ebenfalls bemängelt. Die Kammer beanstandet weiter, dass damals offenbar keine Wahllichtbildvorlage erfolgt sei, mithin mehrere Bilder von unterschiedlichen Männer vorgelegt worden sind.

Einige der verstorbenen Zeugen wurden damals nicht förmlich vernommen, sondern der Inhalt ihrer Aussage lediglich in Vermerkform zur Akte genommen, weshalb diese Aussagen nicht mehr verwertbar sind. Die Vernehmungsbeamten können sich weder an Inhalte der Vernehmungen des Angeklagten noch an die Belehrungen erinnern, wissen teilweise nicht mal, ob sie mit Christian Erdmann jemals zu tun hatten, oder geben an, den Namen des Christian noch nie gehört bzw. daran keine Erinnerung zu haben, obwohl einige zuvor in der Dienststelle die alten Akten einsahen. Einer der Beamten, der am Rollator den Sitzungssaal betritt, gibt sogar an, dass er sich nie auf eine Vernehmung vor Gericht vorbereitet hat und dies auch weiterhin ablehnt. Deshalb habe er zuvor nicht die Akten gelesen und könne sich auch kaum an irgendetwas erinnern.

Heiko Anders kann aus gesundheitlichen Gründen nicht zur Vernehmung nach Deutschland kommen. Die Kammer führt seine Aussage lediglich im sog. Selbstleseverfahren ein, das bedeutet, dass die Verfahrensbeteiligten einschließlich der Schöffen durch eigenständiges Lesen dessen Aussage zur Kenntnis nehmen. Beweisanträge der Staatsanwaltschaft auf Inaugenscheinnahme der Videoaufzeichnung und auf Vernehmung via Skype werden abgelehnt – die Kammer scheint auf Freisprechkurs. Während die Verfahrensbeteiligten und das Publikum am letzten Sitzungstag im Oktober 2019 auf die Kammer und die Verkündung des Urteils warten, wendet sich der Angeklagte Erdmann genervt an einen Kameramann, der – die Kamera auf den Angeklagten gerichtet – an einem scharfen Bild arbeitet: »Fünf Minuten mit dir alleine, dann ist Ruhe!« Presse und Publikum reagieren erschrocken. Und wenige Minuten später tatsächlich: Christian Erdmann wird freigesprochen. Die Kammer hat Zweifel daran, dass sich tatsächlich der Angeklagte in der Nacht in der Chilischote und in der Disco aufgehalten hat, obwohl die Polizei dies damals als gesichert festgestellt hatte. Das damalige Wiedererkennen auf dem Einzelbild sei für die Überzeugungsbildung wertlos. Ähnlich argumentiert die Kammer bei weiteren Kneipenzeugen. Auch diese hätten keine vertiefte Beziehung zum Angeklagten gehabt. Die Vernehmungen des Angeklagten seien allesamt unverwertbar, da nicht zur Überzeugung der Kammer sicher feststellbar sei, dass er zuvor ordnungsgemäß belehrt wurde. Weiter führt der Vorsitzende im Urteil aus: »Der Zeitrahmen, wann ggfs. der Angeklagte ohne Alibi war und auch der genaue Zeitpunkt der Tötung sind nicht sicher feststellbar, ebenfalls, weil die vorgenannten Zeugenaussagen nicht beweiskräftig eingeführt werden konnten. Die Zeugen hatten bereits damals in den Aussagen nichts davon berichtet, dass ihnen in der Diskothek Blutspritzer oder nasse Flecken an Kleidung bzw. Schuhen aufgefallen sind. Die Kammer geht aber davon aus, dass der Angeklagte hätte Blutspritzer an seiner Kleidung haben müssen. Beweise dafür, dass er die Kleidung zwischenzeitlich gewechselt hat, gibt es nicht.« Dabei beschäftigte sich die Kammer nicht mit der Frage, ob die Zeugen überhaupt in der Lage gewesen wären, bei Diskolicht derartige Spuren zu erkennen. »Ein Bezug des Angeklagten zu dem Abbruchhaus ist nicht feststellbar, auch, weil die Aussage, in der der Angeklagte angegeben haben soll, dieses Gebäude als Bunker für Diebesgut zu nutzen, nicht verwertbar ist. Die Kammer geht davon aus, dass das Haus Jedermann betreten konnte. Auf den Fotos sind weder Absperrungen noch Verriegelungen zu erkennen. Auch aus den Vernehmungen des Vaters und des Bruders des Angeklagten ergibt sich kein Bezug des Angeklagten zu dem Abbruchhaus, weil diese ebenfalls nicht verwertbar sind. Dort wurde lediglich protokolliert: ›Ich bin auf meine Rechte aufmerksam gemacht worden, weil ich ja auch in Sachen meines Sohnes aussage. Ich möchte mich äußern.‹

Die Kammer hat sich auch mit der Frage befasst, ob bei einem hochpolizeierfahrenen Beschuldigten ausnahmsweise die Angaben auch ohne jeweils vorherige Belehrung verwertbar sind. Wir vermögen aber nicht sicher festzustellen, dass dem damals 20 Jahre alten Angeklagten seine Rechte bekannt waren. Zwar spricht einiges dafür, dass es so war, da der Angeklagte strafrechtlich in erheblichem Maße vorbelastet und deutlich polizeierfahren war. Allerdings wurde der Angeklagte jedenfalls zeitweise ausweislich der Protokolle auch zeugenschaftlich vernommen, sodass er insofern nicht davon ausgehen musste, unter Verdacht zu stehen und sich auf seine Beschuldigtenrechte berufen zu können.«

Es gäbe zudem keine objektiven Spuren des Angeklagten weder am Tatort noch an den Gegenständen im Abbruchhaus. Beide Morde würden keine Parallelen aufzeigen.

Der Vorsitzende Volker Sander erklärt weiter:»Bezüglich des Cousins und der Zeugin Schmidt bleiben viele Fragen offen. Unklar ist insbesondere, woran beide festmachen, dass der Angeklagte mit dem Cousin direkt am Tatmorgen über den Mord an der Weser gesprochen hat. Der Cousin hat kein konkretes Datum benennen können. Aus der Aussage der Zeugin Schmidt ergibt sich schließlich auch die Möglichkeit, dass der Angeklagte lediglich bei dem Mord dabei gewesen bzw. den Mord lediglich beobachtet hat. Es kann daher sein, dass er kein exklusives Täterwissen, sondern lediglich Tatortwissen berichtet hat. Schließlich sind Mordmerkmale nicht hinreichend sicher feststellbar, sodass – selbst wenn die Täterschaft des Angeklagten feststehen würde – die Tat als Totschlag verjährt wäre. Die Tatmotivation ist nicht sicher feststellbar und damit auch nicht das Mordmerkmal Habgier. Bei einem Angler ist erfahrungsgemäß keine große Beute zu erwarten.«

Auch das Mordmerkmal der Verdeckungsabsicht sei nicht sicher feststellbar. Die Vortat und die Tötung müssten sich so zueinander verhalten, dass die Tötung eine andere Tat als die zu verdeckende Beziehungstat sei. Daran fehle es, wenn der Täter sein Tötungsvorhaben sukzessive umsetzt oder wenn während der Tatausführung das Verdeckungsmotiv lediglich hinzutritt. Arg- und Wehrlosigkeit des Opfers zum Zeitpunkt des Angriffs seien nicht feststellbar. Die Staatsanwaltschaft legt Revision ein. Noch bevor die Staatsanwaltschaft die Revision begründet, verstirbt Christian Erdmann. Die Tat bleibt formal ungeklärt. Bei Staatsanwaltschaft und Polizei wird der Fall nicht mehr als Cold Case geführt.

Die Sicht der forensischen Psychiaterin

Christian Erdmann entspricht dem klassischen Täter-Typus des hochgradig antisozialen, psychopathischen, gemütsarmen Täters. Typisch ist der frühe Beginn der Kriminalität, der frühe Beginn von Problemen in der Schule, der Abbruch einer Berufsausbildung, die Unfähigkeit, sich in entsprechende Hierarchien, wie sie Ausbildungs- und Beschäftigungsverhältnissen zeigen, akzeptierend einzugliedern und die konsequente Hinwendung zu einem Lebensstil, bei dem der Alltag aus Straftaten finanziert wird. Innerhalb von 2 Jahren 1119 Eigentumsdelikte zu begehen, ist schon eine recht rekordverdächtige Zahl. Es geht um einen notorisch kriminell agierenden Mann, dessen Kernthema Bereicherung ist. Dazu passen die Ladendiebstähle, die Zweiraddiebstähle, Einbrüche und der Raub auf einen Geldboten. Die ganzen Indizien in diesem Fall lassen auch aus forensisch-psychiatrischer Sicht zumindest ziemlich nachvollziehbar erscheinen, dass Christian Erdmann auch den Angler getötet und seine Habe an sich genommen hat.

Nun muss man an dieser Stelle sagen, dass man als forensisch-psychiatrischer Sachverständiger in einer vergleichsweise komfortablen

Situation und Rolle ist, denn ein Gutachter hat sich der Frage, wer nun wirklich der Täter war, gänzlich zu enthalten. Ein Gutachten zur Schuldfähigkeit basiert immer auf der von der Justiz vorgegebenen Annahme, die konkrete, zu begutachtende Person solle die Tat X oder Y auch wirklich begangen haben. Jedes Gutachten zur Schuldfähigkeit geht daher immer von der Hypothese aus, dass die Täter-Person vor einem sitzt.

Ein Gutachter hat also davon auszugehen, dass Christian Erdmann nicht nur mehr als 1000 Diebstähle begangen und die alte Nachbarin beraubt, vergewaltigt und getötet, sondern bereits vier Jahre zuvor auch den Angler umgebracht hat. Behauptungen von Gutachtenprobanden, sie hätten mit Taten nichts zu tun, spielen dabei für die Arbeit des Sachverständigen keine Rolle, weil dieser gar keine Ermittlungstätigkeit hat und auch keine Täterschaft feststellt.

Auf den ersten Blick passt die Aussage, es handele sich bei Christian Erdmann um einen hochgradig antisozialen Bereicherungstäter, der faktisch ja darüber hinaus auch zum Sexualstraftäter wurde, um eine falsche Aussage. Und doch ist sie insofern richtig, als dass es auch bei der Vergewaltigung der betagten Nachbarin um eine Art »Raub von Sex« geht. Es handelt sich bei Menschen wie Christian Erdmann um absolut rücksichtslose, strikt egozentrische, auf ihren momentanen Vorteil bedachte Personen, die keinerlei Schranke, Hemmung oder Skrupel kennen, sondern für die die gesamte Umgebung eine Umgebung von Gelegenheiten ist. Jedes offenstehende Fenster, jedes nicht abgeschlossene oder schlecht gesicherte Zweirad, jede Ware, die offen in einem Laden im Regal herumsteht, ist eine Gelegenheit zur Tat. Die Logik dieser vollkommen von jeglichen moralischen Vorstellungen befreiten Personen lautet, dass der ein Idiot ist, der die Gelegenheit nicht nutzt. Die andere Regel ist, dass man alles tun darf, nur darf man sich nicht erwischen lassen. Das hat nun freilich im Fall der vergewaltigten und getöteten Nachbarin nicht geklappt. Durch die lebenslange Haft wegen des Verdeckungsmordes an der alten Frau ist der besonders hohe Rückfallgefahr und damit der Gefährdung der Allgemeinheit wirksam begegnet worden, aber die Deliktbiographie ist eindrücklich. Wenn solche gemütsarmen Personen ihnen bestens bekannte Opfer überfallen, dann ist mit an Sicherheit grenzender Wahrscheinlichkeit davon auszugehen, dass das Opfer diese Tat nicht überleben wird, weil der Täter seiner strikt antisozialen Logik folgend »selbstverständlich« das Opfer tötet, um nicht verraten werden zu können. Ebenso gefährdet sind fremde Opfer, die dann z. B. bei der Tat angeben, zur Polizei zu gehen, sich zu rächen oder Hinweise geben wie »Dein Gesicht merk ich mir«. Es gibt hier keine Tötungshemmung, sondern für Täter dieses Typus ist die Tötung nichts anderes als eine lästige, aber notwendige Hindernis-Beseitigung. Von daher sind Tötungen auch grundsätzlich hier reproduzierbar, weil es keine innere Skrupellosigkeit gibt. Ein Bedauern über die Taten geben die Täter viele Jahre später in Haft bei Prognosegutachten vor allem deswegen an, weil sie die Folgen für sich selbst durch das Urteil bedauern. Für Täter dieses Ausmaßes an Psychopathie ist der Umstand, dass er eine alte Frau vergewaltigt und getötet hat, weit weniger misslich als der Umstand, dass er deswegen dann doch als Täter verurteilt wurde. Das Bedauern des Täters lässt sich unter dem lapidaren Motto »Blöd gelaufen« zusammenfassen. Dass man ihm den Mord an Alfred Geisler nicht hinreichend hat nachweisen können, dürfte für ihn ein rechter Triumph gewesen sein. Es gehört zur Antisozialität und Psychopathie dieser Täter, dass sie Taten nur dann zugeben, wenn die Faktenlage sie komplett gegen die Wand drückt. Solange man lügen und leugnen kann, wird gelogen, bis sich die Balken biegen. Als Sachverständiger würde man manchmal bei allzu abenteuerlichen Lügengeschichten gerne fragen, wo denn der Bus mit den Leuten steht, die das glauben? Auf die Frage, wie man auf die Idee kommt, eine alte Frau in ihrer Wohnung nicht nur auszurauben, sondern auch noch zu vergewaltigen, lautet in diesem Falle die Antwort wie folgt: es gibt Menschen, die eine sexuell gestörte Vorliebe für Hochbetagte bzw. für Senioren haben. In Bezug auf alte Frauen spricht man von Graophilie. Das ist hier aber mit sehr hoher Wahrscheinlichkeit gar nicht der Fall, sondern es handelt sich um eine Ausweitung des durch und durch antisozialen, gewaltbereiten Verhaltens auf das eigene Sexualverhalten, schlichtweg, weil sich für einen solchen Täter in dieser konkreten Situation formal eine »Gelegenheit« ergibt. Die »Gelegenheit« lautet: alte, ziemlich wehrlose Frau, alleine in der Wohnung, also ohne Schutz und Kontrolle durch Dritte. Die schiere Konstellation der Faktoren »Frau« und »Alleine«, also die »Verfügbarkeit« ohne Risiko der Entdeckung ist dem Täter Reiz genug und unter dieser Kombination von Faktoren bekommt er sofort auch die Idee, dass er sich hier sexuell einfach gerade »nehmen« könnte, was sich ihm »gerade so anbietet«. Die meisten (der insgesamt seltenen) Sexualstraftaten gegen alte Frauen entspringen diesem Muster. Gepaart ist dieses Verhalten mit der ohnehin vorhandenen Einstellung, dass Frauen gebrauchsfertige Sexualobjekte seien. Die Tötung ist hier jedoch kein Sexualmord im engeren Sinne, sondern eben ein Verdeckungsmord.

Nun ist die Frage gewiss nachvollziehbar, woher eine solche Antisozialität und Gewaltbereitschaft kommt. Was ist Psychopathie, die unter Fachleuten wegen eines ganz bestimmten Konstrukts im englischen Sinne als Psychopathy bezeichnet wird. Zu welchem Menschen mit welchen Charaktereigenschaften wir uns entwickeln, gibt es keine letztgültige und eindeutige Aussage. Jeder Mensch ist das Ergebnis des Zusammenspiels einer unendlich großen Menge von Einflussfaktoren und Wechselwirkungen. Das fängt schon mit der Genetik an, geht über die sog. »Epigenetik«, die untersucht, welche Gene in welcher Weise vorgeburtlich in Abhängigkeit von Umweltfaktoren der vorgeburtlichen Entwicklung aktiviert werden. Hinzu kommen Erziehung, soziale Einflüsse, nicht zuletzt auch wichtige Faktoren wie allgemeine Intelligenz, Konzentrationsfähigkeit, Durchhaltevermögen und andere Persönlichkeitseigenschaften, die für die Gestaltung des persönlichen Lebensweges wichtig sein können. Auch die Frage, in welcher Weise wir überhaupt für Emotionen erreichbar sind, wie angstfrei, wie Risiko affin wir sind, ob wir auf Strafe mit Vermeidung reagieren oder ob uns Bestrafung egal ist, hat genetische MitUrsachen. Bei Psychopathy handelt es sich um ein forensisch sehr gut belegtes Persönlichkeitskonstrukt, das im Zusammenhang mit einem deutlich erhöhten Risiko für kriminelle Handlungen steht. Wegen dieser Prognoserelevanz hat es in der forensisch-psychiatrischen Risikoprofilerstellung bei Menschen mit Persönlichkeitsstörungen eine hohe Bedeutung. Ein hoher Psychopathy-Wert korreliert mit hoher krimineller Rückfallrate und schlechter Resozialisierbarkeit. Die Personen profitieren in der Regel über lange Zeit kaum von sozialtherapeutischen Angeboten zur Senkung der Kriminalität. Sie zeichnen sich durch ein manipulatives Geschick, emotionale Unverbindlichkeit und Beziehungsunfähigkeit aus, lügen, betrügen, sind empathie- und rücksichtslos und handeln strikt egozentrisch. Erste Auffälligkeiten zeigen sich dabei oft bereits in der mittleren bis späten Kindheit. Längst nicht jeder Mensch mit einer dissozialen Persönlichkeitsstörung ist auch ein Psychopath, sondern Psychopathen stellen nochmals eine besonders kriminalitätsbelastete, besonders Risiko behaftete Untergruppe von Tätern dar. Man findet sie gleichermaßen unter besonders erfolgreichen Betrügern wegen ihrer Manipulationsfähigkeit, in der Eigentumskriminalität und auch organisierten Kriminalität wegen ihrer Angstfreiheit und Durchsetzungsfähigkeit und auch bei bestimmten Sexualstraftätern.

Die Rohrbombe

Ein Dorf X im Landkreis D.
05.05.2018

Seit Tagen liegt die 8jährige Sarah ihrem Vater Sven Brockmann in den Ohren. Sie bettelt darum, dass er ihr endlich das Kettcar aus der Scheune holt. Zu gerne möchte sie damit eine Runde auf dem alten Resthof drehen, der in dem kleinen Dorf X liegt. Sven Brockmann hat heute frei: »Okay, gleich nach dem Frühstück gehen wir in die Scheune.« Eine Stunde später begibt sich Sven Brockmann mit der Tochter in den Scheunentrakt. Er hat den Hof von seinem Vater übernommen, der vor Jahren verstorben ist. Ein Bauernhof wird schon lange nicht mehr betrieben. Ein Teil der Ländereien wurde verkauft. Er bewohnt mit seiner Frau und den zwei kleinen Kindern einen Neubau. Die Oma (seine Mutter Mechthild) wohnt nebenan. Die Scheunen stehen leer oder werden teilweise als Werkstatt genutzt.

Sven Brockmann öffnet die Scheune mit dem Werkstattbereich, das Tor knarrt. Die Scheune ist inzwischen ziemlich runtergekommen, in der Scheune lagert viel von dem alten Zeug, das mit Staub und Dreck überzogen ist. »Dort hinten steht das Kettcar. Ich bin gespannt, ob man damit überhaupt noch fahren kann. Zumindest muss es gründlich gewaschen werden.« Nichts Böses ahnend nimmt er ein Metallrohr, das auf einer Felge des Kinderfahrzeugs liegt, hoch und legt es auf dem Boden ab. Dabei kommt es zu einer Explosion. Er selber wird durch die Wucht der Detonation zu Boden gerissen und erleidet eine Verstauchung am Knöchel, seine Tochter Sarah, die während der Detonation unmittelbar neben ihm steht, trägt ein Knalltrauma und unzählige kleine Hautverletzungen infolge der Einschüsse des Schwarzpulvers, die Gesicht, Hals,

Thorax, Abdomen und Extremitäten übersäen, davon. Die Fremdkörper müssen operativ entfernt werden. Infolge der Druckwelle werden an der linken Gebäudeseite zwei Fensterscheiben und wegen der umherschießenden Bombenbestandteile in der Nähe stehende Mülltonnen und eine Felge des Kettcars zerstört.

Sven Brockmann reißt die kreischende Sarah an sich und rennt aus der Scheune. Draußen kommt ihm seine Frau mit vor Angst und Schrecken versteinertem und bleichem Gesicht entgegen »Was um alles in der Welt ist passiert?«

Die Familie informiert die Polizei. Erste Ermittlungen ergeben: In der Scheune ist ein Sprengsatz explodiert.

Die Beamten fordern einen Sprengstoffspürhund an, der den Teil der Scheune absucht. Der Hundeführer vermeldet schließlich: »Keine weiteren Bomben!«

Eine Polizeibeamtin sagt später in der Hauptverhandlung aus, dass man von einem »Dumme-Jungen-Streich« ausgegangen sei und deshalb nicht die gesamte Scheune nach etwaigen weiteren Bomben abgesucht habe.

Erste Vernehmungen ergeben rasch Hinweise auf gravierende Erbstreitigkeiten innerhalb der Familie Brockmann. Seit über 15 Jahren besteht zwischen dem Alfons Brockmann einerseits und seiner Mutter Mechthild sowie seinen Brüdern Bernhard und Harald andererseits erheblicher Streit um den elterlichen Hof. Der Vater übertrug das Familiengehöft auf den Sohn Harald Brockmann. Als Harald Brockmann, Vater des Sven Brockmann, bei einem Unfall verstirbt, erbt Sven Brockmann den Bauernhof und lebt ab da mit seiner Familie und der Mutter Mechthild auf dem Hof. Alfons Brockmann glaubt, dass er um seinen Erbteil betrogen wurde und dem Neffen Sven der Hof nicht zusteht. Deshalb reiste er mehrfach zum elterlichen Hof, zuletzt vor etwa sieben Jahren, und drohte der Mutter, den Hof niederzubrennen und alle zu töten.

In den letzten Monaten hat allerdings niemand den Alfons im Tatort-
bereich gesehen, auch die Tatzeit, in der der Sprengsatz dort abgelegt
wurde, lässt sich nicht eingrenzen. War Alfons Brockmann dennoch
hier? Hat er immer noch derart viel Hass auf die Familie, dass er so eine
Tat begehen würde?

Die Reste des Sprengsatzes werden zum Landeskriminalamt gegeben. Zu klären ist, ob der Sprengsatz, den offenbar jemand selber gebaut hat, geeignet gewesen wäre, Personen tödlich zu verletzen. Als das
Gutachten eintrifft, wendet sich die Polizei an die Kapitaldezernentin
Dr. Katharina Linnemann: »Wir hatten da vor einigen Tagen einen Fall,
das Verfahren läuft wegen des Verdachts der gefährlichen Körperverletzung aktuell im allgemeinen Dezernat. Auf einem Hof ist ein Rohr
explodiert. Heute ist das Gutachten des Landeskriminalamts eingegangen. Die Erkenntnisse erfordern eine Neubewertung!« Kurz darauf
mailt der Beamte der Staatsanwältin das Gutachten. Daraus ergibt sich:
Das Rohr weist eine Länge von 18 cm und einen Durchmesser von 4 cm
auf. Die Spuren an den beiden aufgesprengten Endstücken sprechen dafür, dass die Druckeinwirkung aus dem Inneren des Rohres heraus re-
sultierte. Bei dem Metallzylinder handelt es sich um die Überreste einer
explodierten Rohrbombe. Laut Gutachten weist die Bombe ein passi-
ves Zündauslösesystem auf. Die Zündung wird durch Bewegung, Zug,
Be- und Entlastung ausgelöst. Der Sachverständige spricht von einer
sog. unkonventionellen Spreng- und Brandvorrichtung. Laut Spurenlage ist die Bombe in Bodennähe bzw. auf dem Betonboden der Scheune
explodiert. Die Vorrichtung war – so der Sachverständige – geeignet,
Menschen zu töten, dies auch wegen der eingebauten Metallsplitter, die
im Falle der Detonation fähig wären, lebenswichtige Organe zu beschä-
digen und zu hohen und tödlichen Blutverlusten zu führen. Die Vorgehensweise erscheint besonders tückisch und niederträchtig!

Die Staatsanwältin teilt der Polizei mit, dass angesichts der Bewertung der Bombe nunmehr davon auszugehen ist, dass der Täter zumindest den Tod der Bewohner billigend in Kauf nahm, weshalb wegen

versuchten Mordes zu ermitteln ist.»Welche Schäden sind konkret entstanden?«

Der Polizeibeamte POK Sören Reinert berichtet:»Es waren Explosionsschäden am Kettcar, der angrenzenden Mülltonne und der Decke auszumachen. Die Wucht der Explosion war so groß, dass die Wandung der angrenzenden Mülltonne an drei Stellen von Splittern durchschlagen wurde, ebenso wie eine Kunststofffelge des Kettcars. Die Spuren an der Bekleidung der Geschädigten und die Verletzungen belegen, dass beide Geschädigte in unmittelbarer Nähe des Explosionsortes waren. Im Umfeld des Explosionsortes wurden ein Kabel und ein Batteriekästchen gefunden, die als Bestandteile eines elektrischen Zünders einzuordnen sind.«

Der Sachverständige hat von den Rußspuren, den Metallschrapnellen, die sich im Rohr befanden, den zerstörten Gegenständen in der Nähe des Explosionsortes und dem Zündmechanismus Lichtbilder gefertigt, die der Staatsanwältin per E-Mail übersandt werden. Die Bilder der Bekleidung belegen eindrucksvoll die Gefährlichkeit dieser Bombe. Die Hose des Sven ist im unteren Ende zerfetzt, die Kleidung der Sarah übersät von Einbrennungen.

Polizei und Staatsanwältin beraten. Die Staatsanwältin erkundigt sich:»Was wissen wir über Alfons Brockmann?«

Der Moko-Leiter EKHK René Gross berichtet:»Alfons Brockmann ist gelernter Radio- und Fernsehtechniker, lebt und arbeitet in der Schweiz. Seine Ausbildung dürfte es ihm grundsätzlich ermöglichen, derartige Bomben herzustellen!«

Wenig später treffen weitere Ergebnisse des Landeskriminalamts ein. Man hat DNA-Spuren an der Rohrbombe gefunden. Mangels einer DNA-Probe von Alfons Brockmann werden Speichelproben der Angehörigen eingeholt und abgeglichen. Die Rückschlüsse sind eindeutig. Der Spurenleger ist ein enger männlicher Verwandter von Mechthild und Sven Brockmann. Die Staatsanwältin beantragt einen Untersuchungshaftbefehl gegen Alfons Brockmann. Nur er kommt als Spurenleger und Täter in Betracht. Das Amtsgericht erlässt noch am selben Tag gegen Alfons einen Untersuchungshaftbefehl, der in einen Europäischen Haftbefehl umgewandelt wird. Nach wenige Tagen kann Alfons Brockmann in der Schweiz festgenommen werden.

Der Beschuldigte wendet sich in der Nacht nach der Festnahme an einen Polizisten und teilt diesem mit, weitere Bomben auf dem Hof abgelegt zu haben. »Ich habe heute Nacht mit einem Mitinsassen über die Bibel geredet und darüber, dass man jederzeit auf den rechten Pfad zurückkehren kann. Ich muss Ihnen sagen, dass ich dort auf dem Hof noch mehr Bomben abgelegt habe. Eine grüne Bohrmaschine der Marke Bosch detoniert, wenn das Elektrokabel in eine Steckdose geführt wird. Möglicherweise ist zusätzlich ein Starten der Bohrmaschine erforderlich. Ein Handfeuerlöscher ist mit Knallkörpern gefüllt. An dem Feuerlöscher sind ein Kabel und eine Batterie montiert. Beide Gegenstände befinden sich in der Treckergarage, der Handfeuerlöscher auf der Werkbank. In der Treckergarage liegt in oder auf einem Militärkasten ein Rasierapparat. Dieses Gerät ist ebenfalls zur Bombe umgebaut. Der Auslösemechanismus ist so gestaltet wie bei der Bohrmaschine. Eine weitere Bombe habe ich auf der Fensterablage eines vierteiligen Fensters im Anbau des Wohnhauses auf Brust-/Kopfhöhe abgelegt. Es handelte sich um eine präparierte Haarschneidemaschine, die dieselbe Auslösung hat wie der Rasierapparat in der Treckergarage.« Alfons fertigt sogar Zeichnungen an, damit die Ablageorte identifiziert und die Bomben gefunden werden können.

Nachdem die Schweizer Polizei die deutsche Polizei darüber informiert hat, wird umgehend der Hof evakuiert. Sprengstoffspürhunde werden angefordert, die nunmehr den gesamten Hof, alle Wohnhäuser und Nebengebäude nach weiteren Bomben absuchen sollen. Und tatsächlich: Es werden weitere Bomben gefunden, alle, mit Ausnahme der Haarschneidemaschine, die er auf einem Fensterbrett abgelegt haben will.

Die Staatsanwältin fährt mit zwei Beamten der Mordkommission nach Konstanz. Sie will Alfons Brockmann nach der Überstellung an die deutschen Behörden in Empfang nehmen und selber vernehmen.

Rasch wird klar: Alfons Brockmann ist besonders – sehr besonders. Seine psychische Gemütslage ist schwer einzuordnen. Einer der Bundespolizisten, der den Beschuldigten von den Schweizer Kollegen entgegengenommen hat, meint: »Er wirkt wie eine tickende Zeitbombe. Er trägt gefütterte Jagdstiefel, die bis zu den Knien reichen und das bei den aktuellen Temperaturen von 36 Grad! Er hat uns erzählt, dass er in der Schweiz ein Vermögen für Ledergürtel ausgegeben hat, als wir ihn aufgefordert haben, uns den Gürtel seiner Hose zu geben, bevor wir ihn in die Zelle brachten. Er wirkt, als lebe er in einer anderen Welt!« Die Staatsanwältin lässt alles, was als gefährliches Werkzeug verwendet oder eingesetzt werden kann, wie Glasflasche und Gläser, aus dem Vernehmungsraum entfernen, ehe sie sich zu Alfons Brockmann in die Zelle begibt und ihn dort abholt. Dieser bittet zunächst um die Rückgabe seines Gürtels. »Ohne den bin ich kein Mann!« Noch bevor Alfons Brockmann den Vernehmungsraum betritt, echauffiert er sich über die aus seiner Sicht respektlose Sitzhaltung der Polizeibeamten. Während die Staatsanwältin ihn über seine Rechte belehrt – und der sich anschließenden Vernehmung – läuft Alfons vor ihr auf und ab, schwingt beim Reden den Zeigefinger der rechten Hand, diktiert ihr nahezu seine Aussage. Zwischendurch korrigiert er oder lobt – quasi wie ein Lehrer seine Schülerin.

Alfons Brockmann will reden, er hat viel zu erzählen, zunächst die Familiengeschichte. Der Beschuldigte fühlt sich betrogen, von der Familie ausgebotet. Er berichtet über mehrere Stunden, welche Bedeutung der Hof und seine Familiengeschichte für ihn haben. Einerseits habe er selber kein Interesse daran gehabt, den Hof fortzuführen, andererseits sei der Hof als Stammsitz der Familie für ihn wichtig. Mit dem Hof und der Familiengeschichte fühle er sich sehr emotional verbunden. »Als Sohn des Hofeigentümers ist es ein natürliches Recht in der Hoferbfolge berücksichtigt zu werden. Meine Eltern planten hingegen die Hofnachfolge ohne mich. Sie waren der Meinung, dass ich schon in frühen Jahren psychisch auffällig war, so sehr, dass sie glaubten, ich sei nicht in der Lage, den Hof fortzuführen. Auch sei mit mir nicht vernünftig über die Hofnachfolge zu reden. Anlässlich meiner Hochzeit hat mein Bruder mir einen Betrag von 10.000 DM übergeben.« Er sei, genauso wie seine Ehefrau, davon ausgegangen, dass es sich um ein Geldgeschenk zur Hochzeit handele, zumal die Übergabe des Geldes auf der Feier erfolgte. Als er schon Alkohol getrunken und in Feierlaune war, habe einer seiner Brüder oder die Eltern ihm ein Schreiben vorgelegt, das er habe unterzeichnen sollen. Er habe sich das nicht durchgelesen, habe gedacht, dass es sich um eine Quittung handele, in der er den Erhalt des Geldes bestätige. Tatsächlich unterschrieb Alfons Brockmann jedoch auf seiner Hochzeitsfeier eine Abfindungserklärung mit dem folgenden Wortlaut:

>> Ich (es folgt der Name) habe anlässlich meiner Heirat von meinen Eltern … einen Betrag in Höhe von 10.000 DM in Anrechnung auf meine Hofabfindung nach § 12 Niedersächsischer Höfeordnung erhalten.«

Der Inhalt des von ihm unterschriebenen Dokuments war Alfons Brockmann genauso wenig klar wie die genauen Auswirkungen dieser von ihm unterschriebenen Abfindungserklärung. Auch die Höfeordnung war ihm nicht bekannt. Einige Jahre später übertrug der Vater mit notarieller Urkunde den Hof an seinen Sohn Harald, älterer Bruder des Alfons. In dem Vertrag heißt es, dass die anderen beiden Söhne als weichende Erben eine angemessene Abfindung im Sinne der Höfeordnung erhalten haben. Alfons Brockmann wusste von der Übertragung des Hofes bis dahin nichts. Er war weder in die Vorüberlegungen eingebunden worden noch in die Ausgestaltung des Vertrages, was er als besonders kränkend empfand. Er erfuhr erst einige Zeit später beiläufig davon und auch dann erst, dass er 8 Jahre zuvor auf seiner Hochzeit eine

Abfindungserklärung unterschrieben hatte. Auch der tatsächliche Hoferbe Harald Brockmann war zuvor nicht eingebunden worden. Dieser hörte davon erstmalig, als er zur Beurkundung des Hofübergabevertrags zum Notar bestellt wurde.

Der Beschuldigte fühlte sich besonders ungerecht behandelt, weil er nicht nur auf diese Art und Weise übergangen worden, sondern von der gesamten Planung ausgeschlossen worden war. Er sah sich betrogen und beschäftigte sich in den folgenden Jahren immer intensiver mit den Ereignissen. Dabei ärgerte er sich zunehmend darüber, dass ihm die Abfindungserklärung untergeschoben worden war und man ihn in den Erörterungen gänzlich übergangen hatte. Die Gedanken kreisten in der Folge immer stärker um die Frage der Hoferbfolge und vor allem um das Thema, ungerecht von seiner Familie behandelt worden zu sein. Zuletzt nahmen diese Gedanken den Alfons nahezu ganz ein.

Fünf Jahre nach der Hofübertragung starb der Hofnachfolger Harald Brockmann. Nunmehr übernahm dessen Sohn Sven den Hof mit allen Gebäuden und Ländereien. In der Folgezeit kam es wiederholt zu massiven Streitigkeiten auf Familienveranstaltungen, weil Alfons Brockmann deutlich und zunehmend seinen Unmut zum Ausdruck brachte. Nach seiner Scheidung kehrte er auf den Hof zurück. Dazu berichtet der Beschuldigte: »Ich musste dort ein kleines Zimmer bewohnen, das mir von der Mutter zur Verfügung gestellt worden war und eigentlich als Abstellzimmer genutzt wurde. Das war einfach nur demütigend und ungerecht.« Schließlich zog Alfons Brockmann in die Schweiz und arbeitete dort. Der Hoferbe Sven Brockmann wickelte derweil die Landwirtschaft ab und stellte den Hofbetrieb komplett ein. Ferner beantragte er die Aufhebung der Hofeigenschaft, was Alfons zusätzlich vor dem Hintergrund der von ihm empfundenen Bedeutung des Hofes und seiner Familiengeschichte als belastend und ungerecht empfand. Trotz der räumlichen Trennung konnte Alfons seine Enttäuschung und auch seinen wachsenden Hass auf die Familie nicht überwinden. Im Gegenteil: Der Hass wurde immer größer!

Schließlich räumt Alfons Brockmann ein, alle fünf Bomben in ein und derselben Nacht im Juli 2017 auf dem Hof abgelegt zu haben. Er gesteht: »Über Monate baute ich in der Schweiz die fünf Sprengkörper. Ich entfernte aus einer Bohrmaschine den Motor und setzte in den Hohlraum eine Dose mit Schwarzpulver. Ferner entwickelte ich eine Zündvorrichtung, die mit dem Betriebsschalter der Bohrmaschine verknüpft wurde. Das Einstecken des Netzsteckers der Bohrmaschine versetzt die Sprengvorrichtung in einen scharfen Zustand.«

Erschreckend ist, dass Alfons Brockmann klarstellt, dass er alle Bomben vor 10 Monaten auf dem Hof deponiert hat. Die Sprengkörper lagen 10 Monate unangetastet auf dem Hof! Allerdings habe er niemanden töten wollen. »Nachdem mich die Schweizer Polizei festgenommen hat, habe ich in der Haft einen Serben kennengelernt, der mir gesagt hat, es sei nicht zu spät für eine Rückkehr. Ich habe in der Bibel gelesen und mich schließlich an einen Polizisten gewandt und dem mitgeteilt, dass auf dem Hof noch vier weitere Bomben liegen würden. Ich habe aus Frust etwas Niederträchtiges gemacht. Ich habe diesen Quatsch (bezogen auf die Rohrbombe) tatsächlich gemacht, aber wollte nie Menschen verletzen. Ich habe einfach nur Mist zusammengerührt, hatte immer wieder Schübe an Wutanfällen und habe in diesen Phasen die Bomben gebaut.« Er erzählt weiter: »Ich kaufte eine Bohrmaschine, entfernte das Innenleben und füllte etwas Anderes rein, nämlich Chemikalien.« Auf die Frage, ob die von ihm hergestellten Gegenstände gefährlich seien, antwortet er – scheinbar von der Frage überrascht: »Ja, natürlich. Ich würde das Zeug einfach so in den Fluss werfen und verbrennen.«

Er habe nie ein Kind verletzen wollen. Er sei mit einem Motorrad aus der Schweiz zum Tatort gefahren, bei Dunkelheit angekommen und habe sich auf den Hof begeben. »Dort erkannte ich fast nichts wieder. Im Dunkeln sah ich, dass das Grundstück meiner Mutter verkauft worden ist. Da haben andere Leute drauf gebaut. Das gehört aber nicht zur Höfeordnung! Daher dürfen die das. Verstehen Sie? Mit mir reden die nicht und mit jedem Trick wirst du beschimpft und bespuckt. Ich bin da reingegangen, ich hatte die Kiste voll mit dem ganzen Scheißdreck, bin in die Treckergarage, habe das Schloss abgenommen, habe die Bohrmaschine da hingeschmissen, einen Rasierapparat abgelegt, in dem auch so ein Scheiß drin ist. Da ist Holzkohle drin und was knallen würde. Ich bin mit einem unverpackten Rasierer zu dem Haus gegangen, da kenne ich jeden Stein. Ich wusste, dass das Fenster, das ich eingesetzt hatte, offengehen muss. Ich habe den Rasierer dann genommen und auf die Innenseite des Fensters gelegt. Das war eine Haarschneidemaschine. Ich verachte mich als Mensch. Ich schäme mich für das. Im Stall sah nichts mehr aus, wie es war. Da, wo das Vieh stand, war nur noch Abfall. Was Sie Kettcar nennen, konnte ich im Dunkeln nicht erkennen. Ich habe da irgendwelche Baustellenartikel gesehen. Und habe dann so eine – wie Sie es nennen würden – Rohrbombe installiert.«

Auf die Frage nach dem Inhalt der Rohrbombe, zuckt er mit den Schultern:»Ich kann das nicht identifizieren. Ich habe alles genommen von Spitzen von Streichhölzern über Holzkohle, kleine Reste, die schnell anfangen zu brennen. Ich hatte Hass, puren Hass. Ich wollte das nicht.«

An dem Tattag im Juli 2017 habe er keinen Alkohol oder gar Drogen konsumiert. Er konsumiere derartiges nie. Er habe noch nie Stimmen gehört oder Dinge gesehen, die andere nicht wahrnehmen.

Es sei eine verbrecherische Organisation gewesen, die ihn in diese Situation gebracht habe, dabei meint er offenbar die eigene Familie. Auf weiteren Vorhalt, dass ein Rasierapparat, der als Bombe umgebaut ist und der so hergestellt wurde, dass er bei Betätigen des Schalters in die Luft fliegt, Menschen töten kann, antwortet der Beschuldigte:»Ich kann Ihnen das absolut nicht erklären. Was mit Sicherheit in der Konstruktion überhand genommen hat, war der Ehrgeiz, etwas zu schaffen. Ich habe das nicht in einem Stück gemacht .... Nach dem Gefühl habe ich dafür 6 Jahre gebraucht (für alle Bomben).«

Den Feuerlöscher habe er in mehreren Stufen hergestellt. »Zunächst stellte ich den Feuerlöscher in einen Glutofen und entfernte die Farbe, ließ ihn einige Monate so liegen. Dann fand ich Holzkohle, die ich zertrat und einfüllte, später auch Glasscherben. Ich versah das Konstrukt mit einer Batterie. Ich denke, dass eine Bewegung des Feuerlöschers gereicht hätte, um ihn zur Detonation zu bringen. Den Feuerlöscher habe ich auch in die Scheune gestellt.«

Auf die Frage, wie er es gemeint habe, als er den Polizisten in einer Pause gefragt habe »Das war schon irgendwie eine Falle, oder?« bricht Alfons Brockmann die weitere Vernehmung ab. Er habe schon sehr viel gesagt und wolle sich jetzt erholen.

Der Beschuldigte wiederholt das Geständnis vor dem Haftrichter: »Ich bedauere die Tat und verabscheue diese. Die Tat war gegen den Hof gerichtet, nicht gegen Menschen. Ich habe insgesamt 5 Bomben gelegt. Ich habe dies bereits umfassend der Staatsanwältin gestanden. Weitere Bomben gibt es nicht. Ich habe die Tat ganz allein verübt.«

Die weiteren Ermittlungen zu dem Beschuldigten erstrecken sich auch auf dessen Gesundheitszustand. Alfons Brockmann wurde in der Vergangenheit bereits stationär in der Psychiatrie behandelt. Die Entlassungsdiagnose lautete: Affektive Störung mit psychotischen Merkmalen, gemischte Episode. Alfons Brockmann drohte laut Krankenakte mit Suizid durch Erschießen. Er gab an, auf dem elterlichen Hof sei es zu Streitereien um die Erbfolge gekommen, die nicht gerecht gelöst worden seien. U. a. heißt es dort: Der Patient bot hier zu Beginn starke Erregung, feindselige Haltung, Denken assoziativ gelockert bis hin zu leichter Zerfahrenheit. Alfons redete während der Behandlung teilweise von sich in der dritten Person, wirkte skurril und bizarr. Er zeigte wahnhaft anmutende Symptome.

Alfons Brockmann beantragte in der Schweiz einige Jahre zuvor die Erteilung eines Waffenscheins zum Erwerb einer Pistole und eines Revolvers für Sportzwecke, der Antrag wurde abgelehnt.

Die Ermittlungen zu der fehlenden Haarschneidemaschine ergeben, dass Svens Ehefrau diese am frühen Morgen, direkt, nachdem Alfons diese dort abgelegt hatte, entdeckte, sich darüber wunderte und kurz an den Schwager dachte, der seine Familie derart hasst. Weil sie die Maschine nicht als eigene einordnete, warf sie diese in den Müll – ohne zuvor zu testen, ob die Maschine noch betriebsbereit ist. Ihr Bauchgefühl rettete ihr das Leben!

Die Staatsanwältin klagt Alfons Brockmann etwa drei Monate nach der Festnahme wegen versuchten heimtückischen und gemeingefährlichen Mordes in Tateinheit mit gefährlicher Körperverletzung in zwei rechtlich zusammentreffenden Fällen sowie Herbeiführens einer Sprengstoffexplosion an.

Knapp 6 Monate nach der Festnahme des Beschuldigten startet der Prozess vor dem Landgericht.

In der Hauptverhandlung beantragt die Verteidigerin Jessica Kerner zum Beweis, dass die Bomben ungefährlich sind, diese durch Spezialisten des Landeskriminalamts kontrolliert zu sprengen. Das Gericht geht dem Antrag nach und lässt die restlichen Bomben sprengen – die Sprengung wird gefilmt und ist mehr als beeindruckend. Neben den Bomben auf Betonquadern abgelegte Wassermelonen werden durch die Sprengkraft völlig zerrissen. Die Behauptung, die Bomben seien ungefährlich, ist vom Tisch. Alfons Brockmann lässt sich nicht explorieren. Der psychiatrische Sachverständige, der der Hauptverhandlung beiwohnt, gelangt zu dem Ergebnis, dass Alfons zur Tatzeit uneingeschränkt schuldfähig war.

Das Gericht verurteilt Alfons Brockmann am 07.02.2019 wegen versuchten Mordes in zwei Fällen, davon in einem Fall tateinheitlich mit gefährlicher Körperverletzung in zwei rechtlich zusammentreffenden Fällen und Herbeiführens einer Sprengstoffexplosion zu einer Gesamtfreiheitsstrafe von 10 Jahren. In der Begründung heißt es: »Soweit der Angeklagte durchgängig behauptet hat, er habe Knallkörper gebaut, die aus seiner Sicht durch einen Knall auf das ihm entstandene Unrecht aufmerksam machen, aber niemanden verletzen oder gar töten sollten, gelangt die Kammer zum Ergebnis, dass dies reine Schutzbehauptungen sind. Die Kammer konnte sich von der objektiven Gefährlichkeit der Bomben überzeugen. Die verwendeten Bomben sind als gemeingefähr-

lich einzustufen. Zudem ist das Mordmerkmal der Heimtücke erfüllt.«
Sodann hat die Kammer die unterschiedlichen Teilakte bewertet und als
zwei Handlungen beurteilt, die Ablage der Haarschneidemaschine als
erste Tat, die der Rohrbombe als zweite Straftat. Der Vorsitzende Volker Sander erklärt:»Der Angeklagte hat unmittelbar zur Tat angesetzt
und damit das Versuchsstadium erreicht, indem er in dem Bewusstsein,
dass Sven oder seine Familienangehörigen das Badezimmer zeitnah
aufsuchen werden und die Haarschneidemaschine finden und evtl. aus-
probieren, die Haarschneidemaschine in dem Badezimmer ablegte. Insofern liegt ein Ansetzen des Täters zur Tat auch dann schon vor, wenn
er seinen Tatbeitrag geleistet hat, er also seine Falle aufgestellt hat. Der
Angriff auf das geschützte Rechtsgut wirkt jedoch erst dann unmittelbar, wenn sich das Opfer in den Wirkungskreis des vorbereiteten Tat-
plans begibt. Jedenfalls und spätestens lag ein unmittelbares Ansetzen
zum Versuch in dem Moment vor, in dem Frau Brockmann das Badezimmer tatsächlich nach dem Aufstehen betrat und die Haarschneidemaschine vorfand. In diesem Moment war damit zu rechnen, dass die
Geschädigte die Haarschneidemaschine benutzt bzw. anschaltet und
sodann sich die Gefahr der in der Haarschneidemaschine befindlichen
Bombe realisiert. Bzgl. der Haarschneidemaschine bejaht die Kammer
die Mordmerkmale der Heimtücke und der Gemeingefährlichkeit. Das
Mordmerkmal der niedrigen Beweggründe liegt hingegen nicht vor.«
Dazu führt der Vorsitzende aus:»Nicht angenommen werden niedrige Beweggründe bei Durchbruchshandlungen nach langandauernden,
zermürbenden Konflikten oder in Fällen berechtigter Verbitterung oder
Empörung. Zwar wird man bei objektiver Betrachtung durchaus anneh-
men können, dass der Angeklagte die Tat aus völlig nichtigem Anlass
beging, subjektiv hingegen ist ihm diese Nichtigkeit nicht bewusst gewesen. Ihm ging es vielmehr darum, die über viele Jahre andauernden
Streitigkeiten mit seiner Familie aufzulösen und seine jahrelange Ver-
ärgerung abzubauen.«

Als zweite Tathandlung hat die Kammer den Part »Rohrbombe« gewertet. »Der Angeklagte hat hinsichtlich des versuchten Mordes unmittelbar zur Tat angesetzt und damit das Versuchsstadium erreicht. Die Rechtsgutgefährdung – und damit das unmittelbare Ansetzen – trat allerdings noch nicht mit der Ablage der Rohrbombe auf dem Kettcar in dem ehemaligen Stallbereich ein. Zwar wusste der Angeklagte, dass dieser Bereich letztlich für jedermann zugänglich war und auch jederzeit die Möglichkeit bestand, dass jemand diesen Bereich betrat und dann die Rohrbombe fand und aktivierte. Er rechnete jedoch nicht fest damit, dass in unmittelbar zeitlicher Nähe zur Ablage der Rohrbombe jemand diesen Bereich betrat, er hielt es lediglich für möglich, dass dieses zu einem nicht näher bestimmbaren Zeitpunkt in der Zukunft passieren würde, da der ehemalige Stallbereich nicht so regelmäßig wie z.B. das Badezimmer der Wohnung betreten wird. Der Zeitpunkt, in dem die unmittelbare Rechtsgutgefährdung sich konkretisierte – und damit der Zeitpunkt, zu dem der Angeklagte unmittelbar zur Tat ansetzte und die Tat das Versuchsstadium erreichte, war der Moment, als Sven und Tochter die Scheune betraten und Sven die Rohrbombe in die Hand nahm, mithin mehr als zehn Monate nach der Ablage der Bombe.«

Die Kammer hat somit die Ablage der Rohrbombe und der Haarschneidemaschine im Badezimmer als jeweils eigene Tat gewertet, sodass die Kammer zum Ergebnis gelangt, dass zwei Taten vorliegen, die zueinander in Tatmehrheit stehen. In der Begründung weist der Vorsitzende auf Folgendes hin: »Die Kammer verkennt nicht, dass sich das gesamte objektive Tatgeschehen – Bauen der Sprengkörper in der Schweiz, Fahrt zum elterlichen Hof, Deponierung der Sprengkörper in einer Nacht, danach Heimfahrt – als in einem unmittelbaren räumlichen und zeitlichen Zusammenhang stehend darstellt, dass es auf den ersten Blick als ein einheitliches zusammengehöriges Tun erscheint. Ein solch gemeinsames subjektives Element gibt es aber im vorliegenden Fall gerade nicht. Der Angeklagte legte hier insgesamt fünf verschiedene Gefahrenquellen, die sich gegen unterschiedliche Personen richteten und die zu unterschiedlichen Zeiten, die für den Angeklagte letztlich auch nicht mehr zu beeinflussen waren, und durch unterschiedliche Auslösehandlungen der potenziellen Geschädigten ihre Gefährlichkeit realisieren sollten. Der Angeklagte hat bei der Konstruktion der Sprengkörper und dem Auslegen derselben in seinen Vorstellungen notwendige Handlungsbeiträge der Geschädigten eingeplant und so die Geschädigten quasi zu Tatmittlern gegen sich selbst gemacht. Nach der Rechtsprechung des BGH beginnt für den Fall, dass nach der Vorstellung des Täters, der seinen Teil zur Tatbestandsverwirklichung bewirkt hat, die Mitwirkung des Opfers zwingend erforderlich, aber noch ungewiss ist, der Versuch erst, wenn sich das Opfer so in den Wirkungskreis des Tatmittels begibt, dass sein Verhalten nach dem Tatplan bei ungestörtem Fortgang unmittelbar in die Tatbestandsverwirklichung münden kann. Die Gefährdung der Geschädigten sollte vorliegend im Sinne einer gestellten Falle durch ein Zusammenwirken der Tatbeiträge des Angeklagten und den für die Tatbestandsverwirklichung notwendigen Beiträgen der Geschädigten, die der Angeklagte kraft Beherrschung fremden Verhaltens durch die entsprechende Konstruktion der Sprengsätze einplante, realisiert werden. Die Geschädigten sollten daher durch ihren eigenen, von dem Angeklagten eingeplanten und beherrschten Tatbeitrag quasi zu Tatmittlern gegen sich selbst gemacht werden. Bei jedem einzelnen Sprengkörper war ein – je nach Zündvorrichtung unterschiedliches – Mitwirken der Geschädigten erforderlich. Dem Angeklagten war auch bewusst, dass zwar bei einem Sprengkörper, der Haarscheidemaschine, mit einem zeitnahen Hinzukommen der Geschädigten zu rechnen ist und der Versuchsbeginn daher kurz bevorstand bzw. mit dem Tatbeitrag des Angeklagten bereits realisiert war. Jedoch bei den anderen im Stallbereich und der selten genutzten Treckergarage deponierten Sprengkörpern wusste er, dass es ggfs. Wochen oder Monate dauern konnte, bis die Geschädigten sich den Sprengkörpern nähern und sie in die Gefahr kommen, die selbstschädigenden Handlungen vorzunehmen. Die fünf Sprengkörper waren daher in einer Nacht deponiert worden, in der Vorstellung des Angeklagten gerade nicht unmittelbar miteinander verbunden.«

Die Kammer bejaht sodann eine Strafrahmenverschiebung zu Gunsten des Angeklagten. Sie lässt sich dabei im Rahmen der Gesamtabwägung von folgenden Überlegungen leiten:»Der Angeklagte ist nicht vorbestraft, hat ein Geständnis abgelegt, hat sich glaubhaft reuig gezeigt, er hat die weiteren Sprengkörper von sich aus offenbart und keine lebensgefährlichen Verletzungen verursacht.«

Deshalb verhängt das Gericht für das Ablegen der Rohrbombe 8 Jahre und 6 Monate, für das Ablegen der Haarschneidemaschine 4 Jahre und 8 Monate und bildet daraus eine Gesamtstrafe von 10 Jahren.

Die Revisionen des Angeklagten und der Staatsanwaltschaft, die eine lebenslange Freiheitstrafe beantragt hatte, werden verworfen.

Die Sicht der forensischen Psychiaterin

Familien- und Erbstreitigkeiten sind klassische, oftmals langjährige Konflikte, die bei allen Beteiligten für erhebliche Emotionen und gegenseitige Feindseligkeit sorgen. Die Interessenslagen sind oft so gegensätzlich, dass eine sinnvolle Kompromisslösung schon inhaltlich nicht gelingen kann, oder durch die verfestigten Positionen der Beteiligten ohnehin abgelehnt wird. Die Geschichte von Alfons, dem Bombenleger, ist in ihrer Ausgestaltung, in ihrem Ausmaß, in der geradezu obsessiv erscheinenden Raffinesse, mit der der Täter die vielfältigen Sprengsätze zusammengebaut hat, besonders. Das Muster folgt allerdings einer Dynamik, die man auch von Querulanten kennt, wenn sie straffällig werden. In dieser Geschichte kommen mehrere Aspekte zusammen. Da ist zum einen der psychisch auffällige Alfons, der von den Eltern für die Übernahme des Hofes als ungeeignet angesehen wird, wodurch früh ein persönliches Gefühl des Gekränktseins und der Benachteiligung entsteht. Später darf er eine Art Abstellkammer beziehen, bekommt also vermittelt, dass er eigentlich auf dem Hof nur geduldet bzw. kein geschätzter Mitbewohner ist. Zugleich ist es so, dass er aber emotional eine hohe Loyalität und Bindung an den Familiensitz bekundet, der Hof also für ihn einerseits persönlich wichtig ist, aber faktisch ein Gut, an dessen Existenz und Betrieb er nicht teilhaben darf. Der Hof wird zum Symbol für alles Wichtige, dass ihm die Familie ungerechterweise vorenthält. So kommt später diese Abfindungserklärung hinzu, bei der es um 10.000 DM geht. Wie der Betrag zustande gekommen ist, sei dahingestellt, aber von außen betrachtet, mutet der Betrag überraschend gering an, wenn man bedenkt, dass zu einem Hof Gebäude, Grundstücke und auch wirtschaftliche Erträge gehören. Wie bei den allermeisten querulantischen Fehlentwicklungen, die später in mehr oder minder gravierende Straftaten münden können, fängt die ganze Geschichte mit einem real erlittenen Unrecht, mit einer realen, nachvollziehbaren, ja gewissermaßen objektiv nachweisbaren Kränkung an. Sie ist der Kristallisationskern, um den herum sich dann später die ganze tatrelevante Dynamik herumbaut. Dieser Kristallisationskern an Kränkungserleben und Ungerechtigkeit kann von der späteren Täter-Person aber nicht mehr aufgegeben werden. Der Täter kann aufgrund seiner Persönlichkeit nicht davon »ablassen«. Er kann nicht um seiner selbst und seines eigenen Friedens willen einen Schlussstrich ziehen, sondern das Thema bleibt ein ewig währender Stachel im wunden Fleisch. Darüber können die betroffenen Personen dann auch in der Regel sehr gut selbst Auskunft geben. Sie können beschreiben, wie der Groll immer mehr zunahm, wie schon das Vorbeifahren an fremden Gehöften die schmerzvolle Erinnerung hoch ruft, was man hätte besitzen können, was man aber nicht besitzen darf. Es gibt immer mehr Situationen und Wahrnehmungen in der Außenwelt, die – völlig neutral – einen auf das eigene erlittene Unrecht hinweisen. Aus dem schmerzlichen Gefühl der Ungerechtigkeit wird ein Gefühl von Wut und letztlich von Hass. Diese Wut, dieser Hass wird dann gewissermaßen der psychische Treibstoff, aus dem eine Täter-Aktivität entsteht, zunächst eine aggressive, vernichtende, abstrafende Idee, dann ein vager Plan, dann ein konkretisierter Plan, dann die strukturierte Vorbereitung, das Auskundschaften, ein erster Testballon usw. Beim Querulantenwahn, der hier nicht vorhanden ist, kommt zur Querulanz dann irgendwann der Realitätsverlust dazu und eine mit der Faktenlage nicht übereinstimmende Geschichte mit einer bizarren und überwertigen Bedeutung. Bei der reinen querulatorischen Persönlichkeit bleibt es bei der Rigidität, Dinge – auch wenn sie misslich sind – nicht in Frieden ruhen lassen zu können. Es kann kein Schlussstrich gezogen werden. Und dann wird aus Hass Rache und das einzige Ventil der emotionalen Beruhigung ist die Beschäftigung mit einem perfiden, hoch aggressiven Plan. In diesem Falle ist es die Befassung mit einer Vielzahl recht origineller Bomben. Es ist völlig evident, dass es bei einer so komplexen und über einen langen Zeitraum hingezogenen Tatplanung und Tatumsetzung um ein hochgradig reflektiertes, gesteuertes, planvolles und einer ständigen intellektuellen Neubewertung zugängliches Geschehen handelt. Von daher gibt es hier, gerade auch vor dem Hintergrund der ja grundsätzlich erhaltenen Realitätswahrnehmung, keinerlei psychiatrisch begründbare Annahme für eine verminderte Schuldfähigkeit. Dass der Täter behauptete, er habe nie Menschenleben gefährden wollen, ist auch aus psychiatrischer Sicht natürlich völliger Humbug, weil ja genau die Art und Weise der gebauten Sprengsätze darauf ausgerichtet war, dass die Geräte von Menschen in die Hand genommen werden sollten. Von daher ist diese Behauptung entweder einzuordnen in eine etwas hilflose Verteidigungsstrategie, oder aber sie hat vor allem den Zweck, das Ausmaß der eigenen Gewaltbereitschaft, die bis zur möglichen Verstümmelung oder Tötung gar eines Kindes geht, vor sich selbst kleinzureden. Viele dieser auf Minimierung angelegten, die Tat verzerrenden Erzählmuster dienen vor allem, gerade bei sonst nicht vorbestraften, nicht anderweitig kriminellen Menschen dazu, sich selbst vor sich entlasten zu wollen.

Nebenbei bemerkt ist es für eine Schuldfähigkeitsbeurteilung aus forensisch-psychiatrischer Sicht im konkreten Einzelfall völlig irrelevant, ob jemand viele Jahre zuvor einmal psychiatrisch behandelt worden ist. Nicht jede psychische Störung hat überhaupt irgendeine Bedeutung in Bezug auf die Bewertung von Straftaten. Zum anderen gilt immer die Frage, welche Störung denn zur Tatzeit vorgelegen haben soll und in welcher Weise sich diese auf die Einsichtsfähigkeit bzw. Steuerungsfähigkeit ausgewirkt haben soll.

Gottesurteil –
oder wer sagt die Wahrheit?

**Eine kleine Gemeinde im Landkreis N. mit knapp 2000 Einwohnern
07.03.2016**

Kurz nach 11 Uhr teilt die Rettungsleitstelle der Feuerwehr der Polizei mit, dass sich eine Frau mit Stichverletzungen auf einem Parkplatz an der Bundesstraße 215 befinden würde. Eine Person habe angerufen, die mit der Verletzten mit einem PKW in Richtung Kreisstadt N zum Krankenhaus hätte fahren wollen.

Bei Eintreffen der Polizei hält Romano Romanowski die Verletzte Angelina Romanowski auf den Armen. Die Stimmung ist gereizt. Auch Angelinas Mutter Selina Romanowski ist vor Ort. Sie behauptet, mit ihrer Tochter einen Spaziergang unternommen zu haben und wegen eines Telefonats kurzfristig abgelenkt gewesen zu sein. Plötzlich habe ihre Tochter blutend am Boden gelegen. Auf Nachfrage ergänzt sie:»Außer uns beiden war da keiner!« Die Polizeibeamten glauben ihr kein Wort.

Angelina wird in die Klinik gebracht, von dort aus schließlich wegen einer Handverletzung in eine Spezialklinik in der Landeshauptstadt Hannover verlegt. Dort stellen die Ärzte eine akute Lebensgefahr fest. Der Bauch ist steinhart, man geht von schweren inneren Blutungen aus. Angelina muss sofort operiert werden. In der erstbehandelnden Klinik wurde eine Stichverletzung der Leber übersehen, der Oberarzt ist erbost. Er schätzt die Situation gegenüber der Polizei so ein:»Lebensgefahr mit drei Ausrufezeichen!« Es sei deshalb fraglich, ob Angelina Romanowski die Nacht überlebe.

Mutter Selina weint und ruft schließlich die Polizei an:»Ich habe nicht die Wahrheit gesagt. Janine Romanowski, Angelinas Cousine, hat zugestochen.« Weiter erklärt sie, dass sie selber die Schwester der Mutter der Beschuldigten sei.

Als dies der Staatsanwältin Dr. Katharina Linnemann mitgeteilt wird, fürchtet sie, dass die Zeugin später in der Hauptverhandlung von ihrem Zeugnisverweigerungsrecht Gebrauch macht:»Wir sollten Selina Romanowski unbedingt zeitnah richterlich vernehmen lassen.«

Enge Angehörige haben ein sog. **Zeugnisverweigerungsrecht**. Der Gesetzgeber möchte sie nicht dem Gewissenskonflikt ausliefern, einerseits wahrheitsgemäß aussagen zu müssen, andererseits Verwandte der Strafverfolgung auszuliefern. Wenn sie aber gegenüber einem Richter (Ermittlungrichter) nach Belehrung ausgesagt haben, ist diese Aussage im späteren Hauptverfahren (anders als eine polizeiliche Aussage) verwertbar und der Richter kann zu dem Inhalt der Aussage als Zeuge vernommen werden.

Die nun eingerichtete Ermittlungsgruppe versucht zu ermitteln, was tatsächlich passiert ist, hat allerdings mit massiven Aussagewiderständen zu kämpfen.

Die Beschuldigte, eine kleine und zierliche Person, wird vorläufig festgenommen, ihre Wohnung wird nach Beweisen durchsucht. Die Staatsanwältin sucht das persönliche Gespräch, die Beschuldigte möchte nicht reden.

Einer der Janine Romanowski begleitenden Polizeibeamte, POK Axel Krühme, berichtet:»Janine Romanowski ist ausgebildete Kickboxerin. Bereits mit 13 Jahren nahm sie an Wettkämpfen teil. Aufgrund ihrer Aggressivität und ihres unsportlichen Verhaltens wurde sie des Sportparks verwiesen.«

Die Beschuldigte schweigt auch vor dem Ermittlungsrichter. Sogar die Geschädigte zieht es zunächst vor, gegenüber den sie behandelnden Ärzten, der Polizei und der Staatsanwaltschaft nichts zum Tathergang zu sagen, obwohl sie nur mit größtem Glück überlebt hat. Später allerdings erzählt sie: »Alle Beteiligten sind untereinander verwandt oder verschwägert und es ist unter Sinti absolut nicht üblich, bei der Polizei auszusagen oder Angehörige zu belasten. Ich habe bei meinem Mann die Telefonnummer meiner Cousine gefunden. Ich war eifersüchtig und habe meinen Verdacht den Schwiegereltern mitgeteilt. Die Beschuldigte hat behauptet, dass ich lüge, sie hätte keinen Kontakt zu Romano, schon gar kein Verhältnis mit ihm.«

In ihrer richterlichen Vernehmung wiederholt Selina ihre Angaben. Ergänzend führt sie aus, dass das Messer der Angelina »komplett in die Brust gerammt worden ist. Als ich das Messer der Angelina wegriss, habe ich mich selber geschnitten und das Messer zu Boden fallen lassen. Mit Ach und Krach habe ich das Messer später von Angelinas Schwiegermutter erhalten, die es an sich genommen hatte.«

Einige Tage später übergibt eine Angehörige der Polizei das Messer in einem Plastikbeutel bei einem konspirativen Treffen an einer Bushaltestelle.

Nach wochenlanger Ermittlungsarbeit resümiert der Leiter der Ermittlungsgruppe, EKHK Richard Henning: »Janine Romanowski fuhr zusammen mit ihren Eltern Karl und Rosalinda zum Wohnhaus der Schwiegermutter ihrer Cousine Angelina Romanowski, um sich mit Angelina entsprechend der Sintiregeln zu duellieren.« Die Staatsanwältin traut ihren Ohren nicht: »Bitte was?«

Der Polizeibeamte führt fort: »Ja, genau, die zwei wollten sich duellieren, gleichsam ein Gottesurteil herbeiführen. Hintergrund des Ganzen ist, dass Angelina im Vorfeld behauptet hatte, dass die Beschuldigte ein Verhältnis zu ihrem Ehemann habe, was tatsächlich der Wahrheit entsprach, die Beschuldigte aber leugnete. Die Angehörigen haben deshalb verlangt, dass die Frauen gegeneinander kämpfen. Nach den Regeln der Sinti und Roma soll es so sein, dass die Gewinnerin des Zweikampfes die Wahrheit gesagt hat. Allerdings unterliegen diese Kämpfe festen Regeln. Die Verwendung von Waffen und Werkzeugen ist generell verboten. Die Initiatoren dürften auch hier von einem fairen Wettkampf ausgegangen sein.«

EKHK Richard Henning berichtet weiter:»Inzwischen können wir auch feststellen, was sich vor Ort tatsächlich zugetragen hat.

Selina Romanowski hat uns und auch dem Richter erzählt, dass ihre Tochter und die Beschuldigte sich geschlagen hätten. Die Beschuldigte, die einen rosa Jogginganzug mit Kängurutasche trug, habe mit einer Art Steakmesser mit gezackter Klinge viermal mit Wucht zugestochen, das Messer sei länger gewesen als ein Steakmesser und wurde danach versteckt. Die Zeugin wollte diesbezüglich keine weiteren Angaben machen. Sie glaubt, dass die Beschuldigte merkte, dass sie gegenüber Angelina keine Chance hat und deshalb das Messer zog. Mit voller Wucht soll sie von oben nach unten auf Angelina eingestochen haben in Richtung des Herzens. Angelina sei zusammengesackt, sie selbst auf die Beschuldigte zugesprungen und habe ihr das Messer aus der Hand gerissen. Dabei habe sie sich eine Schnittverletzung am Daumen zugezogen.

Romano Romanowski hat Angelina sodann in seinen Bus gelegt, Selina drückte die Wunden zu und bemühte sich, Angelina bei Bewusstsein zu halten. Deren Gesicht, sogar das Zahnfleisch, sei ganz weiß gewesen. Unterwegs hat Romano einen Notruf abgesetzt.«

Die Staatsanwältin schüttelt ungläubig den Kopf.»Dazu passen die Feststellungen der Rechtsmediziner. Nach dem gestern eingegangenen Gutachten erlitt die Geschädigte vier Stichverletzungen. Ein Stich verletzte Thorax und Leber und führte zu starken Blutungen. Können wir sicher sein, dass sich die Tat tatsächlich so abgespielt hat?« Henning deutet auf eine Karte vom Tatort:»Ja, wir haben einen Unbeteiligten ermittelt. Dieser wohnt in einem der anliegenden Häuser und hat berichtet, er sei im Flur seiner Wohnung gewesen, als er von draußen Schreie hörte. Er hat deshalb aus dem Fenster geschaut und beobachtet, wie ein schwarzes Auto anhielt. Aus dem Fahrzeug sind zwei Männer und zwei Frauen ausgestiegen. Fünf Personen hätten – so der Zeuge – dort bereits gestanden, insgesamt waren dort vier bis fünf Autos, die er mit der

Szenerie in Verbindung brachte. Zwei Mädchen hätten sich zunächst geprügelt, eine von denen sei vorher aus dem schwarzen Auto ausgestiegen. Diese sei es auch gewesen, die plötzlich ein Messer in der Hand gehabt und auf die andere Frau eingestochen habe. Die Täterin hatte rote Haare und einen roten Sportanzug. Das andere Mädchen trug ein weißes Oberteil. Die beiden sollen richtig miteinander gekämpft, geboxt und sich in den Haaren gezogen haben. Die Rothaarige zog aus der Bauchtasche des Oberteils das Messer, eine Art Küchenmesser, so etwa 15 bis 20 cm lang. Das Mädchen hat 2 oder 3mal zugestochen. Er meint, dass sie einmal in den linken Arm und einmal in die linke Brust stach. Ein Mann und eine Frau hätten danach das verletzte Mädchen genommen und seien mit ihm weggefahren. Was mit dem Messer passiert sei, habe er nicht gesehen, weil er sich dann um seine weinenden Kinder kümmern musste.« Henning überlegt kurz und ergänzt:»Die Geschädigte hat – so berichtet es dieser unabhängige Zeuge – nach Beibringung der Stiche getaumelt und sich rückwärts an einem Auto angelehnt, er habe damit gerechnet, dass die Frau bewusstlos wird. Die Beschuldigte hat alleine aufgehört. Es ist niemand dazwischen gegangen. Das weiße Oberteil soll gut sichtbar voller Blut gewesen sein. Wir haben dem Zeugen eine Wahllichtbildmappe vorgelegt. Er hat die Beschuldigte als Täterin wiedererkannt. Die übrigen Beteiligten konnte er allerdings nicht identifizieren. Es ist uns bislang nicht gelungen alle Personen, die sich dort aufgehalten haben sollen, zu ermitteln. Die Angaben der Selina, dass sie der Beschuldigten das Messer weggerissen habe, können dennoch der Wahrheit entsprechen, denn der Zeuge war durch seine Kinder abgelenkt. Auf den Vater der Beschuldigten ist ein schwarzer PKW zugelassen, es würde somit passen, dass er die Beschuldigte zum Tatort gebracht hat.«

Der Leiter der Ermittlungsgruppe ergänzt:»Zusammen mit der Aussage einer weiteren Zeugin am Tatort ist das Bild aus unserer Sicht rund. Cilia Romanowski, eine Verwandte, berichtete, dass die Beschuldigte durch ihre Eltern zum Tatort gefahren wurde. Sie ist aus dem

Fahrzeug ausgestiegen und hat sofort eine Boxhaltung eingenommen. Der Vater hat die Beschuldigte animiert. Es gab zunächst ein Gerangel zwischen den beiden Frauen, dann hatte plötzlich die Beschuldigte ein Messer in der Hand. Kurz darauf sei das Shirt der Angelina ganz blutig geworden. Angelina sei auf dem Boden zusammengesackt. Selina habe der Beschuldigten sofort das Messer abgenommen und sich dabei verletzt. Vor Ort sollen sechs, sieben Familienangehörige gewesen sein. Danach ist die Beschuldigte von ihren Eltern weggefahren worden.«

Die Staatsanwältin fragt:»Und was ist mit dem behaupteten sexuellen Verhältnis?« Der POK Krühme nickt:»Auch das Tatmotiv scheint sich wirklich zu bestätigen. Selina hat uns erzählt, dass die Beschuldigte dem Romano eine Nachricht auf das Handy geschrieben und mitgeteilt hat, dass sie ihn liebe und auf ihn warten werde. Der Vater der Beschuldigten hat am Vorabend Selina angerufen und angekündigt, dass er Angelina mit einem Messer schneiden und ihr eine Glatze rasieren werde, ein typisches Strafritual für die angeblich von ihr verbreiteten Lügen. Ihre Schwester gab am Tatmorgen zunächst Entwarnung, sie würden nun doch nicht kommen. Stattdessen solle Selina der Angelina zwei Ohrfeigen geben und sie so abstrafen. Dann sei alles erledigt. Aber für Janines Vater war das so nicht in Ordnung, er hielt wegen der Stammesregeln eine Klarstellung für unumgänglich und verlangte den Zweikampf.«

Der EG-Leiter ergänzt:»Die Auswertung des Mobiltelefons des Romano ergibt tatsächlich Beweise dafür, dass Janine Romanowski ein intimes und außereheliches Verhältnis zum Ehemann der Angelina hatte, das zu einem Streit zwischen den Eheleuten Romano und Angelina führte. Handybilder belegen allerdings auch – und das macht das Ganze besonders brisant –, dass darüber hinaus Angelina und die Beschuldigte sexuelle Kontakte miteinander hatten, dies, obwohl gleichgeschlechtliche Beziehungen in der Sinti- und Roma-Kultur verboten sind und geächtet werden. Romano wusste offenbar von dem Verhältnis der Ehefrau zu der Beschuldigten und ging seinerseits ein Verhältnis mit der Beschuldigten ein.«

Die Beamten übergeben der Staatsanwältin die Akten, mehrere Kartons mit Asservaten und auch Datenträger, auf denen Fotos, Filme und die Chatverläufe zu sehen sind. Die Krankenakten werden durch einen Rechtsmediziner ausgewertet, der nach der ersten mündlichen Einschätzung später in einem schriftlichen Gutachten folgendes beschreibt:»Die Geschädigte erlitt eine leicht seitlich gelegene Stichverletzung im unteren vorderen linken Brustkorb. Hier wurde die Zwerchfellarterie verletzt. Der Stichkanal ging weiter nach hinten und verletzte den linken Leberlappen mit Durchschnitt des Segments II und Einstich in Segment I. Diese Verletzungen führten zu einem Blutverlust in die Bauchhöhle von mindestens 2,8 Litern. Hierdurch resultiert eine konkrete Lebensgefahr. Daneben erlitt die Geschädigte zwei kleine, oberflächliche, die Haut nicht vollständig durchsetzende Hautdefekte am oberen äußeren Rand der linken Brust und am inneren unteren Rand der rechten Brust als Folgen oberflächlicher stichartiger Gewalteinwirkungen mit dem Messer. Außerdem lag eine Verletzung des linken Unterarms beugeseitig vor. Dabei handelt es sich um eine tiefe schnittartige Verletzung. Ferner lag noch eine oberflächliche Hautverletzung an der Streckseite des Kleinfingers der linken Hand vor. Am linken Unterarm wurden Nervenstränge verletzt. Am Gefäßbündel des linken Unterarms waren ein Nerv, eine Arterie und zwei Muskeln durchtrennt, wobei sich die Arterie wieder selbst verschlossen hatte. Die Verletzungen an der linken Hand und am linken Unterarm sind am ehesten durch Abwehrbewegungen in Richtung der Messerstecherin erklärlich.«

Janine Romanowski wird drei Monate später angeklagt wegen versuchten Totschlags in Tateinheit mit gefährlicher Körperverletzung. Wenige Wochen später startet die Hauptverhandlung. Die Geschädigte, die die Zulassung der Nebenklage beantragt hat und von einer Anwältin in der Hauptverhandlung vertreten wird, weigert sich, in der Hauptverhandlung als Zeugin auszusagen. Trotz wiederholter Ladungen erscheint sie nicht, schließlich ist sie für die Kammer unerreichbar. Der Vorsitzende reagiert ungehalten:»Wie kann es sein, dass der Steuerzahler die Kosten für die Nebenklage trägt, damit die Geschädigte ihre Rechte verfolgen kann, im Gegenzug die Geschädigte sich weigert, hier auszusagen?«

Die Angeklagte hingegen lässt sich zu den Tatvorwürfen ein:»Mit Angelina war ich lange eng befreundet. An einem verhängnisvollen Abend in aufgelockerter Grundstimmung nach Konsum von Haschisch, Wodka und Kokain hat Angelina mich sexuell verführt. Es kam zum Geschlechtsverkehr. Angelina hat davon heimlich Fotos gemacht, um mich unter Druck setzen zu können. Die sexuelle Beziehung hat einige Wochen über angedauert. Zeitgleich hat Romano, Bruder meines Vaters und Ehemann meiner Cousine Angelina, mich anzüglich umworben mit dem Ziel, mit mir Sex zu haben. Dabei war ich in den nie verliebt! Als diese Beziehung aufflog, wurde Angelina sehr eifersüchtig, sie kam auf die wahnsinnige Idee, über eine Dreier-Beziehung ihre kriselnde Ehe zu retten. Das habe ich strikt abgelehnt. Angelina hat deshalb nicht davor zurückgeschreckt, ihren Eltern und den Eltern des Romano von meiner Beziehung zu Romano berichten. Zuletzt hat mich Angelina sogar mit Handyfotos vom gemeinsamen Sex erpresst. Ich hatte große Angst, aus meiner Familie ausgestoßen zu werden. Mein Vater verlangte, dass wir uns beide schlagen. Angelina sollte so als Lügnerin enttarnt werden. Im Kampf habe ich aus Angst, dass die Wahrheit ans Licht kommt, mehrmals zugestochen, aber keineswegs ihren Tod gewollt.«

Der Verteidiger legt in der Hauptverhandlung eine Kopie der sog. Täter-Opfer-Ausgleichsvereinbarung vor, die bereits von der Angeklagten und deren Verteidiger unterzeichnet wurde. Die Unterschrift der Geschädigten fehlt allerdings.

Er verliest die Vereinbarung:»Zur Wiedergutmachung des Schadens aus dem Vorfall: Im Rahmen einer aus einer innerfamiliären Streitigkeit heraus resultierenden körperlichen Auseinandersetzung hat die Schädigerin (namentlich als die Angeklagte benannt) der Geschädigten am

Tattag mit einem Messer lebensgefährliche Verletzungen zugefügt. Die Schädigerin bedauert den Vorfall sehr und entschuldigt sich ausdrücklich gegenüber der Geschädigten, die diese Entschuldigung auch annimmt.

Als Zeichen der Reue und zur Wiedergutmachung des Schadens leistet die Schädigerin freiwillig einen Betrag von 5000 Euro an die Geschädigte, wobei letztere ihr großzügig die Möglichkeit der Ratenzahlung einräumt. Die Geltendmachung sonstiger Schäden aus dem vorbezeichneten Vorfall ist damit abgegolten. Die Geschädigte wurde darüber aufgeklärt, dass diese Vereinbarung einzig und allein als Zeichen der Reue seitens der Schädigerin sowie zur Wiedergutmachung getroffen wird. In keinem Fall soll die Geschädigte hierdurch in ihrem Aussageverhalten gegenüber den Strafverfolgungsbehörden in irgendeiner Form oder in irgendeine Richtung beeinflusst werden. Die Geschädigte erklärt, dass nach Abschluss dieser Vereinbarung ihrerseits kein Strafverfolgungsinteresse mehr gegenüber der Schädigerin besteht.«

Die Geschädigte nimmt das Angebot nicht an, sondern teilt über ihre Anwältin dem Verteidiger mit, die Offerte nur anzunehmen, wenn auf eine Auswertung und Bekanntmachung des intimen und brisanten Bild- und WhatsApp-Verkehrs verzichtet werde.

Die Angeklagte wird psychiatrisch begutachtet. Die Gutachterin berichtet:»Bei der Angeklagten liegt eine derart erhebliche Verminderung der Steuerungsfähigkeit zur Tatzeit vor, dass eine krankhafte seelische Störung nicht sicher auszuschließen ist. Sie zeigt eine deutlich selbstunsichere Persönlichkeitsakzentuierung in Kombination mit einer Begabung im unteren Bereich der Lernbehinderung. Zudem ist sie infolge der kulturellen Besonderheiten so unselbständig, dass sie außerhalb des engen und überwachenden Familienverbundes nicht in der Lage wäre, ihr Leben selbständig zu gestalten. Die besondere Persönlichkeitsstruktur und die enge Einbindung in die Familie ermöglichte es, dass der Vater sie gegen ihren Willen zu der Duellsituation drängen konnte.«

Gegen Ende der Beweisaufnahme springt der Verteidiger auf, eilt zum Richtertisch und präsentiert dem Gericht und der Staatsanwältin ein Lichtbild, das den erigierten Penis des Romano zeigen und beweisen soll, dass dieser seiner Mandantin Avancen gemacht habe. Die Verfahrensbeteiligten sind einigermaßen irritiert. Unklar bleibt, was er mit diesem Auftritt bezweckt.

Am 10. Verhandlungstag verkündet der Vorsitzende Gerd Rosshagen im November 2016 das Urteil:»Im Namen des Volkes: Die Angeklagte ist der gefährlichen Körperverletzung schuldig. Gegen sie wird eine Jugendstrafe von 3 Jahren verhängt.« Nach Bekanntgabe auch der Kostenfolge nehmen Kammer und Verfahrensbeteiligte wieder Platz. Der Vorsitzende Gerd Rosshagen begründet die Entscheidung der Kammer:»Beide Frauen führten eine Zeit lang eine gleichgeschlechtliche Beziehung. Daneben hatte die Angeklagte eine sexuelle Beziehung mit dem Ehemann der Angelina aufgenommen. Als Angelina zufällig Einblick in die Chatverläufe der beiden erhielt, wurde Angelina eifersüchtig und versuchte, Romano zurückzugewinnen. Um das Verhältnis der beiden zu stören, unterrichtete sie die Eltern des Romano von diesem Verhältnis. Daraufhin spitzten sich die Situation und die Zerwürfnisse innerhalb der Großfamilie auf beiden Seiten zu. Schließlich erfuhr auch der Vater der Angeklagten von diesem Verhältnis. Er stellte die Tochter zur Rede, die das Verhältnis bestritt. Er drohte der Angelina damit, ihr einen sogenannten Riemen zu schneiden, sie zu verstümmeln. Zeitnah ging der Vater mit der Angeklagten zu einer Frauenärztin, um ihre Unschuld und Jungfräulichkeit zu beweisen, dies auch deshalb, weil ein außereheliches Fremdgehen in Sinti- und Romakreisen mit einem sog. Hurenhaken geahndet wird, was bedeutet, dass das Gesicht derart entstellt wird, dass für eingeweihte Kreise sofort sichtbar ist, was für Verfehlungen eine derartig gebrandmarkte Frau geleistet hat. Der Vater der Angeklagten organisierte ein Duell, ein Schlagen um das Recht. In einer Art Gottesurteil sollte dabei durch den Sieg im Kampf bewiesen werden, welche der beiden Frauen die Wahrheit sagt. Dabei wagte die Angeklagte nicht, sich der Anordnung des Vaters zu widersetzen. Sie fuhr deshalb mit Vater, Mutter und Bruder zum Wohnhaus der Eltern des Romano, wo das Duell stattfinden sollte. Eine sonst übliche Durchsuchung der Duellierenden auf Waffen fand vorab entgegen der üblichen Regeln nicht statt. Die Angeklagte hatte sich zuvor aus Angst mit einem Messer bewaffnet und dies in der Kängurutasche ihres Oberteils versteckt. Das Messer war insgesamt 21,5 cm lang und hatte eine 10,5 cm lange Klinge. Angelina hingegen war unbewaffnet. Die beiden Frauen gingen sofort aufeinander los, zogen sich wechselseitig an den Haaren, wobei Haarbüschel ausgerissen wurden. Kurz nach Beginn des Faustkampfs zog die Angeklagte das Messer und stach auf die Geschädigte mindestens dreimal ein, ein tiefer heftiger Stich verletzte dabei den Thorax und die Leber, wodurch starke innere Blutungen verursacht wurden. Mindestens 2,8 Liter Blut sammelten sich im Bauchraum. Dabei nahm die Angeklagte mindestens billigend in Kauf, dass die Geschädigte versterben könnte. Keiner der Zuschauer schritt ein. Die Geschädigte torkelte zurück zum PKW des Romano Romanowski und wurde von ihrer Mutter und ihrem Ehemann gefasst und gestützt. Auf ihrem Shirt bildete sich deutlich ein Blutfleck aus. Die Angeklagte stach nicht weiter zu, hörte von sich aus auf und warf das Messer weg. Die Geschädigte musste später notoperiert werden. Dabei kam es zu einem 10sekündigen Herzstillstand.« Zur rechtlichen Würdigung führt er aus: »Eine Verurteilung wegen versuchten Totschlags konnte nicht erfolgen, weil die Kammer insoweit von einem strafbefreienden Rücktritt vom unbeendeten Tötungsversuch ausgegangen ist. Zugunsten der Angeklagten war nämlich davon auszugehen, dass sie erkannt hat, dass die Geschädigte noch in der Lage war, den Tatort aufrecht gehend und aus eigener Kraft zu verlassen. Unter diesen Umständen liegt es deshalb nahe, dass sie jedenfalls zu diesem Zeitpunkt nach dem letzten Messerstich als letzter Tatausführungshandlung nicht geglaubt hat, alles Erforderliche zur Ausführung eines vollendeten Tötungsdelikts getan zu haben. Die Angeklagte, deren Begabung im unteren Bereich der Lernbehinderung liegt, hat aus der Untersuchungshaft heraus einen Brief an die Geschädigte geschickt, in dem sie ernsthaft Reue bekundet. Seit ihrer Inhaftierung verletzt sich die Angeklagte mit tiefen Ritzern selbst an beiden Armen. Sie lebte planlos und ohne Beschäftigung in den Tag hinein, war vollkommen von der Familie abhängig und erfuhr von den Eltern keine ausreichende Erziehung und Sozialisation. Sie besuchte kaum die Schule, war mit den Eltern viel im Wohnwagen unterwegs, weshalb deutliche Reifeverzögerungen feststellbar sind und sie vom Entwicklungsstand nicht demjenigen Gleichaltriger entspricht. Deshalb war eine Jugendstrafe zu verhängen.«

Die Sicht der forensischen Psychiaterin

Bei der Erstellung von forensisch-psychiatrischen Gutachten zur Schuldfähigkeit gibt es immer wieder Besonderheiten, von denen zwei hier in diesem Kriminalfall eine Rolle spielen: zum einen unterscheidet sich die Begutachtung von Jugendlichen und Heranwachsenden von der Begutachtung Erwachsener. Zum anderen spielen bei der Einordnung von Handlungsmotiven mitunter kulturelle Besonderheiten eine Rolle.

In Deutschland sind Jugendliche ab 14 Jahren strafmündig. Da ihre Persönlichkeitsentwicklung aber noch längst nicht abgeschlossen ist und als rechtstaatliche Reaktion auf Straftaten der Erziehungsgedanke im Vordergrund steht, gibt es in Deutschland bereits seit 1923 ein Jugendgerichtsgesetz (JGG). Die Strafmündigkeitsgrenze von 14 Jahren wurde im Laufe der vielen Jahrzehnte immer wieder zwischen 12 und 14 Jahren geändert, aber liegt seit 1953 erneut bei 14 Jahren. Das Gesetz gilt auch für Heranwachsende im Alter zwischen 18 und 21 Jahren, wenn deren sog. sittliche und geistige Reife trotz ihrer Volljährigkeit faktisch noch der eines Jugendlichen gleichzustellen ist. Hat eine Person das 18. Lebensjahr vollendet, so ist zu prüfen, ob bei ihr wegen einer nachweislich in psychosozialer Hinsicht zu beschreibenden

Reifungsverzögerung das JGG angewendet werden kann, oder ob die Person nach Erwachsenenstrafrecht behandelt werden muss, weil sie von der psychischen Reife her auch einem Erwachsenen entspricht. Die Begutachtung von Personen unter 18 Jahren gehört in jedem Falle in die Hände von Kinder- und Jugendpsychiatern. Psychiater, die auf die Psychiatrie der Erwachsenen spezialisiert sind, müssen als Gutachter bei Menschen im Alter von Heranwachsenden im Einzelfall genau diese Frage der Persönlichkeitsreife untersuchen und dann ableiten, welche Konsequenzen mögliche Reifungsverzögerungen für die Begehung einer Straftat haben. Dazu gibt es die sog. Marburger Reifekriterien, nach denen jedes Merkmal danach beurteilt wird, ob jemand noch einem Kind entspricht, also einer Reifestufe unterhalb von 14 Jahren, einem Jugendlichen, einem Heranwachsenden oder einem Erwachsenen. Zu den Merkmalen, die dabei beurteilt werden, gehören z.B. die Einstellung zu einer realistischen Lebensplanung im Gegensatz zum Leben im Augenblick, die ernsthafte Einstellung zu Schule und Beruf, die Pflege von Freundschaften im gleichen Lebensalter, die Eigenständigkeit in der Meinungsbildung und Handlungsplanung sowie auch nicht zuletzt ein reifer Umgang mit Sexualität.

In einem Fall wie diesem spielt dann auch noch die Wechselwirkung mit kulturellen Besonderheiten eine Rolle. Insbesondere die Frage, ob die handelnde Person von ihrer Eigenständigkeit her in der Lage war, sich selbst autonom in Bezug auf kulturelle Erwartungen und das Wissen um geltendes Recht zu positionieren, ist relevant.

Formal sprechen Tatabläufen, zu denen bereits ein Messer oder ein anderes gefährliches Werkzeug mitgebracht wird und auch der Termin der Begegnung auf eine körperliche Auseinandersetzung angelegt ist, für ein gesteuertes Vorgehen.

Als Sachverständige hat man bei der Prüfung klinisch-psychiatrischer bzw. psychologischer Sachverhalte in Bezug auf Störungen und Persönlichkeitsfehlentwicklungen auf dem Boden des Gesetzes zu bleiben. Kulturelle Besonderheiten als solche dürfen nicht eigenständig einer juristischen normativen Bewertung unterzogen werden. Solche kulturellen Besonderheiten umfassen auch zur Tathandlung gehörende Überzeugungen, mit denen Täterinnen oder Täter ihre Taten zu rechtfertigen versuchen oder sogar den gesellschaftlichen Erwartungen ihres Bezugsmilieus entsprechen. Nun gilt das Strafgesetzbuch in Deutschland für alle Bürgerinnen und Bürger, die hier leben und legt fest, welche Verhaltensweisen strafrechtlich sanktioniert werden. Dass in anderen Kulturen andere Straftatbestände definiert sind und wiederum andere Verhaltensweisen unter bestimmten Bedingungen nicht als Straftat, sondern als kulturell geforderte Notwendigkeit deklariert werden, wird nicht ausgeblendet, muss aber für die strafrechtliche Beurteilung nach deutschem Recht nicht zwingend eine Rolle spielen. So werden Tötungsdelikte, die im allgemeinen Sprachgebrauch als sog. »Ehrenmorde« bezeichnet werden, ungeachtet ihrer kulturell unterlegten Überzeugungsmuster nach deutschem Recht als Mord abgeurteilt, wenn die formalen Mordmerkmale, die den Tatbestand des Mordes von dem des Totschlags unterscheiden, juristisch zuerkannt werden. All diese Einordnungen sind Aufgabe der Justiz und nicht Aufgabe von forensisch-psychiatrischen Sachverständigen. Dennoch ist es so, dass Sachverständige Kenntnisse von dem normativ-kulturellen Bezugsrahmen haben müssen, um die Entwicklung einer Persönlichkeit, die Charaktereigenschaften, persönlichen Überzeugungen und Verhaltensmuster einordnen zu können, ohne sie automatisch zu pathologisieren. So unterscheiden sich z. B. die Ehrerbietungsbekundungen von Kindern ihren Eltern gegenüber, auch noch im Erwachsenenalter, von den heutzutage hierzulande geltenden Erwartungen. Eine Gesellschaft, die für sich die Maxime ausgibt, dass Eltern gewissermaßen die älteren Freunde ihrer Kinder sein wollen, verzichtet nicht nur auf Höflichkeitsformen aus hierarchisch begründetem Respekt, sondern viele der Rituale, vom Knicks bis zum Handkuss, sind uns heute nicht mehr geläufig. In anderen Kulturen haben andere Verhaltensweisen eine andere Bedeutung und dürfen daher nicht automatisch als befremdlich oder abweichend eingeordnet werden. Das ist wichtig, um eine fälschlicherweise vorgenommene Pathologisierung, also die Fehlannahme einer psychischen Störung, zu vermeiden. Würde man hier unkritisch sein bzw. vom eigenen normativen Rahmen ausgehen, würde man als Gutachter womöglich zu Unrecht Verhaltensweisen als Krankheitssymptom einordnen und dann zu einer Grundlage für Schuldminderung kommen, die sich aber streng genommen gar nicht ableiten lässt. In kulturellen Parallelgesellschaften, die sich von der Mehrheitsgesellschaft sehr weitgehend abschotten, ist es häufig so, dass die Angehörigen von Familien und Großfamilien keinerlei Zeugenaussagen machen, weil die Integrität der Familie das allerhöchste Gut ist. Besonders bemerkenswert ist daher in diesem Fall, dass es Zeugenaussagen gibt. Das ist bei weitem nicht immer der Fall.

Für Sachverständige ist die Erstellung eines aussagekräftigen Gutachtens dann kaum noch möglich, wenn z. B. wichtige Tatzeugen keinerlei Angaben machen und auch im Nachhinein, sofern sie ein Zeugnisverweigerungsrecht haben, der Nutzung ihrer früher gemachten Aussagen im Rahmen von Zeugenvernehmungen widersprechen. Dann bleiben als Informationsquelle oft nur wenige Dokumente oder Zeugen übrig, die nicht dem nach außen abgeschotteten Milieu entstammen, und deren Aussagewert häufig nicht so umfassend ist, dass daraus inhaltlich profunde Gutachten erstellt werden können.

Im hier vorliegenden Fall war eine Gutachterin tätig, die der Janina eine verminderte Reife attestierte und damit dem Gericht darlegte, dass die innere autonome Entscheidungsfähigkeit, sich ggf. den normativen kulturellen Anforderungen zu widersetzen, nicht voll umfänglich gegeben war. In dem vorliegenden Fall wurde auch eine Intelligenzminderung beschrieben, so dass das Gericht in der Gesamtbewertung der Einflussfaktoren zu der Annahme einer Schuldfähigkeitsminderung gelangte. Im Falle einer erwachsenen Frau mit normaler Intelligenz und ansonsten unauffälliger sozialer Biographie stellt sich dann schon die

Frage der vollen Schuldfähigkeit, denn bei ungestörter psychischer Gesundheit wird erwartet, dass ein Mensch um das Tötungsverbot weiß.

Totgeschüttelt –
und warum Schütteln von Babys
so gefährlich ist

Stadt M. in Nordrhein-Westfalen, rund 80.000 Einwohner, an der Weser gelegen
November 2017

Eine Ärztin ruft die Polizei in M. an:»Guten Tag! Ich weiß gar nicht, ob Sie zuständig sind, denn die Familie unseres Patienten wohnt in Niedersachsen. Bei uns im Klinikum ist soeben ein kleiner 3 Monate alter Junge verstorben, der vor einigen Stunden vom Rettungsdienst eingeliefert wurde. Wir haben den Verdacht eines Schütteltraumas.«

Die Polizei informiert die Kollegen am Wohnsitz der Eltern, einem kleinen Ort im Landkreis N. in Niedersachsen mit etwa 2000 Einwohnern. Wegen der unterschiedlichen Zuständigkeiten leitet die Polizei am Sitz des Klinikums ein Todesermittlungsverfahren ein, die für den Wohnsitzort der Familie zuständige Polizeiinspektion ein Verfahren wegen des Verdachts eines Tötungsdeliktes, beide Dienststellen bleiben im engen Austausch.

Zunächst richtet sich das Ermittlungsverfahren gegen beide Eltern. Am Folgetag wird die Obduktion durchgeführt.

Der Obduzent Prof. Dr. Grennberger wendet sich dem Körper des kleinen Säuglings zu.»Keine schöne Arbeit! Weder für Polizei noch für uns! Dann wollen wir mal schauen, ob wir die Todesursache feststellen können. Haben wir Unterlagen aus der Klinik?«

Der Polizeibeamte KHK Jan Maschmann berichtet kurz, was die Ärzte im Klinikum mitgeteilt haben:»Die Kindsmutter soll den Ärzten gesagt haben, dass an dem Tag alles wie immer gewesen sei, es gab keine Auffälligkeiten. Sie habe den Kleinen nach dem Trinken zum Mittagsschlaf in Bauchlage in das elterliche Bett gelegt, danach das Zimmer wiederholt betreten, alles sei in Ordnung gewesen. Als das Baby später schrie, habe sie das Fläschchen fertiggemacht und den Kleinen zunächst gewickelt, und ihn von der Bauch- in die Rückenlage zurückgedreht. Plötzlich soll der Kleine nicht mehr reagiert, die Augen geschlossen gehalten und vereinzelt nach Luft geschnappt haben. Vor seinem Mund habe sich Erbrochenes befunden. In der Klinik wurden Zeichen einer schweren bis schwersten Hirnschädigung festgestellt. Man vermutet ein Schütteltrauma.«

In der Obduktion sind äußere Verletzungen nicht feststellbar. Erste Hinweise zur Todesursache ergeben sich bei Untersuchung des Gehirns. Der Obduzent Prof. Grennberger erklärt den Beamten: »Das Gehirn ist massiv wässrig geschwollen mit hochgradiger Erweichung des Gewebes. Es zeigen sich massive frische Unterblutungen der harten Hirnhaut und auch beider Sehnerven sowie Unterblutungen des Rückenmarkkanals.« Er diktiert: »An beiden Augäpfeln sind im Bereich der Sehnerven große frische Einblutungen zu sehen, die sind so kräftig, dass das Kind dadurch erblindet ist. Im Rückenmarkskanal und unter der Rückenmarkshaut befinden sich weitere massive Einblutungen.« Der Obduzent deutet in den Schädel: »Das hier sind frische Einblutungen in die Knochenhaut des Hinterhaupts. Da erfolgte ein Schädelanprall. Alle Verletzungen lassen sich zwanglos mit einem Schütteltrauma in Einklang bringen.«

Arzt und Polizisten streifen die Kittel ab und verlassen mit den Beamten den Saal. Der Rechtsmediziner fasst das Ergebnis in wenige Worten zusammen: »Wir können festhalten, Todesursache ist ein Hirntod infolge Schütteltrauma sowie Zustand nach protrahierter Reanimation!« Während der Obduktion wurden zahlreiche Lichtbilder gefertigt. Es folgt eine neuropathologische Untersuchung des Gehirns, auf das Ergebnis müssen die Ermittler mehrere Wochen warten.

Der Neuropathologe Prof. Dr. Gerhard Risch erklärt später in der Hauptverhandlung:»Die Gehirnwindungen sind durch die extreme Hirnschwellung teilweise nicht mehr feststellbar. Im Bereich des oberen Rückenmarks ist es zu Zerreißungen der Nervenstränge gekommen.

Während die Kripo im Heimatort Kontakt zur Familie aufgenommen hat, erreicht sie ein Anruf aus dem Klinikum:»Wir haben gerade festgestellt, dass auch der ältere Sohn Pascal im Alter von 5 Monaten bei uns in Behandlung gewesen ist wegen des Verdachts einer Schädelfraktur.«

Die Eltern machen zunächst beide Angaben vor der Polizei. Mama Lina Grassberg erzählt:»Die Schwangerschaft mit Kevin war komplikationslos. Kevin ist zwei Wochen vor dem errechneten Termin spontan zur Welt gekommen. Als ich mit Kevin aus der Klinik nach Hause kam, hat Pascal schon durchgeschlafen. Kevin war kein anstrengendes Baby, nein, wirklich nicht! Er hat sich nachts zwei- oder dreimal bemerkbar gemacht und dann das Fläschchen bekommen. Ich habe ihm von Anfang an das Fläschchen gegeben. Hebammenbetreuung hatte ich zu Hause nicht mehr. Kevin hat die Milch gut vertragen, keine Koliken gehabt.« Die Flasche habe er im Abstand von 3–4 Stunden bekommen.»In der Zwischenzeit hat er eigentlich geschlafen. Wenn Kevin wach war, dann haben wir uns mit den Kindern beschäftigt. Der Umgang zwischen Kevin und Pascal war von Anfang an problemlos.« Lina Grassberg schluchzt.

KHKin Ariane Kraft fragt nach, ob es nicht auch mal sehr anstrengend gewesen sei mit zwei so kleinen Kindern. Doch Lina Grassberg meint:»Ich hätts mir eigentlich ein bisschen stressiger vorgestellt, aber es war schon entspannt. Mit der Versorgung der Kinder habe ich mich mit meinem derzeit nicht berufstätigen Mann abgewechselt. Für die Kinder könnte ich mir keinen besseren Papa vorstellen! Er ist toll!« Lina Grassberg schießen nun hemmungslos die Tränen aus den Augen.

KHKin Ariane Kraft kann sich das alles so nicht wirklich vorstellen und hakt weiter nach.»Wie gestaltete sich der Tagesablauf?«

Lina Grassberg schluckt:»Richtige feste Regeln gab es im Tagesablauf nicht. Pascal hat sein eigenes Zimmer und schläft bis 8/9 Uhr morgens durch. Um 20 Uhr geht er wieder in das Bett. Kevin hat bei uns im Schlafzimmer in einem Reisebettchen geschlafen. Wenn ich Kevin fütterte, ist er nicht sofort wieder eingeschlafen, sondern ich habe ihn etwas auf dem Arm durch die Wohnung getragen. Nachts habe ich ihn nach dem Füttern in die Babywippe gelegt und etwa gewippt. Dann ist er auch schnell wieder eingeschlafen.«

Ob das Kind öfter Bauchweh gehabt und geweint habe?»Nein, Drei-Monats-Koliken waren kein Thema. Kevin war ein gesundes Kind. Mit Pascal war ich einmal im Krankenhaus, nachdem er beim Krabbeln mit dem Kopf gegen einen Schrank gestoßen ist. Dabei hat er eine Beule am Kopf erlitten. Weil die Beule schon größer war, hat unsere Kinderärztin uns in die Klinik eingewiesen zum Ultraschall. Es bestand der Verdacht einer Fraktur.«

KHKin Kraft fragt weiter nach:»Können Sie mir schildern, was an dem Tag passiert ist, als der Notarzt gerufen werden musste?«

»Nachts war Kevin nur ein bisschen unruhiger. Er hat eine Flasche bekommen und war danach noch ein bisschen zickig und nörgelig. Er wollte nicht einschlafen. Gegen 8/8.30 Uhr sind wir aufgestanden. Ich habe die Kinder fertiggemacht. Danach bin ich zwischendurch kurz in den Nachbarort gefahren. In dieser Zeit hat mein Mann auf die Kinder aufgepasst. Kevin hat geschlafen. Mein Mann hat mit Pascal mit Bällen gespielt. Als ich nach Hause kam, hat mein Mann sich umgezogen und ist zur Werkstatt gegenüber gegangen. Als er die Wohnung verließ, habe ich Pascal gerade das Essen fertiggemacht. Ich meine, dass es so kurz nach 13 Uhr gewesen sei. Pascal hat gegessen. Mein Mann hat mich noch über WhatsApp nach einer alten Holzleiter gefragt und wollte wissen, ob ich rüberkommen will. Weil Pascal aber übermüdet war, wollte ich nicht und mein Mann hat mir von der Leiter ein Foto geschickt. Sodann habe ich Pascal in das Bettchen gelegt. Wenige Augenblicke später schrie Kevin. Es war die passende Zeit für das nächste Fläschchen. Deshalb bin ich in die Küche gegangen und habe das Fläschchen zubereitet. Danach bin ich zu Kevin geeilt, habe ihn erst vom Ehebett genommen und ihn auf dem Bett gewickelt. Die Windel war gut voll. Kevin hat auf dem Rücken gelegen. Ich habe ihn ganz normal gewickelt, ihn dann auf den Bauch gedreht und von hinten die Kleidung gerichtet. Als ich Kevin zurück auf den Rücken drehte, lag er da plötzlich wie eine Puppe, hat sich nicht mehr bewegt, aus Nase und Mund lief etwas Milch, die sich als etwa handtellergroßen Flecken auf dem Lacken abbildete. Kevin hatte die Augen halb geöffnet. Als gelernte Altenpflegerin habe ich geschaut, ob da noch eine Pupillenreaktion sei. Ich habe die Augenlider hochgezogen. Aber da hat sich nichts bewegt. Kevin hat tief nach Luft geschnappt. Ich bin direkt zu meinem Mann zur Werkstatt gelaufen. Kevin habe ich auf dem Bett liegen lassen. Ich war total panisch, habe in der Werkstatt zu meinem Mann gesagt: Schatz, komm mal bitte. Mit Kevin stimmt was nicht! Er ist direkt in das Schlafzimmer gelaufen. Er hat Kevin angesprochen und mich aufgefordert, den Notruf abzusetzen. Weil ich mit seinem Handy nicht klarkam, hat er selber den Notruf abgesetzt. Er hat mich aus dem Schlafzimmer geschickt. Nun habe ich die Oma angerufen und die ist auch sofort gekommen.« Lina Grassberg schluchzt erneut.

Die Polizeibeamtin hält ihr vor, dass die Verletzungen nur durch ein massives Schütteln entstanden sein könnten. Ob sie sowas ihrem Mann zutraue? »Ich habe doch den Kevin nicht geschüttelt. Auch mein Ehemann hat die Kinder nie fester angefasst. Als Pascal damals in das Krankenhaus gekommen ist, war mein Mann in Haft und definitiv nicht zu Hause. Und als ich aus dem Nachbarort zurückkam, habe ich ja nach Kevin gesehen. Da lag er auf unserem Bett und hat ganz friedlich geschlafen. Die Decke hat sich über dem Kind hoch und runter bewegt. Auch habe ich Bewegungen des Kopfes wahrgenommen.«

Ob irgendwer mal in psychiatrischer oder psychologischer Behandlung gewesen sei: »Nein, weder ich noch mein Mann!«

Die Polizei durchsucht die Familienwohnung. Die Wohnung ist in einem aufgeräumten tadellosen Zustand. Leider sehen die Ermittler nicht selten verwahrloste und verdreckte Wohnungen, in denen auch kleine Kinder leben.

Binnen weniger Stunden werden die Ärzte im Klinikum und die Rettungskräfte vernommen.

Ekatharina Noranowa war als Notärztin vor Ort. »Die Kindesoma hat mich an der Haustür empfangen. Der Vater war dabei, die Herzmassage durchzuführen. Er war sprachlos und blass. Der Säugling zeigte im Elektrokardiogramm nur noch die sog. Nulllinie und war bereits bläulich verfärbt. Das Kind fühlte sich kalt an. Es dürfte schon 40 Minuten ohne Vitalfunktion gewesen sein. In der Zwischenzeit traf der Rettungshubschrauber ein und der weitere Notarzt hat bei der Reanimation geholfen. Ich habe vor dem Intubieren den Nasen-/Rachenraum abgesaugt. Nach der Reanimation sprach ich mit der Kindsmutter, die extrem gestresst und ganz hysterisch war. Sie hat mir berichtet, dass sie bei dem anderen Kind gewesen sei, als sie Kevin habe weinen hören. Bei Betreten des Schlafzimmers habe sie das Kind auf dem Bauch liegend vorgefunden. Die Windel des Babys sei sauber gewesen.«

Dr. Christine Krogmann hat den Säugling im Klinikum behandelt. »Das Gehirn des Kindes hat bereits bei den ersten Untersuchungen nicht mehr gearbeitet. Als ich die Eltern über den Zustand aufgeklärt habe, waren beide schockiert. Ich habe erklärt, dass der Leichnam obduziert werde. Die Mutter wurde ganz still, der Vater hat gesagt, er wolle nicht, dass das Kind aufgeschnippelt wird und ist direkt raus gestürmt.«

Karl Riemer war als Rettungssanitäter vor Ort. »Die Mutter war sichtlich fertig mit der Welt, wohingegen der Mann sehr ruhig und gefasst reagierte. Sie sagte, dass sie dem Kind eine Milchflasche gemacht und das Kind diese auch getrunken hat. Danach sollte das Kind schlafen. Sie sei dann rausgegangen und habe plötzlich das Kind schreien gehört, dann sei aber abrupt Ruhe gewesen. Sie sei aufgestanden und zu dem Kind gegangen, habe ihren Sohn auf dem Bauch liegend vorgefunden. Sie hat ihn umgedreht und dabei soll das Kind schon leblos gewesen sein.«

Michael Rettig wurde als Mitglied des Kriseninterventionsteams zugezogen. Er bekundet, dass er in der Wohnung der Eltern eingetroffen sei, als Kevin schon in der Klinik war. Er sei mit den Eltern in das Klinikum gefahren. Der Vater habe zunächst nicht in das Intensivzimmer gehen wollen, in dem Kevin lag. Der Kindsvater habe sehr markant reagiert, als die Ärztin mitgeteilte, dass die Kripo zugezogen und das Kind obduziert werden müsse. Er sei aufgesprungen, habe gesagt »Nein, jetzt habe ich schon mein Kind verloren und jetzt wird auch noch der Kopf aufgeschnitten!« und ziemlich aufgelöst die Klinik verlassen. »Ich habe die Kindsmutter gefragt, aber natürlich ganz vorsichtig. Sie hat mir davon berichtet, dass sie, also das jetzt nur sinngemäß, das Kind gefüttert hat und hinlegte zum Schlafen. Es war so, dass er wieder dran war für eine neue Mahlzeit. Er hatte sich auch gemeldet. Sie wollte ihn wohl hochnehmen und da war er schon leblos.«

Willy Weber war ebenfalls als Rettungssanitäter am Tatort. »Ich hatte sofort den Eindruck, dass das Kind schon länger tot war. Neben dem Kopf war eine Flüssigkeitslache. Das Kind war schon fast bläulich gewesen. Trotz der Gabe von 100 Prozent Sauerstoff ist es nicht wieder rosig geworden.«

Wegen der widersprüchlichen Angaben der Kindsmutter wird diese im Rahmen einer Beschuldigtenvernehmung vorläufig festgenommen. Am Folgetag erlässt der Ermittlungsrichter einen Untersuchungshaftbefehl gegen Lina Grassberg.

Die Polizei beschlagnahmt die Mobiltelefone des Paares. Die Ermittler staunen nicht schlecht, als sie sich mit den Nachrichten beschäftigen, die das Paar miteinander ausgetauschte. Lina Grassberg hat Videos aus dem Netz geladen zu folgenden Themen »Hab mein Baby weggegeben«, »Babyklappen in NRW auf, Baby reinlegen, Leben retten«, »Ich möchte mein Baby zur Adoption freigeben«, »Zweites Kind: Ganz schnell wieder schwanger«, »Wann nach der Geburt wieder fruchtbar?«. Unklar bleibt, wann sie die Videos heruntergeladen hat. Eines hingegen ist klar: Die Chatverläufe geben ein gänzlich anderes Bild auf die Familie, keineswegs das einer glücklichen Familie. Lina Grassberg schrieb etwa, dass Kevin »ein bisschen anspruchsvoller und nerviger« ist. In diesem Zusammenhang fragte sie ihren Mann: »Aber du liebst ihn trotzdem? Ich frage das einfach nur, weil du bei Pascal so ganz anders warst. Bei Kevin machst du irgendwie gar nichts.« »Echt schade, dass ich in letzter Zeit immer nur noch deine schlechte Laune abkrieg, obwohl wir beide weniger streiten wollten.« Beide machten sich wiederholt Gedanken darüber, warum Kevin so viel schreit, er drohte, dass nicht weiter mitzumachen. Sie schrieb ihm sogar: »Dann muss Kevin halt weg!«

Und auch seine Mitteilung macht die Situation deutlich: »Tut mir leid, aber ich kann es nicht mehr. Seit 7 Uhr heute Morgen nur noch Geschrei, das jeden Tag bis halb 1 haben wir es jetzt. Das jeden Tag. Die Beziehung leidet darunter. Und wir haben für uns nicht mal mehr 2 Minuten für einander da zu sein. Ich kann das nicht mehr. Geht einfach nicht.« Sie antwortete: »Ich weiß. Ich kann das auch so nicht mehr. Und ich will das auch nicht. Ich vermisse dich. Ich sage dir ZB, dass ich dich liebe und so. Und du ignorierst da alles. Stattdessen sagst du immer nur, dass du die Kinder abgeben willst und kp was noch... (kp = kein Plan)«. Und noch etwas ergibt sich aus den Chats:

Knapp drei Wochen vor Kevins Tod hat der Kindsvater seine medizinisch-psychologische Untersuchung zur Wiedererlangung des Führerscheins nicht bestanden, was eine Verschlechterung der Stimmung der Eheleute zur Folge hatte.

Die Daten am Tattag belegen, dass Lina Grassberg tatsächlich um 10 Uhr im Nachbarort war. Um 13.08 Uhr hat der Kindsvater ihr ein Bild von einer Leiter draußen geschickt, sodass er da offensichtlich nicht mehr in der Tatwohnung war. Zwischen 13.08 Uhr und 13.38 Uhr schrieben beide miteinander, sodass sich die Tatzeit weiter eingrenzen und auch belegen lässt, dass zur tatrelevanten Zeit nur die Kindsmutter Zugriff auf Kevin hatte.

Die Beschuldigte wird psychiatrisch begutachtet, um zu klären, ob sie zur Tatzeit voll schuldfähig war. Der Gutachter sucht Lina Grassberg mehrfach in der JVA auf. Zunächst erzählt sie ihm, dass Kevin anfangs nicht geschrien, sich nur bemerkbar gemacht habe, weshalb sie zu ihm gegangen sei und ihn wickelte. »Dabei drehte ich ihn zeitweise auf den Bauch, um den korrekten Sitz der Windel zu prüfen. Als ich ihn dann zurück auf den Rücken legte, hat Kevin nicht mehr reagiert. Er verdrehte die Augen total und gab ganz komische Atemgeräusche von sich. Nun habe ich ihn in Panik zweimal geschüttelt, damit er wieder wach wird. Ich habe die Augenlider hochgenommen, aber da war keinerlei Pupillenreaktion mehr. Dann bin ich zu meinem Mann gelaufen.« Als der Psychiater ihr vorhält, dass laut der rechtsmedizinischen Befunde die Reihenfolge anders gewesen sein müsse, räumte sie ein: »Ich weiß nicht, ob ich in der Situation überfordert oder mich einfach alleine gefühlt habe. Es war einfach so, als wenn sich ein Schalter umgelegt hat. Dabei liebe ich doch eigentlich meine Kinder. Tatsächlich habe ich Kevin erst geschüttelt und er hat nicht mehr reagiert, ehrlich, das ist jetzt wirklich die Wahrheit!«

Die Ermittlungen ergeben auch, dass Lina außerhalb ihrer Beziehung zu ihrem Ehemann und den Kindern kaum soziale Kontakte hatte oder wahrnahm. Selbst zu ihrer eigenen Familie hatte sie die Kontakte aufgegeben, nachdem es zwischen ihren Eltern und dem Ehemann zu Spannungen gekommen war.

Die Staatsanwältin Dr. Katharina Linnemann klagt Lina Grassberg wegen Totschlags an.

In der Hauptverhandlung im März 2019, knapp 5 Monate nach der Festnahme, macht der Kindsvater von seinem Zeugnisverweigerungsrecht Gebrauch. Der Verteidiger wirft der Staatsanwältin und dem Vorsitzenden Volker Sander Befangenheit vor. Die Stimmung ist gereizt. Bei der Befragung der rechtsmedizinischen Sachverständigen wird deutlich, dass es mindestens zwei Gewalteinwirkungen auf Kevin gegeben haben muss, wobei eine mindestens 7 Tage vor dem Todestag lag. Denn: Diese erste Gewalteinwirkung hatte zwar keine äußeren Verletzungen zur Folge, aber das Gehirn wurde nicht unerheblich verletzt.

Es kam zu Einblutungen in die Hirnhaut und diffusen Veränderungen in einigen Hirnarealen dergestalt, dass sich vermehrt mikroskopisch nachweisbare sogenannte Stützzellen bildeten. Sofern dadurch neurologische Folgen verursacht wurden, waren diese jedenfalls nicht so stark, dass sie für einen medizinischen Laien wahrnehmbar gewesen wären. Ob das Kind bereits damals geschüttelt wurde und wer die Schäden verursacht hat, blieb indes unklar. Eine Ausbildung von Stützzellen in dem hier festgestellten Maße nehme mindestens sieben Tage in Anspruch. Die am Tattag verursachten Hirnschäden seien aber so massiv gewesen, dass es durch das Anschwellen des Gehirns und den dadurch erhöhten Hirndruck im Schädel sowie den Zerreißungen wesentlicher Nervenachsen zu irreparablen Beeinträchtigungen des Atemapparats gekommen sein muss. Rechtsmedizinisch und neuropathologisch stehe eindeutig fest, dass am Tattag durch ein heftiges Schütteln der Tod verursacht worden ist, nachdem bereits mindestens 7 Tage zuvor Gewalt ausgeübt wurde, die zu einer Hirnblutung führte.

Nach 10 Verhandlungstagen wird Lina Grassberg im Juni 2019 wegen Totschlags zu einer Freiheitsstrafe von 7 Jahren verurteilt. Die Kammer ist davon überzeugt, dass die Angeklagte den kleinen Kevin massiv geschüttelt hat um dessen Geschrei zu beenden, wobei ihr bewusst war, dass eine solche Handlung zu schwersten Verletzungen bis hin zum Tode führen kann und Lina Grassberg diese Folgen mindestens billigend in Kauf genommen hat, dies gilt insbesondere vor dem Hintergrund ihrer Ausbildung als Altenpflegerin. Die Kammer folgt dem psychiatrischen Sachverständigen dahingehend, dass es keine Anhaltspunkte für eine eingeschränkte oder gar aufgehobene Schuldfähigkeit zur Tatzeit gibt, wenngleich der Sachverständige Besonderheiten in der Person der Angeklagten festgestellt habe, nämlich Harmonisierungstendenzen und den Wunsch, Konflikte zu vermeiden. Ausgeprägtes Wunschdenken sei zwar vorhanden, hingegen mangele es an ausreichend Realitätsplanungen. Dabei sei sie auffallend affektiv flach, sie neige dazu, durch aufgesetztes Weinen ihr Erleben dramatisieren zu wollen. Zusätzlich würden sich Zeichen einer histrionisch und abhängig akzentuierten Persönlichkeit finden, ohne dass diese den Schweregrad einer Persönlichkeitsstörung erreichen.

Schütteltrauma bei Säuglingen und Kleinkindern – bei Säuglingen und Kleinkindern ist der Kopf im Verhältnis zum Körper relativ schwer. Da die Nackenmuskulatur noch nicht kräftig genug ausgebildet ist, kann der Kopf zunächst nicht selbständig gehalten werden. Bei abrupten Bewegungen pendelt er ungeschützt nach vorne, nach hinten und zu den Seiten. Jeder Mensch, der schon einmal ein Baby auf dem Arm gehalten hat, weiß, dass das Köpfchen sehr sorgfältig gehalten, unterstützt und geschützt werden muss.

Man darf einen Säugling niemals schütteln, auch wenn er noch so laut schreit. Infolge der Massenträgheit des Gehirns resultieren bei Beschleunigungsbewegungen des Kopfes erhebliche Zug- und Schwerkräfte im Schädelinneren. Es entstehen Zerreißungen von Blutadern, die die Hirnoberfläche und die harte Hirnhaut verbinden. Aus dem Zerreißen der Blutgefäße unterhalb der harten Hirnhaut entsteht eine gefährliche Blutung (medizinischer Fachausdruck: subdurales Hämatom). Zugleich resultieren starke Verschiebungskräfte innerhalb der Hirnsubstanz. Das so beschädigte Hirngewebe reagiert mit der Entwicklung einer Hirnschwellung, einem Hirnödem.

Dieses kann insbesondere bei kleinen Kindern innerhalb kurzer Zeit den Eintritt des Todes verursachen (malignes Hirnödem). Für Hirnverletzungen und -blutungen wird in einigen Fällen auch ein zusätzliches stumpfes Anstoß-Trauma (»impact«) verantwortlich gemacht.

Bei einem Schütteltrauma kommt es häufig zu Erbrechen, Übererregbarkeit, Lähmungen, epileptischen Anfällen sowie Netzhaut- und Glaskörpereinblutungen, Linsendislokation, Netzhautablösungen am

Auge und Schädigungen der Sehnerven. Speziell ist darauf hinzuweisen, dass die verletzten Kinder bei einem relevanten Schütteltrauma sofort symptomatisch werden. Auch wenn diese Symptome in ihrer Ausprägung variabel sind, ist ein geschüttelter Säugling niemals primär unauffällig.

Bei einem Schütteltrauma handelt es sich nicht um ein kurzes Hin- und Herpendeln des ausnahmsweise nicht sorgfältig gehaltenen Kopfes. Wenn in der Rechtsmedizin oder in der Kinderklinik beispielsweise bei einem schwerkranken, bewusstlosen Kind die Diagnose eines Schütteltraumas gestellt wird oder wenn dies bei einem toten Kind geschieht, dann kann man davon ausgehen, dass jeder medizinische Laie sofort erkannt hätte, dass das Kind durch das brutale Hin- und Herschütteln sehr schwer verletzt wird und somit Lebensgefahr besteht.

Das gewaltsame Schütteln eines Säuglings oder Kleinkindes ist äußerlich oft nicht nachzuweisen.

Unter Umständen finden sich bei der Untersuchung Kratzer, Schürfungen, Hautquetschungen und Druckmarken von den Fingern der schüttelnden Person.

Über die Häufigkeit des Schütteltraumas bei Säuglingen wird spekuliert. Vermutlich ist dieser Verletzungsmechanismus viel häufiger als landläufig angenommen. Die Babys können nicht erzählen, was ihnen widerfahren ist. Die Eltern bzw. die Täter sind nicht einsichtig beziehungsweise geständig. Von kinderärztlicher Seite erfolgt unter Umständen keine gezielte Untersuchung zur Diagnosestellung, da die Betreuungspersonen versuchen, das Problem zu vertuschen. Bekanntlich wird in fast keinem anderen medizinischen Bereich so viel gelogen wie bei Kindemisshandlung.

Die Sicht der forensischen Psychiaterin

Schwere Gewalttaten von Frauen betreffen in erster Linie Opfer im unmittelbaren familiären Umfeld und damit besonders häufig Kinder. Gewalt von Frauen an ihren Kindern umfasst vor allem Kindesmisshandlung, Kindstötung und auch das Münchhausen-by-proxy-Syndrom, bei dem Mütter ihre Kinder körperliche Schäden zufügen, um dann besondere Aufmerksamkeit im medizinischen Hilfesektor zu erhalten und sich als besonders besorgte Mutter eines an unklaren Symptomen leidenden Kindes zu präsentieren. Mittlerweile rückt bei der Gewalttätigkeit von Frauen gegen Kinder auch zunehmend das Thema des sexuellen Kindesmissbrauchs in den Fokus der Aufmerksamkeit, ein Deliktbereich, der über lange Jahre fast automatisch nur männlichen Tätern zugeschrieben wurde. Für alle Verfahren mit schwerer Kindesmisshandlung bzw. Kindstötung gilt, dass sich die Atmosphäre in den Gerichtssälen von jener, anderer Verfahren, auch in nicht minder schwerwiegenden Fällen von Gewalt, unterscheidet. Es sind solche Fälle, in denen nicht selten gestandene Polizeibeamten als Zeugen vor Gericht zu weinen anfangen.

Fälle wie diese entwickeln sich immer wieder aus bestimmten Mustern und Risiko-Konstellationen. Ausgangspunkt ist, dass ein Paar sich nur wenig Gedanken darüber macht, ob eine gemeinsame Elternschaft wirklich auf einer tragfähigen Basis beruht und ob beide Partner miteinander für diese Verantwortung bereit sind. Wenn man später im Rahmen von Gutachten mit den Frauen spricht, wird oftmals klar, dass neben der mangelhaften Verantwortung des Paares in Bezug auf Verhütung eine oberflächliche, fast werbefilmartige Vorstellung von heiler Familie gepflegt wurde und sich beide Personen in gar keiner realistischen Weise darüber im Klaren gewesen sind, was die Übernahme einer Elternschaft bedeutet, welche Zuwendung, welche bedingungslose Fürsorge ein Säugling erfordert, welche Veränderungen es gerade auch in der ersten Zeit in Bezug auf die Partnerschaft und gemeinsame Intimität geben wird und wie stark die Bedürftigkeit eines Säuglings und Kleinkindes den Alltag des bislang kinderlosen Erwachsenen prägen wird. Hinzu kommen dann noch Besonderheiten im Umgang mit dem Kind, das als ein Lebewesen mit ganz eigenen Eigenschaften und Anforderungen in die Welt tritt. Ein Kind ist ruhig und auch leicht zu beruhigen. Ein anderes bringt als sog. Schreikind die Eltern zur Verzweiflung. In wieder anderen Fällen entsteht der deutliche Eindruck, dass das Kind sehr feinfühlig auf die unterschwellige Ablehnung und Ambivalenz der Eltern reagiert und so ein Teufelskreis entsteht. Eine spezifische Psychopathologie von Eltern, die ihre Kinder misshandeln oder töten, gibt es nicht, aber es gibt Hinweise darauf, dass misshandelnde Eltern Gesichtsausdrücke ihrer Kinder schlechter erkennen und falsch deuten. Misshandelnde Mütter reagieren bei Videobändern von schreienden Säuglingen und sogar bei lächelnden Säuglingen mit mehr Stress und Aversion als Kontrollgruppen. Das Lächeln eines Kindes wird als Verhöhnung gewertet, Nahrungsverweigerung als persönliche Zurückweisung. Die Misshandlung des Kindes erfolgt aus einer narzisstischen Kränkung, Wut und Ohnmachtserfahrung der Eltern heraus, sei es der Kindsvater oder die Kindsmutter. Ein ganz besonderes Risiko für tödliche Gewalt gegen Säuglinge und Kleinkinder entsteht, wenn die Kindsmutter sich mit einem hochgradig gewaltbereiten Partner verbindet und die Unterordnung unter den Partner aus Angst – und auch aus der Sorge vor einem neuerlichen Allein-Sein – dazu führt, dass sie nicht nur der Gewalt gegen das eigene Kind nichts mehr entgegensetzt, sondern mitunter sogar durch bewusstes Alleinlassen des Kindes mit dem Gewalttäter auf indirekte Weise aktiv dazu beiträgt, dass das Kind getötet wird bzw. an den Folgen schwerer Misshandlung stirbt.

Bei der Kindstötung als direkte Tötungshandlung ohne vorangegangenes Martyrium unterscheidet man zwischen dem Neonatizid, also der Tötung des Neugeborenen innerhalb von 24 Stunden nach der Geburt, dem Infantizid als Tötung eines Kindes bis zum Alter von 1 Jahr und den Filizid als Tötung von Kindern, die älter als ein Jahr sind. Die Tötung von Neugeborenen wird fast ausschließlich von Frauen begangen. Die Zahlen sind in Deutschland seit den 50er Jahren rückläufig, denn es gibt mittlerweile keinen gesellschaftlichen Statusverlust mehr durch die Geburt unehelicher Kinder. Neben der Tötung des unerwünschten Kindes beim Neonatizid, gibt es auch psychotische Motive oder z. B. Kindstötung aus Rache am Partner (Medea-Motiv), die Tötung von Kindern mit Behinderungen, pseudoaltruistische Tötungen, um dem Kind irgendein reales oder wahnhaft angenommenes Schicksal zu ersparen, oder auch Tötungen im Rahmen des Drogenrausches der Eltern. In der forensischen Begutachtung von Frauen spielen neben Misshandlungsfolgen vor allem Tötungen aus der Überforderung mit dem Alltag eine Rolle. Neben der im Vorfeld unkritischen Auseinandersetzung mit der eigenen möglichen Mutterschaft und den faktischen Anforderungen an die Mutterrolle spielen auch Persönlichkeitsakzentuierungen oder gar Persönlichkeitsstörungen eine Rolle. Impulsdurchbrüche kommen hier ebenfalls vor. Das Risiko ist bei sehr jungen, allein erziehenden Müttern besonders hoch. Gelegentlich besteht die Angst, dass der Partner die junge Mutter wegen des Kindes verlässt. Die Tötung erfolgt im Grunde aus dem Motiv, den Weg für die vermeintlich »ungestörte« Partnerschaft wieder frei zu machen. Eine weitere Besonderheit, auf die auch dieser Fall anspielt, ist der Umstand, dass es ein Problem mit dem Dunkelfeld gibt, weil verheimlichte Schwangerschaften naturgemäß dazu führen, dass gar kein Kind vermisst wird oder aber den Rettungskräften ein sog. sudden infant death syndrom, kurz SIDS, vorgespielt wird. Auch Lina versuchte zunächst eine Geschichte vom spontanen Versterben des Kindes zu erzählen und der Kindsvater reagierte aggressiv auf die Ankündigung, dass das Kind obduziert werden müsse. So belastend die Vorstellung für Angehörige grundsätzlich sein mag, so wichtig sind Obduktionen jedoch, um die Dunkelziffer unerkannter Tötungsdelikte zu senken.

Die Aufgabe von forensisch-psychiatrischen Sachverständigen ist auch hier, die Tat zunächst einmal vor dem Hintergrund der Persönlichkeit und des psycho-sozialen Milieus der Täterin einzuordnen, die Dynamik der Paarbeziehung zu beschreiben, zu klären, ob bei sehr jungen Müttern ggf. noch das JGG anzuwenden sein könnte, weil die Kindsmutter noch mehr einer Jugendlichen gleicht, ob eine psychische Störung vorliegt oder ob letztlich von der Person erwartet werden konnte, dass sie sich auch bei belastenden oder fordernden Situationen, die die Fürsorge für ein Kind mit sich bringt, hätte in ihren Impulsen steuern können müssen. Die Vorstellung, ein Handlungsimpuls an sich sei bereits Begründung genug für eine Schuldfähigkeitsminderung, ist falsch. Es geht darum, ob eine Person infolge einer schwerwiegenden psychischen Störung vermindert befähigt ist, ihre Handlungsimpulse zu kontrollieren und zu steuern. In diesem Falle kam hier noch hinzu, dass es einen Chat-Verlauf gab, der deutlich machte, dass die Mutter ihre Überforderung sehr wohl wahrgenommen hatte und daher im Vorfeld sich hätte Hilfe holen müssen. Daher ist auch gut nachvollziehbar, dass hier eine volle Schuldfähigkeit angenommen wurde.

Jagdunfall

Kreisstadt N., knapp 32.000 Einwohner
März 2020

An einem Märzabend 2020 gegen 19.07 Uhr lässt ein lauter Knall zwei Rehe in der Nähe des Mühlenbachgrunds erschrecken. Beide springen ab und rennen in Windeseile in das nahe Dickicht.

Der 67jährige Friedrich Herrmann, ein leidenschaftlicher Jäger, hat seine doppelläufige Bockbüchsflinte mit dem Zielfernrohr, dessen Vergrößerungsverteilring er auf 10 hat einrasten lassen, angelegt, das Ziel visiert und abgedrückt. Noch geht der Puls. Friedrich Herrmann weiß, dass dort, wo er das Ziel visiert hat, ein Nutriabau liegt. Die Nutria haben sich in den letzten Jahren explosionsartig vermehrt und bedrohen immer mehr die Deiche.

Friedrich Herrmann ist einer von drei Jagdpächtern des Reviers am Mühlenbachgrund. Jagdfreund Siegfried Bussbach ist hauptberuflich Bauer, sein Hof liegt wenige hundert Meter entfernt, Günther Seifert ist Rentner und wohnt direkt an der Küste. Auf Siegfrieds Hof arbeiten dessen Sohn Holger Bussbach und der 43jährige Pole Jakub Graschnewski, die jeweils beide sogenannte Begehungsscheine erhalten haben, um auch in diesem Revier zu jagen. Eigentlich ist es Usus, dass die Jäger einander eine kurze Nachricht schreiben, damit alle Bescheid wissen, wer wann wo jagt. Dies ist insbesondere nachts wichtig, wenn man den Hochsitz verlässt und im Dunkeln sich zurück zum Fahrzeug begibt. Wer will schon mit einem kapitalen Hirsch oder gar Wildschwein verwechselt und erschossen werden? Friedrich Herrmann hat sich heute aber spontan zum Jagdglück entschlossen. Eigentlich wollte er nur eine kleine Revierfahrt unternehmen, mal schauen, wo die Rehe bei Sonnenuntergang äsen. Aber als er die Bewegung am Nutriagraben wahrnimmt, ist der Jagdinstinkt geweckt.

Friedrich Herrmann ist zufrieden, geht davon aus, dass er auf die Entfernung anständig getroffen hat. Er weiß, dass das Zielfernrohr nicht ideal eingestellt war, aber er ist ein guter Schütze. Um die Beute zu begutachten, begibt er sich am Graben entlang etwa 100 Meter Richtung Horizont. Fast ist die Sonne untergegangen. Friedrich hat das letzte Büchsenlicht für sein jagdliches Glück genutzt.

Als er dem mutmaßlichen Nutria näher kommt, beschleunigt Friedrich Herrmann instinktiv seinen Schritt, der Puls beginnt zu rasen. »Um Gottes Willen! Was habe ich bloß getan?« Er reißt die Waffe von der Schulter und wirft sie ins Gras, beugt sich über Jakub. »Jakub, nun sag doch was!« Doch Jakub kann nicht mehr sprechen. Im Bereich des Herzens hat sich eine riesige Blutlache auf dem Tarnanzug ausgebildet. Friedrich Herrmann schießen die Tränen in die Augen. Er zieht sein Handy aus der Jackentasche und setzt um 19.20 Uhr einen Notruf ab. »Hallo? Hier ist Friedrich Herrmann, ich habe auf einen Kollegen geschossen.«

Friedrich weiß, dass Jakub Graschnewski in der Vergangenheit leidenschaftlich und oft im Revier gepirscht hat. Er hat gerne abends nach der Tätigkeit auf dem Hof seine Camouflage-Kleidung angezogen, die Flinte des Siegfried geliehen und ist in das Revier gegangen, dort zu Fuß am Graben entlang, mucks Mäuschen still, ohne die Wildtiere zu erschrecken, stets in der Absicht, sich geräuschlos anzuschleichen und dann Beute zu machen. Dabei führte er auch immer die hölzerne Gewehrstütze mit, um beim Zielen das Gewehr darauf ablegen zu können.

Aber wie bloß konnte er den fast 1,90 großen und kräftigen Jakub mit einem Nutria verwechseln?

Um 19.32 Uhr ist die Polizei vor Ort. Inzwischen ist es stockdunkel. Die Polizei findet den Leichnam des Geschädigten in Bauchlage an der Böschung des Gewässers. Neben dem Toten liegt dessen Flinte sowie eine Gewehrstütze aus Holz. Der Beschuldigte gibt vor Ort gegenüber der Polizei an, derjenige zu sein, der geschossen habe. Er sei Pächter des besagten Jagdreviers. Der Beschuldigte wird vor Ort über seine Rechte belehrt. Er teilt mit, die benutzte Bockbüchsflinte in seinem Pkw eingeschlossen zu haben. Daraufhin wird die Waffe nebst Munition sichergestellt. Ein um 20:25 Uhr durchgeführter Atemalkoholtest ergibt eine Atemalkoholkonzentration von 0,00.

Die Staatsanwältin Dr. Katharina Linnemann wird am nächsten Morgen informiert. Vorsätzliches oder fahrlässiges Tötungsdelikt? Ist der Fall ein Kapitaldelikt? Die Staatsanwältin beantragt die Anordnung der Obduktion. Die Untersuchungen im Rahmen der Obduktion ergeben, dass das Opfer nicht etwa durch einen Querschläger, sondern unmittelbar erschossen wurde. Die Kugel trat im Bereich der dritten Rippe in den Körper ein, durchschlug Lunge und Herz. Demzufolge ist von einem sofortigen Todeseintritt auszugehen. Das Opfer war weder von Größe noch von Statur mit einem Nutria zu verwechseln. Ein Nutria ist maximal 15 kg schwer und klein, das Opfer hingegen hatte eine Größe von 1,89 m und wog 112 kg.

Kurz vor Eintreffen der Polizei informierte Friedrich Brockmann die Kollegen.

Die Mitpächter berichten später der Polizei, dass der Beschuldigte sie kurz nach der Schussabgabe über den Jagdunfall informierte. Er teilte mit, dass er wohl auf den Geschädigten geschossen habe.

Beide bestätigen, dass der Verstorbene immer, wenn er zur Jagd gegangen sei, Camouflagekleidung getragen habe. Einer der Mitjäger sagt aus:»Friedrich schilderte, dass er von der Straße weggegangen ist in Richtung Nutriabau. Dort hat er ein paar Rehe wahrgenommen, die wegliefen.« Er habe»trotzdem noch etwas im Bereich des Nutriabaus wahrgenommen, hinter dem Baum und dachte dann wahrscheinlich, das war ein Nutria.«Auf die Frage, ob der Beschuldigte gesagt habe, auf was er dachte zu schießen:»Er glaubte, es wäre ein Nutria!« Er denke, dass der Beschuldigte erzählt habe, dass er sich auf den Nutria entlang des Grabens zubewegte. »Ich meine, er hätte gesagt, das waren ein paar Schritte von der Straße weg.«

Die Anrufe konnten auf der Anrufliste im Mobiltelefon des Friedrich nachvollzogen werden.

Aus den Daten des Aktivitätstrackers des Handys und der Verbindungsdaten des Beschuldigten ergibt sich Folgendes: Am Tatabend bewegte sich der Beschuldigte im Zeitraum 18:48 bis 19:07 Uhr nicht laufend, vielmehr noch mit dem PKW fahrend. Demzufolge muss er den Schuss nach dem letzten Büchsenlicht abgegeben haben, denn erst um 19:07 bis 19:26 Uhr verzeichnet der Tracker Aktivität. In diesem Zeitraum legte der Beschuldigte 420,38 Meter bzw. 619 Schritte zurück. Ab 19:07 Uhr war es bereits so dunkel, dass ein Ziel nicht mehr sicher anzusprechen war.

Die Polizei nimmt am Folgetag den Tatort in Augenschein. Es werden Bilder vom Tatort und von dem vermeintlichen Standort des Beschuldigten zum Zeitpunkt der Schussabgabe sowie von der Position des Opfers gefertigt. Auf die Entfernung ist bei letztem Büchsenlicht kaum etwas zu erkennen, schon gar nicht ein Nutria sicher anzusprechen. Nach dem letzten Büchsenlicht, also nach 19:07 Uhr, ist auf größere Entfernung gar nichts mehr zu erkennen. Darüber hinaus gab es in Schussrichtung des Opfers (aus Sicht des Schützen) keinen sicheren Kugelfang, sondern dort war lediglich offenes Feld.

Im August 2018 findet die Hauptverhandlung statt. Herrmann muss sich wegen fahrlässiger Tötung vor dem Amtsgericht verantworten. Die Familie des Getöteten ist aus Polen angereist und betritt in Trauerkleidung den Sitzungssaal.

Nachdem die Staatsanwältin Dr. Linnemann die Anklage verlesen hat, belehrt der Vorsitzende Erik Grahlmann den Angeklagten darüber, dass er keine Angaben machen müsse. Der Angeklagte berichtet dennoch mit zittriger Stimme, was passiert ist, räumt ein, dass er möglicherweise lediglich eine Bewegung am Graben wahrgenommen und auf diese Bewegung geschossen habe in der festen Überzeugung, auf ein Nutria zu schießen.»Stattdessen tötete ich tatsächlich einen Jagdfreund. Ich bin darüber tief erschüttert, habe mein Hobby aufgegeben, mich freiwillig von allen Waffen getrennt.«

Der Verteidiger Lars Kachelmann präsentiert dem Gericht diverse Orden:»Diese Orden sind meinem Mandaten verliehen worden für seine besonderen Dienste zugunsten der Allgemeinheit. So hat er u. a. die Rettungsarbeiten nach dem Zugunglück in Eschede mit koordiniert.«

Am Ende einer umfangreichen Beweisaufnahme, in der auch ein Sachverständiger der Berufsgenossenschaft zu etwaigen jagdlichen Sorgfaltspflichten angehört wird, Staatsanwältin und Verteidiger plädiert haben und der Angeklagte in seinem letzten Wort noch einmal darauf hingewiesen hat, wie leid ihm das alles tue, zieht sich das Gericht über eine Stunde zur Beratung zurück.

Als das Gericht in den Saal zurückkehrt und sich alle Anwesenden von ihren Plätzen erhoben haben, verkündet der Vorsitzende Erik Grahlmann das Urteil:»Im Namen des Volkes! Der Angeklagte ist der fahrlässigen Tötung schuldig. Gegen ihn wird eine Freiheitsstrafe von 10 Monaten verhängt. Die Vollstreckung der Strafe wird zur Bewährung ausgesetzt. Der Angeklagte trägt die Kosten des Verfahrens und die notwenigen Auslagen der Nebenklage. Seine Auslagen werden nicht erstattet.«

Nachdem alle Platz genommen haben, begründet der Vorsitzende die Entscheidung und auch, warum man nicht, wie von der Staatsanwältin beantragt, eine Freiheitstrafe von einem Jahr verhängt habe. Zum Tatvorwurf resümiert der Richter:»Aus ca. 100 Meter schoss der Angeklagte freihändig in Richtung der Stelle, an der er an der Kante zum dortigen Wassergraben eine Bewegung wahrgenommen hatte. Dabei wusste er, dass die Zielfernoptik auf eine 10fache Vergrößerung eingestellt war und dass er, um bei den vorliegenden Lichtverhältnissen ein klares Ziel erkennen zu können, die Optik auf eine 6fache Vergrößerung hätte verändern müssen. Zudem wusste er, dass ein freihändiger Schuss bei einem Ziel dieser Größe, der Entfernung und der schlechten

Lichtverhältnisse schwierig war. Er schoss jedoch entgegen dieser Erkenntnisse und in dem Bewusstsein, dass er gegen die geltenden Unfallverhütungsvorschriften verstieß.« Anders als die Feststellung der Tat sei die Frage, welche Strafe tat- und schuldangemessen sei, aus Sicht des Gerichts schwierig. Der voll umfänglich geständige und strafrechtlich nicht vorbelastete Angeklagte habe aufgrund eigener Schuld einen Jagdfreund verloren, der an diesem Abend entgegen der sonstigen Übung dem Angeklagten nicht mitgeteilt hatte, dass er in dem Revier pirschen wird, weshalb der Angeklagte davon ausging, dass er alleine auf der Jagd sei. »Er hat sofort den Notruf abgesetzt, sich um Rettung bemüht und sich gegenüber der Polizei umgehend als Schütze zu erkennen gegeben. Der Angeklagte ist Beamter und würde mit einer Verurteilung zu einer Freiheitsstrafe von 12 Monaten oder gar mehr seine gesamten Versorgungsansprüche verlieren. Dies wäre angesichts des Augenblicksversagens, das zu den furchtbaren Folgen geführt hat, nicht mehr angemessen. Der Angeklagte ist – und davon haben wir uns in dieser Hauptverhandlung überzeugen können – als Folge dieses Jagdunfalls ein gebrochener Mann. Er bereut zutiefst. Er ist auf eigene Veranlassung in den vorzeitigen Ruhestand gegangen, ist nicht mehr als ehrenamtlicher Richter im Jagdgebrauchshundeverband tätig, selber seit der Tat in psychologischer Behandlung und hat seinen Jagdschein zeitnah freiwillig zurückgegeben und sich mit dem Verkauf aller Waffen und der Einziehung der Tatwaffe einverstanden erklärt.«

Die Sicht der forensischen Psychiaterin

Als forensischer Psychiater gibt dieser Fall »nichts her«, wie man so sagt. Das Gericht kam zu dem Ergebnis eines tragischen Jagdunfalls. Und auch wenn man bei der Bemerkung, dass das Opfer 112 kg wog und knapp 13mal größer als ein Nutria war, so spricht jetzt in diesem Falle tatsächlich auch der gesamte andere Kontext für einen Unfall. Aus der

Tatsache, dass eine Person eine andere erschießt und sodann gleich die Polizei anruft und mit einer passenden Geschichte aufwartet, kann man noch keine kriminologische Entwarnung geben und auch forensisch – psychiatrisch könnte es sich um einen manipulativ begabten, sozial wendigen Mann handeln, der seine ganz eigenen Tatabsichten hatte und sich dann geschickter Weise die Variante des Jagd-Unfalls zurechtgelegt haben könnte. Aber die gesamten kriminalistischen Ermittlungen im Tatumfeld führten weder zu einem Konflikt oder irgendeiner kriminellen Verstrickung von Täter und Opfer. Der mittlerweile 67 Jahre alte Jäger Friedrich Herrmann war ein sozial völlig integrierter, engagierter Bürger, ohne Vorstrafen sowie ohne antisoziale Verhaltensbereitschaft.

Selbst für die Freunde abwegiger kriminologischer Erklärungsversuche, die womöglich durch den Konsum von zu viel crime fiction mutmaßen könnten, vielleicht handele es sich um einen spät berufenen Serienkiller, der endlich im Alter von 67 Jahren erstmals seiner seit der Pubertät bestehenden Phantasie, Leute zu erschießen, nachgegeben habe, muss man entgegenhalten, dass das nicht passt. Es gibt Menschen, die früh den unbedingten Wunsch entwickeln, Menschen nur aus Lust am Töten umzubringen. Die fallen aber in der Regel deutlich vor dem 67. Lebensjahr auf und dann rufen sie vor allem auch nicht sofort die Polizei. Der Freund des gepflegten Serienmordes verübt sein Handwerk im Stillen. Um nun aber zur angemessenen Ernsthaftigkeit zurückzukehren: auch das Verhalten von Friedrich Herrmann in Anbetracht des schwerwiegenden Unfalls spricht für dessen bürgerliche Unbescholtenheit. Er hat sich in den Ruhestand begeben, seine Ämter niedergelegt und sich von den Waffen getrennt. Er hat auf vielen Ebenen die Konsequenz für eine nicht gewollte, aber folgenschwere Fehlhandlung gezogen.

Hannoveranerzucht, Adel, Doppelmord oder: Strategischer Amoklauf eines ehemaligen Millionärs

F., ein kleine Künstlerdorf mit knapp 3500 Einwohnern an der Wümme
28.12.2021

Marita Sengel ist 54 Jahre alt. Eigentlich wollte sie heute gar nicht hier sein, hier in diesem alten Bauernhaus direkt an der Wümme. Dem unbeteiligten Beobachter kommt der Ort wild romantisch vor, das Haus mit roten Klinkern, teilweise tannengrünen Fensterläden und weißen Sprossenfenstern, rundum Rhododendren, alter Baumbestand. Rechts schlängelt sich die Wümme vorbei am Grundstück, über die eine gebogene Holzbrücke führt. Soweit das Auge reicht: Bilderbuchszenen. Aber Marita empfindet das heute nicht so, draußen ist es grau in grau. Verlassen wirkt der Ort auf sie, das heutige Wetter alles andere als einladend. Sie hat der Cousine aber nun einmal versprochen, ihr ein wenig beizustehen, Medikamente und Lebensmittel einzukaufen und zu kochen. Zu dumm, dass sich Liesel und Frank Sundermann über Weihnachten den hartnäckigen Magen-Darm-Virus eingefangen haben. Liesel hat sich schon wieder ins Bett gelegt. Sie hat Fieber und keinen Appetit. Und Frank geht es ähnlich. Er hat sich in sein Reich zurückgezogen, ein kleines Einzimmer-Apartment hinter der Diele. Gelangweilt steht Marita Sengel am Fenster neben der Haustür und zieht an der Zigarette, formt mit den Lippen kleine Kreise in das Grau. Der kleine Raum neben der Haustür ist Wohn- und Schlafzimmer zugleich. Eine kleine weihnachtlich geschmückte Tanne soll für Gemütlichkeit sorgen. Dunkle Wolken ziehen auf – so, als wisse der Himmel mehr, als erahne er, dass das Unheil heute über sie alle hereinbrechen werde. Marita hängt ihren Gedanken nach, als sie auf einen älteren Mann aufmerksam wird, der sich zielsicher durch die kleine Pforte und unter dem Rosenbogen hindurch auf das Grundstück und die Haustür zu bewegt. Er trägt einen langen schwarzen Ledermantel und nickt ihr freundlich zu. Abwechslung naht, denkt Marita, schließt das Fenster und begibt sich über den Flur zur Haustür. »Moin! Wollen Sie zu uns?« Der Mann nickt freundlich. »Ich möchte zu Goldi!« Marita Sengel findet den Mann sofort sympathisch, er muss ein Freund von Frank sein, sonst würde er dessen Spitznamen, der in Sinti- und Romakreisen durchaus häufiger genutzt wird, nicht kennen. Marita teilt dem Unbekannten mit, dass Goldi krank sei, Magen-Darm, ziemlich ansteckend und er sich besser in Acht nehmen solle. Der Mann nickt, sagt, er kenne sich aus, werde dann mal direkt zu Goldi gehen, außen rum, durch die Seitentür. Marita Sengel ärgert sich, mehr über sich selbst als den netten Besuch, sie hat nicht an Liesels Hunde gedacht und nun ist ihr die ganze Bande entwischt. Ärgerlich, offenbar war es selbst den Hunden hier heute zu langweilig. Sie ruft die Namen der Tiere, keine Reaktion. Sie beschließt, Frank zu fragen, was sie nun tun soll. Vielleicht kommen die Hunde spätestens zurück, wenn der Magen knurrt. Marita Sengel wendet sich der Haustür zu, geht durch den kleinen Flur des Bauernhauses in Richtung Diele. Kaum will sie die Türklinke fassen, da geht die Tür auf und der freundliche Unbekannte steht wieder vor ihr. Er lächelt »Wo ist die Liesel?« Marita Sengel lächelt zurück: »Liesel liegt mit Fieber im Bett, der geht es schlecht!« »Tja, dann komm mal mit zu Goldi!« Sie denkt kurz an die Hunde, überlegt, dass die Haustür ja noch einen Spalt offensteht, aber egal. Draußen regnet es mittlerweile stark und Marita Sengel hat nun endlich Ablenkung – angenehme, wie sie meint. Sie nickt dem Fremden zu, tritt durch die offenstehende Tür in die Diele ein und dreht sich um, schließt die Dielentür und wendet sich wieder dem netten Mann zu. Aus den Augenwinkeln nimmt sie noch dessen Lachen wahr, ein dämonisches Lachen, und wie der Unbekannte einen langen Gegenstand auf sie richtet. Eine Schusswaffe mit Schalldämpfer? In demselben Moment verspürt sie einen Schlag, ein Schmerz durchzuckt sie, ihr wird schwindelig, sie merkt, wie die Kräfte sich in Nichts auflösen, sie zu Boden schlägt. Gedankenfetzen zucken durch den Kopf, reißen ab, verirren sich im Nichts. Was war das? Was ist geschehen? Marita Sengel nimmt wahr, wie der Mann in Richtung Liesels Schlafzimmer geht, dann wieder – Dunkelheit. Kurz darauf kämpfen sich ihre Gedanken zurück in das Hier, den Ort, der von Grau verschlungen wird. Wolken, grau, schwarz und da – plötzlich tritt der Mann ihr gegen das Bein. Marita schießt nur ein einziger Gedanke durch das Hirn: Beweg dich nicht! Er wird dich töten! Er wird dich töten! Krampfhaft versucht sie, den Atem anzuhalten und gleichzeitig hört sie ihren Atem so laut, so beängstigend laut, wie sie ihn noch nie in ihrem ganzen Leben wahrgenommen hat. Der Mann wird merken, dass sie atmet, dass sie lebt. Marita hat panische Angst. Doch der Mann geht weiter, zurück zu Frank. Marita Sengel hört Schüsse, nicht besonders laut, aber ja, Schüsse stören das Grau dieses ruhigen Ortes. Sie mobilisiert alle Kräfte, stemmt sich auf, irgendwie schafft sie es die wenigen Meter bis zur Haustür. Komisch – die Haustür ist nunmehr verriegelt, sogar die Kette ist angelegt. Mit flinken Bewegungen öffnet sie die Tür. Erleichtert nimmt sie zur Kenntnis, dass die Tür heute ausnahmsweise nicht klemmt und nicht quietscht. Marita staunt über die eigene Courage, ihren grenzenlosen Lebenswillen. Sie läuft zu den Nachbarn und klingelt dort. »Bei Liesel wird geschossen« und schon geht Marita Sengel zu Boden. Die Nachbarn sind fassungslos. Was um alles in der Welt passiert hier gerade? Die Frau hat ein großes Einschussloch vor dem linken Ohr und als die Nachbarin die Frau mit zitternden Händen in die stabile Seitenlage bringt, bemerkt sie ein ebenso großes Ausschussloch am Hinterkopf. Die Nachbarn rufen die Polizei, kümmern sich um Marita, notieren in aller Eile das, was Marita berichtet, wenn sie zwischendurch wieder zu sich kommt.

16.50 Uhr – Einsatzmeldung bei der Polizei. Ein erster Streifenwagen wird zu den Nachbarn gesandt. Marita Sengel gibt eine weitere Personenbeschreibung des Täters ab, 182 cm groß, südländisches Erscheinungsbild, akzentfreies Deutsch, schwarzer Ledermantel, 55 bis 58 Jahre alt. Sie vermutet:»Die anderen sind bestimmt tot, ich habe mehrere Schüsse gehört!« Zeitgleich rücken weitere Einsatzkräfte an, der Tatort wird durch Bereitschaftspolizei weiträumig abgesperrt, ein Spezialeinsatzkommando ist angefordert worden, weil unklar ist, ob sich der Täter noch in dem Haus aufhält. Marita mutmaßt, dass alle im Hause tot sind. Sie berichtet von den Schüssen, die sie gehört hat, davon, dass der Täter nach den beiden Bewohnern gefragt habe.

19.30 Uhr – Anruf auf dem Diensthandy der Staatsanwältin Dr. Katharina Linnemann. Der Leiter der Mordkommission EKHK Horst Fassbinder fasst kurz zusammen:»Wir wissen noch nichts Genaues. Aber momentan gehen wir davon aus, dass in F. auf mehrere Menschen geschossen worden ist. Wir vermuten, dass der Täter noch im Hause ist und warten auf das SEK.«

> »SEK« ist die Abkürzung für ein sogenanntes Spezialeinsatzkommando, eine Spezialeinheit der Polizei, die für besondere Zugriffe und Geiselnahmen ausgebildet ist und deshalb bei Gefahrenlagen zugezogen wird. Ein SEK ist anders ausgerüstet als etwa der Streifen- und Einsatzdienst, nämlich mit Sturmhaube, schuss- und stichhemmender Weste und Helm sowie Maschinenpistolen.

Wenig später meldet sich der Leiter der Mordkommission erneut:»Die Kollegen der Bereitschaftspolizei haben Gregor Hübner ergriffen. Er hat sich trotz polizeilicher Absperrung in das Tatobjekt begeben, wurde bei Verlassen des Tatorts gestellt und durchsucht. Hübner behauptet, dass er die Hunde, die abends vor seiner Tür gestanden hätten, zu seiner Cousine Liesel zurückgebracht und diese blutüberströmt im Bett vorgefunden habe. Auf Ansprache habe diese nicht mehr reagiert. Daraufhin hat er polizeiliche Kräfte im Garten bemerkt und ist an die Tür gekommen. Momentan gehen wir nicht davon aus, dass er der Täter ist. Aber komisch ist das Ganze schon!«

Ein SEK mit Maschinenpistolen im Anschlag eilt durch das Wohnhaus der Nachbarn, klettert durch ein Badezimmerfenster im rückwärtigen Bereich, um so vom Täter unbeobachtet an die Rückseite des Tatobjekts zu gelangen. Die Bewohner sind sprachlos, fühlen sich wie Zaungäste bei einem Tatort-Dreh im eigenen Haus. Etwa eine Stunde später steht fest, dass der Täter nicht mehr im Objekt ist. Zwei Tote werden im Wohnhaus gefunden. Die Polizeibeamten machen Fotos von den Leichen noch bevor der Notarzt den Tod feststellt. Denn eines ist bei dem ersten Anblick klar: Diese Verletzungen sind nicht mit dem Leben vereinbar. Rettungsmaßnahmen können das Schlimmste nicht mehr verhindern.

21 Uhr – Die Staatsanwältin wird von einer Polizistin in Zivil abgeholt. Eine lange Nacht steht allen bevor. Im Einsatzraum der Mordkommission in der Polizeiinspektion sind der Leiter der Kriminalpolizei und etwa 10 Mitglieder der Mordkommission versammelt. An einer riesigen Leinwand kann der Ablauf der nun folgenden Ereignisse verfolgt werden. Durchsuchungen, Vernehmungen, Hinweise auf weitere Schüsse, die Personen irgendwo im Wald gehört haben wollen. Schon wenig später gibt es erste Hinweise auf einen möglichen Täter. Elfi Rose hat sich zur Polizei begeben, freiwillig, das schlechte Gewissen, die Angst haben sie dazu genötigt. Sie glaubt, dass ihr Ex-Lebensgefährte die Tat begangen hat. Er hasse die Bewohner in dem alten Bauernhaus. Edgar Kern ist 64 Jahre alt – die Beschreibung des Opfers könnte auf ihn passen. Auf die Frage, ob Edgar einen schwarzen Ledermantel besitze, reagiert Elfi Rose entsetzt:»Woher wissen Sie das?« Die Zeugin Rose wird umgehend von der Polizei vernommen. Was weiß sie zu den Hintergründen, zu einem etwaigen Motiv – und vor allem zum möglichen aktuellen Aufenthaltsort?»Edgar kannte Frank und Liesel. Wir haben beide hin und wieder besucht, in letzter Zeit konnte Edgar die beiden nicht mehr

riechen.« Elfi Rose erzählt den Beamten, dass sie bis vor etwas über einem Jahr auf einem großen Gestüt gewohnt hat – bis zur Zwangsräumung. »Edgar lernte damals Herbert kennen, das ist Franks Bruder. Herbert ist Immobilienkaufmann, hat sich kurzfristig für das Gestüt interessiert, dann aber ein Gestüt der Spitzenklasse in einem anderen Ort gekauft, mit Nebengebäuden, Stallungen und einer Villa. Nachdem wir unser Gestüt infolge der Zwangsverwaltung verlassen mussten, bot Herbert an, dass wir vorübergehend in einem seiner Nebengebäude wohnen können. Die Wohnung gehörte eigentlich Herberts Mutter, der Liesel. Sie hat die Zimmer für uns geräumt, damit wir nicht mit den Kindern obdachlos werden. Im Dezember ist es aber zwischen Herbert und Edgar eskaliert, Edgar musste den Hof verlassen. Seither ist da unbeschreiblicher Hass!« Kurz darauf erreichen die Mordkommission weitere besorgniserregende Nachrichten. Der Tatverdächtige soll weitere Taten planen? Zumindest sorgen sich Hinweisgeber, dass der Edgar auch bei ihnen erscheinen könne. Die Lage ist angespannt. Elfis Familie, die auf einem Bauernhof lebt, wird evakuiert. Wo mag der Beschuldigte aktuell sein? Besteht tatsächlich die Gefahr weiterer Tötungsdelikte?

Gegen 4 Uhr kehrt in dem Besprechungsraum etwas Ruhe ein. Einige haben sich bereits nach Hause begeben, um eine Mütze Schlaf zu nehmen. Sie wollen für die nächsten Stunden gerüstet sein.

Auch für die Staatsanwältin wird die Nacht kurz, 45 Minuten Ruhe, an Schlaf ist nicht zu denken. Dann um 5.30 Uhr zurück zur Behörde und die notwendigen Anträge vorbereiten, Standardmaßnahmen laufen an. Wenig später melden sich die ersten Mitglieder der Mordkommission. Es wird telefonisch erörtert, welche Beschlussanträge bereits auf den Weg gebracht wurden, welche noch zu stellen sind. Alle bewegt die entscheidende Frage: Wo ist der Beschuldigte und was hat er vor? Entzieht er sich dem weiteren Verfahren durch Suizid?

Im Laufe des Vormittags sind die ersten Spurensicherungsmaßnahmen am Tatort abgeschlossen. Die Polizei hat Liesel mit einer Schussverletzung im Bett in Seitenlage mit angewinkelten Beinen und Frank mit mehreren Schussverletzungen vor seinem Sofa liegend vorgefunden. Beide sind tot. Noch in der Nacht haben sich Rechtsmediziner den Tatort angeschaut und die Leichen vor Ort untersucht.

Ab Mittag finden in Hamburg die Obduktionen statt. Zwei Teams obduzieren die beiden Leichen. Als die vier Mitglieder der Mordkommission eintreffen, liegen die beiden Leichen bereits in Leichensäcken auf den in dem großen Obduktionssaal befindlichen beiden metallenen Tischen. Während man sich kurz mit den Obduktionsteams bespricht, öffnen die Sektionsgehilfen die Reißverschlüsse der Säcke, die Leichen werden vorsichtig geborgen und sodann nacheinander zu dem CT-Gerät geschoben. Anschließend starten die Obduktionen.

Bei der getöteten Mutter wird als Todesursache eine Kombination aus spinalem Schock bei Durchschussverletzung der Halswirbelsäule sowie einem Blutverlust nach außen festgestellt. Bei der Computertomographie zeigt sich ein Einschuss auf Höhe des rechten Unterkieferastes unter Ausbildung einer mehrfachen Trümmerfraktur des Unterkiefers rechts, im weiteren Schusskanalverlauf wurde einerseits die innere rechte Halsschlagader eröffnet, aus welcher es zu einem relevanten Blutverlust nach außen gekommen ist, andererseits die Halswirbelsäule mit dem darin gelegenen Halsmark durchschossen. Zeichen einer vorangegangenen körperlichen Auseinandersetzung finden die Rechtsmediziner nicht. Sicher ist: Nach dem Durchschuss komplexer Nervenbahnen war ein Bewegen oder Umlegen etwa in Seitenlage nicht mehr möglich.

Das Verletzungsbild des Frank ist hingegen komplexer. Todesursache ist eine Kombination aus Atemversagen bei Lungendurchschuss sowie Ausbildung einer Spannungsbrust mit Herzversagen durch Luftembolie. Es werden insgesamt 6 Einschusslokalisationen festgestellt. Dabei handelt es sich um fünf Durchschüsse sowie einen Steckschuss. Im Einzelnen waren folgende Schusslokalisationen festzustellen: Einschussverletzung rechtes Jochbein, rechte Schultervorderseite, rechte Unterarmaußenseite, mittig oberer Brustkorb kurz unterhalb des Halsansatzes, linke Oberarmbeugeseite, Kopfdurchschuss. Sämtliche Einschüsse sind keine absoluten Nahschüsse.

Die Schussverletzung kann als eine Sonderform des stumpfen Traumas aufgefasst werden. Die Wirkung beruht auf einem Geschoss (Projektil), das durch hoch gespannte Verbrennungsgase aus einem Zündsatz durch den Waffenlauf getrieben wird und dann mit sehr hoher Geschwindigkeit auf den Körper trifft.

Bei Faustfeuerwaffen handelt es sich um kurzläufige Schusswaffen für den einhändigen Gebrauch. Dabei unterscheidet man Pistolen und Revolver.

Moderne Selbstladepistolen verfügen über ein Magazin, das im Griffstück untergebracht ist. Nach dem Abfeuern einer Patrone wird deren Hülse ausgeworfen und die neue Patrone automatisch nachgeladen.

Bei Revolvern stecken die Patronen in einer drehbaren Trommel. Die Hülsen bleiben nach der Schussabgabe in der Waffe.

Handfeuerwaffen sind langläufige Schusswaffen für den zumeist zweihändigen Gebrauch. Hier spricht man von Gewehren (Büchsen oder Flinten, je nach Gestaltung des Laufs). Daneben gibt es eine Reihe von speziellen Schusswaffen.

Als »Kaliber« bezeichnet man einerseits die Weite des Waffenlaufs (Durchmesser der Laufbohrung), andererseits den Querdurchmesser des Geschosses. Bei Pistolen sind die Kaliber 6,35 mm, 7,65 mm und 9 mm vorherrschend. Kleinkaliber (KK)-Patronen im Kaliber 5,6 mm können nicht nur aus Faustfeuerwaffen, sondern auch aus Langwaffen verschossen werden.

Körpertreffer werden in Steckschüsse, Durchschüsse und Streifschüsse unterschieden. Beim Steckschuss verbleibt das Projektil im Körper. Es gibt nur eine Einschusswunde, aber keinen Ausschuss. Für den Gerichtsmediziner ist es eine wichtige Aufgabe, etwa bei der Sektion von Todesfällen nach Schusseinwirkung wirklich jedes Projektil und jedes Projektilbruchstück nachzuweisen und zu asservieren. Im kriminaltechnischen Institut der Polizei erfolgt durch die dortigen Ballistik-Sachverständigen eine sorgfältige Untersuchung jedes Geschosspartikels. Meist gelingt es dabei, den Typ des Projektils und auch den Typ der Waffe festzulegen. Zumindest an einem vollständigen Projektil kann man individuelle Merkmale feststellen, sodass hierdurch eine Identifikation der Tatwaffe möglich ist. Bei Schussverletzungen sollte man Röntgenuntersuchungen (möglichst mittels Computertomographie) durchführen, weil sich hierbei sämtliche metallsichten Projektilteile eindeutig auf dem Röntgenbild lokalisieren lassen. Dadurch ist eine Rekonstruktion jedes Schusskanals exakt möglich.

Der Begriff »absoluter Nahschuss« bedeutet, dass die Laufmündung bei der Schussabgabe aufgesetzt war. Hierbei gelangen schmauchhaltige Pulvergase durch den Einschuss in die Tiefe der Wunde. Im Einschussbereich besteht eine sogenannte Stanzmarke, die die Kontur der Laufmündung wiedergibt.

Beim »relativen Nahschuss« (etwa bis 50 cm Entfernung) lassen sich Schussrückstände (Schmauch und/oder Pulverteilchen) in der Umgebung des Einschusses nachweisen.

Vorsätzliche Tötungsdelikte mittels Schusswaffe werden nahezu ausschließlich mit illegalen, nicht registrierten Waffen begangen. Seit Einführung des Kapitaldezernats im Zuständigkeitsbereich der Staatsanwaltschaft Verden (2011) wurde nicht ein Tötungsdelikt mit einer legalen Schusswaffe ausgeführt.

Zur weiteren Klärung des Tatablaufs besichtigen die Obduzenten später selbst den Tatort. Ebenfalls an diesem Tag sucht eine Rechtsmedizinerin Marita Sengel im Krankenhaus auf. Sie hat den Auftrag, die Geschädigte rechtsmedizinisch zu untersuchen. Marita Sengel erlitt einen Durchschuss mit morphologisch imponierendem Einschuss vor dem linken Ohr sowie Ausschuss am Hinterkopf. Im Verlauf des Schusskanals zeigen sich eine Hirngewebseinblutung basal in der Kleinhirnhemisphäre, ein Bruch des Hinterhauptbeins am Schädel, eine multifragmentäre Fraktur des linken Warzenfortsatzes an der Schädelbasis und eine Nasenbeinfraktur rechts. Ob bleibende Schäden zu erwarten sind, kann erst nach Abschluss der Behandlung beantwortet werden.

Die Kugel traf den runden Knochen hinter dem Ohr, wodurch erhebliche Energie genommen und der Schuss umgelenkt wurde.

Während in Seedorf noch die polizeilichen Maßnahmen auf Hochtouren laufen, Zeugen vernommen, das Tathaus durchsucht wird, schnellt bei den Beamten der kleinen Dienststelle wenige Kilometer entfernt der Puls hoch, als Edgar Kern den Raum betritt, groß, eigentlich von stattlicher Statur, bekannt bei den Beamten, heute aber eher ungepflegt, etwas eingefallen. Edgar gibt an, dass er wohl gesucht werde, er wolle sich stellen. Edgar weiß, was er getan hat, möchte sich aber in anständiges Licht rücken. Denn Mörder sei er keineswegs! Doch zunächst sagt Edgar Kern nicht viel, wartet erst mal ab. Er habe zu viel Insulin gespritzt. Ihm werde auch ganz komisch. Die junge Beamtin auf der Wache behält einen kühlen Kopf, erklärt Edgar die Festnahme, fordert ihn auf, sich an die Wand zu stellen, die Arme hoch zu heben. Sie lässt ihn durch einen Kollegen durchsuchen, nimmt ihm den schwarzen Ledermantel ab, den der Beschuldigte trägt, und belehrt ihn über seine Rechte als Beschuldigter.

In Sichtweite der Wache steht der von Edgar Kern, von allen Eddi genannt, geführte rote Mercedes Vito, der seit Stunden in der Polizeifahndung ist. Weil Eddi zwischendurch weg zu dämmern scheint, wird ein Rettungswagen gerufen. Der Notarzt teilt den Beamten mit, dass Eddi in eine Klinik gebracht werden müsse. Seine Werte würden nicht darauf hindeuten, dass er zu viel Insulin gespritzt habe. Sein Zustand sei allgemein stabil. Es sei möglich, dass der medizinische Zustand gespielt werde.

Die Staatsanwältin ist erleichtert über die Festnahme. Sie beantragt den Erlass eines Haftbefehls wegen zweifachen Mordes und eines Mordversuchs.

Am Abend sucht sie zusammen mit dem Ermittlungsrichter, einer Anwältin, die dem Beschuldigten von Amts wegen als Pflichtverteidigerin beigeordnet wurde, und mehreren Beamten der Mordkommission Eddi Kern in der Klinik auf. Der Richter verkündet den Haftbefehl in einem Einbettzimmer auf der Intensivstation. Edgar Kern gibt sich zugeknüpft, sagt, dass er sich nicht zum Tatvorwurf äußern will. Die Staatsanwältin wendet sich dennoch direkt an ihn: »Überlegen Sie, ob Sie mir nicht wenigstens zeitnah sagen möchten, wo die Waffe verblieben ist. Sollte die Waffe noch geladen sein und irgendwo liegen, wo Dritte, unter Umständen spielende Kinder, die Waffe finden können, sind Unbeteiligte in Gefahr.« Die Anwältin entgegnet: »Ich werde das gleich mit meinem Mandat erörtern!« Über seine Anwältin lässt Eddi die Polizei nach einem Vieraugengespräch mit der Juristin wissen, dass er die Waffe irgendwo aus dem fahrenden Auto geworfen hat. Edgar Kern glaubt, dass man ihm diese Behauptung nicht widerlegen kann – denn er ist aus seiner Sicht kein eiskalter Mörder und tut nur das, was erforderlich ist, um der Gerechtigkeit ein kleinwenig auf die Sprünge zu helfen.

Auch Eddi wird rechtsmedizinisch untersucht. Es kann lediglich ein kratzerartiger Hautdefekt im Bereich des behaarten Kopfes festgestellt werden, der keinem Entstehungsmechanismus zugeordnet wird. Bei

Aufnahme in das Krankenhaus lag ein leicht erhöhter Blutzuckerspiegel vor, der gegen die Einnahme einer größeren Menge Insulin spricht.

Der Leiter der Mordkommission berichtet der Staatsanwältin nach der Durchsuchung des PKW telefonisch:»Als Eddi, Elfi und die zwei Kinder das eigene Gestüt verlassen mussten, lernten sie den Herbert kennen. Herbert trägt den Titel ›Prinz und Herzog‹. Prinz Herbert ist Sohn der getöteten Liesel und Bruder des getöteten Frank. Im PKW haben die Kollegen einen Brief gefunden, der zumindest nahelegt, dass Eddi auch den Prinzen erschießen wollte. Es wäre gut, wenn Sie an der morgigen Frühbesprechung teilnehmen würden.« Die Staatsanwältin ist irritiert:»Wieso Prinz und Herzog? Die Familie gehört doch zu den Sinti und Roma.«»Herbert hat vor vielen Jahren eine Prinzessin geheiratet. Von der hat er sich kurz danach aber wieder scheiden lassen. Geblieben sind ihm der Titel Prinz und Herzog und die formale Zugehörigkeit zu einem bekannten Fürstenhaus«.

Die Mordkommission tritt täglich um 9 und 17 Uhr zusammen, Informationen werden geteilt, zusammengefügt, so auch in der ersten regulären Besprechung nach der Tat. Der Leiter der Mordkommission resümiert:»Edgar Kern scheint unser Mann zu sein. Er trug bei der Festnahme einen schwarzen Ledermantel. Bei der Durchsuchung seines PKW haben die Kollegen einen Brief gefunden, in dem er sich zu einem etwaigen Motiv äußert.« Die Staatsanwältin fragt nach:»Was genau steht in dem Brief?« Der Beamte greift zu einer Kopie des Briefes und fasst den Inhalt zusammen »Edgar bringt darin sein Bedauern zum Ausdruck, dass er den Prinzen nicht erwischt hat. Er behauptet, dass Elfi Rose mit dem Prinzen sexuell verkehrt, ja sogar Sex-Partys auf dem Gestüt gefeiert habe. Das Pikante ist: Der Brief ist an seine 6jährige Tochter gerichtet, die den Brief zum 16. Geburtstag erhalten soll«. Er stellt weiter fest:»Die Tatwaffe fehlt und auch von den Mobiltelefonen der Opfer und des Beschuldigten haben wir nach wie vor keine Spur.« Im Laufe des Tages werden von den Teams das überlebende Opfer, Angehörige des Tatverdächtigen und der Opfer sowie die Nachbarn der Opfer vernommen. Als am Abend die Mordkommission erneut zusammentritt, kommen weitere Erkenntnisse auf den Tisch. Der Hauptsachbearbeiter der Mordkommission, der die ersten verschrifteten Aussagen gelesen hat, berichtet:»Eddi Kern ist das, was man wohl als schillernde Person bezeichnet. Sonderschule, Verlassen der Schule ohne Abschluss, mit 18 Jahren Auszug aus dem elterlichen Heim, weil es Stress mit dem Vater gab. Mit 23 Jahren wird er Vater, jobbt in einer Metallfirma, dann die Selbstständigkeit, Aufbau eines Metallbetriebs, der schließlich angeblich für mehrere Millionen an Chinesen verkauft wird. Scheidung, erneute Hochzeit, Kauf eines Gestüts, weil die Ehefrau pferdebegeistert ist, erneute Scheidung. Doch das Gestüt mit Hannoveranerzucht bleibt zunächst sein Eigentum, rutscht dann aber tief in die Insolvenz. Mehr dazu werden wir aus den Insolvenzakten entnehmen können, die wir morgen vom Gericht abholen.«

> In einer **Mordkommission** werden unterschiedliche Schlüsselfunktionen verteilt, der Leiter der Kommission befasst sich mit organisatorischen Aspekten, der Hauptsachbearbeiter liest zeitnah die Vernehmungen und Vermerke, fügt diese gedanklich zusammen und überlegt, welche weiteren Ermittlungen durch die Spurenteams der Kommission zu führen sind. Die dritte wichtige Funktion hat der Aktenführer inne, der die Akte aufbaut, pflegt und ergänzt. Bei einem Aktenumfang von bisweilen 10–20 Umzugskartons ist seine strukturierte Arbeit besonders wichtig.

Die folgenden Tage bringen den Ermittlern immer mehr Klarheit. In unzähligen Zeugenvernehmungen, Durchsuchungen und Auswertungen von Mobiltelefonen werden hunderte Puzzleteile gesammelt und zusammengefügt. Das Team, dass Elfi Rose vernommen hat, erzählt den Kollegen:»Als die 30 Jahre jüngere und unter Magersucht und Burnout leidende Elfi auf den Hof kommt, lernt Eddi die junge Elfi kennen. Sie will eigentlich Bereiterin in den Staaten werden und wartet auf ihre Greencard. Doch Edgar ist charmant, umwirbt sie, umgarnt sie, sie bleibt, wird rasch zweimal hintereinander von ihm schwanger.«

Elfi Rose berichtet später in der Hauptverhandlung dem Gericht: »Er hat mich auf seine Bedürfnisse sensibilisiert, war stets anspruchsvoll. Seine Brötchen musste ich schmieren, Geld hatte ich nie. Wenn ich Brötchen kaufen wollte, musste ich ihn um Geld bitten.« Und sie fasst das Verhältnis so zusammen: »Eddi war immer stolz, eine so junge Frau zu haben. Du bist noch so jung, dich kann ich noch erziehen! Das hat er mir oft gesagt. Und auch: Eddi Kern verlässt man nicht!« Elfi, die nach einer Vaterfigur sucht, nachdem der eigene Vater infolge einer schweren Erkrankung selber in schwieriger Situation ist, findet Halt, findet klare Ansagen und fügt sich.

Die Mordkommission zieht die Zwangsvollstreckungsakten bei und vernimmt den neuen Eigentümer des Gestüts. Das Team weiß den Kollegen bereits am Folgetag zu berichten: »Weil Edgar Kern mit dem Gestütsbetrieb überfordert war, entstanden enorme Schulden. Der Betrieb lief nicht so, wie er laufen sollte. Das Finanzamt entdeckte rasch, dass der Betrieb kein Hobby ist und verlangte eine satte Steuernachzahlung. Das Gestüt rutschte immer mehr in Schieflage. Zeitgleich versuchte sich Eddi mit anderen Geschäftsideen, vermarktete Aufzüge für Windräder. Die Bank ließ schließlich die Reitanlage unter Zwangsverwaltung stellen. Der Hof wurde verkauft. Eddi gab die eidesstattliche Versicherung ab, übertrug in seinem Eigentum befindliche Geräte und Maschinen rechtzeitig auf Elfi. Edgars Drohungen an Bank und Kaufinteressenten, dass keine Steckdose in der Wand bleibe, wenn er nicht eine anständige Summe für Einrichtungsgegenstände erhalte, verhallte.«

Das Team, das Elfi Rose einige Tage später erneut vernommen hat, erzählt: »Elfis Eltern haben ihr die Erbschaft vorab ausgezahlt – eine Viertelmillion. Edgar hatte dafür natürlich Verwendung. Urlaub, teures Leben, eine Sause nach der anderen. Und nach kürzester Zeit war von der Erbschaft nichts mehr übrig.«

Aus den Vernehmungen der Angehörigen der Opfer ergeben sich weitere interessante Aspekte im Hinblick auf ein mögliches Tatmotiv. Der Prinz scheint wohlhabend, unterhält tatsächlich ein großes Gestüt mit Villa samt Pool und Nebengebäuden, finanziert viele Mitglieder der Familie, die zum Teil auf dem Gestüt arbeiten, zum Teil lediglich finanzielle Unterstützung erfahren, so auch Frank und Liesel. In eines der Nebengebäude durfte Edgar mit seiner Familie einziehen. Der Prinz sagt – erschüttert von den Ereignissen – und tief traumatisiert:»Eigentlich ist da meine Mutter Liesel eingezogen, aber ich habe mit ihr gesprochen, habe von dem Dilemma der Familie Kern erzählt, dass die Gefahr besteht, dass zwei Kinder kein Dach mehr über dem Kopf haben. Meine Mutter war sofort bereit, für drei Monate die Wohnung zur Verfügung zu stellen. In der Zeit sollte die Familie ein Ersatzquartier suchen!«

Das Bild, das sich durch die Vernehmungen zeichnen lässt, ist klar: Eddi und der Prinz werden zunächst Freunde. Eddi, der durchaus erkannt hat, dass ihm außer Schuldenbergen nichts geblieben ist, hofft, nunmehr mit Hilfe des Prinzen wieder auf die Füße zu gelangen. Elfi Rose arbeitet auf dem Gestüt des Adligen, kümmert sich um die Pferde. Der Prinz gestattet Eddi und Elfi, die Elfi noch verbliebenen 7 Pferde dort unterzustellen. Er übernimmt die Kosten für die Pferde, für Beritt, Kost und Logis und unterhält auch Eddi samt Familie, zahlt sogar anfallende Arztkosten, weil Edgar die Krankenversicherung nicht mehr bezahlen kann. Nachdem Edgar mit Familie im Juli/August einen Urlaub in Kroatien verbracht hat – bezahlt vom Prinzen – fordert der Prinz schließlich, dass Elfi einen Trecker und diverse Maschinen, die sie von dem Gestüt mitgebracht hatte, auf ihn überträgt, um die Darlehen abzusichern. Auslöser ist, dass der Prinz immer mehr erkennt, dass Edgar nicht ehrlich ist und dieser auch keinerlei Anstalten unternimmt, sich nach einer Arbeit umzusehen, um selber für seine Familie zu sorgen. So sagt der Prinz aus:»Stattdessen häuften sich zunehmend die Beschwerden meiner Angestellten, Edgar behandelte diese wie Sklaven, war pöbelig und laut. Mein Bruder Frank hat sich im Herbst mit ihm auf dem Gestüt ein lautstarkes Wortgefecht geliefert, weil Edgars Kinder unseren Hund gequält haben.« Die Lebensgefährtin des Prinzen berichtet über weitere Ärgernisse:»Eines Tages kam ich nach Hause auf die Reitanlage und da hatte er einen Spielplatz für seine Kinder in die Einfahrt gebaut – ohne zu fragen. Und eine Woche später errichtete er ein Hühnerhaus – obwohl wir alle wussten, dass sich bei uns Füchse auf dem Gestüt aufhalten. Richtig entsetzt war ich, als ich hörte, dass Edgar schließlich einen Fuchs im Hühnerhaus vor den Augen seines 8jährigen Sohnes mit einer Axt erschlagen hat. So jemanden wollten wir nicht auf dem Hof dulden!«

Wie man sich das Leben sonst so auf dem Gestüt vorstellen müsse? »Das ist dort wie bei einer daily-soap – da ist ein Kommen und ein Gehen. Wenn man eine Jacke an die Garderobe hängt, weiß man, dass da alles allen gehört und die 5 Minuten später weg sein kann, weil sie einer von der Familie braucht!«

Der Prinz berichtet:»Im Herbst habe ich Eddi angewiesen, sich auf dem Hof von allem fernzuhalten. Ab da saß er auf seiner Terrasse und war unzufrieden, hat über mich gelästert, weil er meinte, dass die Angestellten hinter meinem Rücken auf dem Hof Urlaub machen würden.« Auch Eddi ist wenig erbaut über die Entwicklung, es kommt immer häufiger zu Streitigkeiten mit Elfi, die sich schließlich von ihm trennt.

Elfi Rose und der Prinz berichten in den Vernehmungen:»Anfang Dezember eskalierte die Situation auf dem Gestüt. Eddi hatte am Vortag die Situation ausgenutzt, dass keiner auf dem Hof war und hat alle Geräte, Weidemann, Trecker und einen Anhänger, die ich auf Herbert übertragen hatte, vom Gestüt entwendet. Daraufhin wurde Eddi zur Rede gestellt, aufgefordert, alles zurückzubringen, da sonst Strafanzeige erstattet werde. Zudem wurde ihm ein Hausverbot für alle Objekte des Prinzen erteilt.« Elfi ergänzt:»Eddi hat vor Wut gezittert. Damit hatte er keineswegs gerechnet. Er hat die Zähne ganz fest aufeinandergebissen, eigentlich fehlte nur noch der Schaum vor dem Mund!« Nach dem Rauswurf ist Eddi obdachlos. Er fährt täglich zu dem Gestüt, wartet am Tor morgens auf die Kinder, bringt diese zur Schule und setzt sie nach dem Unterricht wieder am Tor ab – aus seiner Sicht eine klare Demütigung. Am Nikolaustag trifft er sich mit seiner Familie außerhalb, übergibt Nikolausgeschenke und bricht danach zu einer Reise nach Kroatien/Slowenien auf. Elfi Rose bekundet:»Am Abend rief er mich an und sagte, dass er jetzt gleich über die Grenze fahre. Er wolle eine Eismaschine kaufen für den von ihm geplanten Restaurantbetrieb. 5 oder 6 Tage war er weg. Von dort aus hat er unserem Sohn einen Film geschickt, der zeigt, wie ein Schwein getötet wird.« Ein Restaurantbetrieb? »Ja, das war von ihm so eine Spinnerei. Er plante auf dem Hexenhügel ein Restaurant zu eröffnen – mit Streichelzoo. Unsere Kinder sollten Tierfutter verkaufen, wir Gerichte á la Carte und spezielles Eis nach einem kroatischen Rezept. Eddi war stinksauer, weil ich den Pachtvertrag nicht unterschreiben wollte. Wie blöd wäre das jetzt? Mitten in der Coronaphase und bei unserer finanziellen Situation! Von uns kann keiner kochen, wir hätten Personal einstellen müssen.« Zwei Tage vor Heiligabend habe sie sich mit ihm und den Kindern zu einem Spaziergang getroffen – auf seinen Wunsch. »Ich fand das so unheimlich, er wollte mit uns unbedingt spazieren gehen, was er sonst in dieser Form nie getan hat. Er war ganz ruhig, in sich gekehrt. Er führte uns in eine sehr einsame Gegend, sodass ich schließlich richtig Angst hatte. Die Situation fand ich beunruhigend. Ich sagte, dass ich wieder zurück zum Gestüt, die Pferde versorgen müsste. Im Nachhinein habe ich oft gedacht, dass er an dem Tag etwas anderes mit uns plante. Er hatte bestimmt die Waffe dabei!«

Sie berichtet kreidebleich und weinend weiter, dass sie zunächst mit Frank und dann auch dem Prinzen darüber sprach, ob Eddi mit seiner Familie auf dem Gestüt Heiligabend feiern dürfe, sofern er den Trecker und den Anhänger zurückbringe. »Ich habe Eddi angefleht: Gib doch ein einziges Mal in deinem Leben nach.« Tatsächlich stellte Eddi am Vormittag des Heiligabend Trecker und Anhänger vor den Toren des Gestüts ab und durfte deshalb abends mit der Familie in Liesels Wohnung feiern. Am ersten Weihnachtstag zeigte Eddi seiner Familie, wo er aktuell wohnt, nämlich bei der Cousine, zu der er jahrelang keinen Kontakt haben wollte.»Vorher wusste keiner, wo er übernachtet. Unseren Kindern hat er erzählt, dass er im Auto auf Raststätten schlafe. Unsere Tochter weinte deshalb!«

Eine Woche nach der Tat nimmt die Staatsanwältin den Tatort zusammen mit dem Hauptsachbearbeiter in Augenschein. Zu diesem Zeitpunkt ist die Spurensicherung noch vor Ort und durchsucht das gesamte Objekt. An der Hauseingangstür klebt weiter das polizeiliche Siegel, gebrochen, aber stiller Beleg dafür, dass sich dort Furchtbares zutrug. Im Haus hat sich modriger Geruch ausgebreitet, eine Polizeibeamtin entsorgt restliche Lebensmittel, die in der Küche schimmeln. In dem kleinen Wohn- und Schlafraum, in dem sich Marita vor der Tat aufhielt, steht noch immer der geschmückte Weihnachtsbaum als krasser Gegensatz zu dem, was sich im Nebenraum, dem Schlafzimmer der Liesel abgespielt hat. Ein blutdurchtränktes Kopfkissen, ein Ladekabel für ein Handy, das vom Nachttisch hinabhängt, veranlassen dazu, die schrecklichen Bilder unmittelbar nach der Tat in Erinnerung zu rufen und zu einem Film zusammenzufügen. Die Staatsanwältin und der Hauptsachbearbeiter schweigen, lassen die Bilder auf sich wirken, überlegen jeder für sich, was sich abgespielt haben mag. Hat sie geschlafen, als Eddi auf sie schoss? Anschließend begeben sich die beiden über den Flur zur Dielentür, dorthin, wo Eddi die Waffe auf Marita gerichtet haben soll. Eine Scheibe der Dielentür ist in Kopfhöhe zerbrochen. Auf den Kacheln vor der Tür ist eine Blutlache zu sehen. In der Diele herrscht Unordnung. Der Hauptsachbearbeiter erklärt:»Das sind Spuren des Spezialeinsatzkommandos. Die Kollegen sind hier ziemlich rabiat vorgegangen, haben das Haus gestürmt und zum Teil Möbel umgeworfen und verschoben. Man wusste ja nicht, ob der Schütze noch im Haus ist.« In der Diele liegt Kinderspielzeug, denn die Verwandten besuchten oft und gerne die Geschädigten mit ihren kleinen Kindern. Einer der Beamten der Spurensicherung deutet auf die andere Seite der

Diele: »Dort vorne ist der getrennte Wohntrakt, da ist Frank erschossen worden.« Die Staatsanwältin und der Hauptsachbearbeiter folgen dem Beamten in dem weißen Schutzanzug. »Hier vor dem Sofa lag der Leichnam. Dort haben wir Defekte auf dem Holzboden festgestellt, verursacht durch die Schüsse. Und hier an den Wänden sind weitere Defekte, die auf Schussabgaben zurückzuführen sind. Durch die Tür« – der Beamte deutet mit dem Finger auf den Seiteneingang – »kann man die Wohnung verlassen bzw. betreten. Die Klinke war von innen blockiert durch einen langen und dicken Holzstamm.«

Der Hauptsachbearbeiter ergänzt: »Wir gehen davon aus, dass Edgar die Tür von innen blockiert hat. So haben uns auch Zeugen berichtet, dass die Schlafzimmertür von der Flurseite ebenfalls verriegelt war mit einem Haken. Warum der Täter das gemacht hat, ist uns noch nicht ganz klar!«

Aus dem Tatortbefundbericht wird sich später ergeben: Der Leichnam der Liesel wurde im Schlafzimmer auf der linksseitigen Doppelbetthälfte – von der Tür aus betrachtet – vorgefunden. Der Kopf bzw. das Gesicht lag dem Fenster zugewandt und damit der Zimmertür abgewandt. Unterhalb des Torsos wurde ein deformiertes Projektil aufgefunden.

Mitte Januar sucht die Polizei ein Grundstück ab, das knapp 100 Meter vom Stammtischtreff des Beschuldigten und seiner Freunde entfernt liegt und auf dem sich ein Schleppdachschuppen befindet. Im Schuppen steht der Anhänger, mit dem Eddi am Tatabend unterwegs gewesen sein dürfte. Dafür sprechen zumindest Videoaufnahmen aus dem Dorf, die Eddis Fahrzeug mit Anhänger Richtung Tatort fahrend zeigen. Der eingesetzte Sprengstoffspürhund signalisiert bereits nach kurzer Zeit einen Fund. Und tatsächlich: In der hintersten Ecke unter anderen Gegenständen liegt ein Waffenkoffer, darin eine Faustfeuerwaffe, ein abgeschraubter Schalldämpfer samt Gewinde und zwei Magazine. Die Waffe ist säuberlich zerlegt. An Waffe und Schalldämpfer stellen die Beamten blutsuspekte Spuren fest, im späteren Gutachten des Landeskriminalamts heißt es, dass das Blut zweifelsfrei von Frank stammt.

Zwei Tage nach dem Fund wird Eddi von der JVA abgeholt, zwei Beamte sitzen mit ihm in einem Fahrzeug, ein weiteres Fahrzeug der Polizei begleitet den Transport zur Polizeidienststelle. Es ist eine Wahlgegenüberstellung mit der Geschädigten Marita geplant. Die Beamten schweigen, Eddi sucht immer wieder das Gespräch. Er berichtet von Urlauben in Dubai, gibt den Beamten Tipps für Übernachtungen dort und sagt, als er das Begleitfahrzeug sieht: »Ich fühle mich wie Angela Merkel.« Später beklagt er sich über die JVA, das Essen sei geschmacklos, die Portionen seien zu klein und in einem Raum mit Toilette könne er einfach nicht essen. »Im Dezember habe ich einen Bericht über JVAs gesehen, die sind wie Hotels dargestellt worden.« Eddi schüttelt den Kopf. Marita ist sich bei der Gegenüberstellung nicht hundertprozentig sicher, es sei alles so schnell gegangen und die Männer sähen sich alle irgendwie ähnlich. »Vielleicht war es der da!« mutmaßt sie und deutet auf den Beschuldigten Kern. Im Anschluss daran führt Edgar Kern ein Gespräch mit seiner Verteidigerin, nach der Unterredung teilt er der Polizei in Anwesenheit der Anwältin mit »Die Waffe habe ich entweder vor Ort weggeworfen, direkt von der Brücke in den Fluss, oder im Nachbarort dort in den Fluss. Da müsste man mal suchen!« Auf der Rückfahrt wirkt Eddi nachdenklich, er vermutet »Zum 16. Geburtstag meiner Tochter könnte ich wieder draußen sein!« Offenbar geht der Beschuldigte davon aus, nach 10 Jahren wieder auf freiem Fuße zu sein. Eine Woche später wird Eddi auf eigenen Wunsch in Anwesenheit seiner Anwältin und eines weiteren Rechtsanwalts von zwei Polizeibeamten vernommen. »Was haben Sie zu den Tatvorwürfen zu sagen?« Eddi sitzt da, wirkt stolz, ungebrochen, selbstbewusst: »So, den habe ich erschossen und die auch, die habe ich auch erschossen, das gebe ich zu. Von dieser Marita aber wusste ich nichts, die hatte ich überhaupt nicht auf dem Zettel.« Und dann zündet er eine Bombe: »Für das Erschießen hatte ich einen Auftrag von dem Prinzen, er hat mir den Auftrag erteilt, an eben diesem Tag beide zu töten.« Am Tattag sei er zuckermäßig nicht gut eingestellt gewesen und er habe auch tags zuvor viel getrunken. Er sei am Tattag so gegen 16 Uhr nach Seedorf gefahren, glaube, dass er den Ledermantel trug. Das Fahrzeug habe er auf einem großen Parkplatz abgestellt. Tatsächlich ist jenseits des Flusses und der Brücke ein großer Parkplatz, quasi dem Tatort gegenüberliegend. Da habe er noch etwas getrunken und – er glaube – sich auch etwas Insulin gespritzt. Dann sei er zum Tatort gegangen, dort rundumzu gelaufen und auf eine Frau getroffen, die er nicht kannte. Ihm seien mehrere Hunde entgegengekommen, drei oder vier. Einer habe wohl Hektor geheißen. Die Hunde würden ihn kennen, er sei ja schließlich oft genug dort gewesen.»Ich fragte die Frau nach dem Frank. Sie hat mich aufgefordert, hinten herumzugehen. Ich bin dann zu Frank durch den Seiteneingang, die Tür war offen. Der hat gefragt, was ich will. Ich habe gesagt: Ich komme von Herbert, habe die Pistole gezogen und geschossen. Daraufhin hat Frank – vor dem Sofa krabbelnd – gesagt: Willst du die Eigentumsurkunden der Pferde?« Eddi schüttelt nun heftig den Kopf und ergänzt:»Diese Eigentumsurkunden soll ich gestohlen haben, ausgerechnet ich! Das haben mir der Prinz und dessen Familie immer wieder vorgeworfen.« Selbst seine Lebensgefährtin Elfi habe ihm den Diebstahl zugetraut. »Wegen der Vorwürfe suchte ich auf dem Prinzen-Gestüt überall nach den Urkunden, vergeblich. Und in dieser Situation holt der Frank doch tatsächlich zwei Oldenburger-Eigentumsurkunden raus sowie Hannoveraner-Urkunden, ausgerechnet die, die ich gestohlen haben soll. Ich habe die Urkunden mitgenommen und gedacht: Klasse, auch da haben sie dich wieder belogen und betrogen. So Arschlöcher, einem immer was unterschieben! Werfen dir ständig vor, dass du die Eigentumsurkunden verschwinden lässt und nichts davon, hier liegen sie, hier in Seedorf.« Als er die Eigentumsnachweise an sich genommen habe, habe der Frank auf dem Boden gelegen. Auf dem Weg zur Liesel sei ihm wieder diese fremde Frau entgegenkommen.»Ich habe mit der definitiv nicht gesprochen.« Wenn die Frau behaupte, dass er sie aufgefordert hätte mit ihm zu Goldi zu gehen, müsse die sich das ausgedacht haben. »Ich habe die Frau geschlagen, gedacht, die ist besinnungslos, ich habe aber ganz sicher nicht bewusst auf die Frau geschossen. Überhaupt nicht, nein. Ich tue doch keinem was!« Er habe dann noch geguckt, ob die Frau sich bewegt. »Sie hat sich nicht mehr gerührt. Danach bin ich zur Liesel reingegangen. Die lag im Bett, guckte mich an und sagte: Edgar, was machst du hier? Ich sagte auch zu ihr: Ich komme vom Prinzen – und habe dann auch auf sie geschossen.« Wie oft er schoss? Das wisse er nicht mehr. Wenn die Marita behaupte, dass er ihr gegen den Fuß getreten hätte und anschließend erneut zu Frank gegangen und dort weitere Schüsse abgegeben habe, so entspreche auch dies nicht der Wahrheit. »Ich bin direkt, nachdem ich festgestellte, dass die Frau fort ist, zum Auto gegangen. Eigentlich hatte ich geplant, sie zu fesseln.« Er erinnere sich, dass bei Frank mehrere Handys gelegen hätten, 2 oder drei. Die habe er wohl auch mitgenommen.

Wo die Waffe geblieben sei? »Die habe ich direkt nach Verlassen des Hauses weggeworfen. Keine Ahnung wo, ich glaube, direkt vor dem Haus in den Fluss. Oder im Nachbarort in den Fluss. Ich weiß es nicht mehr. Ich bin mir jedenfalls sehr sicher, dass ich die Waffe nicht auseinandergebaut habe.« Die Waffe habe er zwei Tage vor Heiligabend von dem Prinzen erhalten inklusiv der Munition. Sie sei ihm ohne Koffer oder Kasten übergeben worden, einfach so. »Nach der Tat trank ich Alkohol und Insulin. Ich kann mich nicht mehr an Details erinnern. Ich weiß noch, dass der Nachbar der Liesel draußen stand. Und ich weiß sicher, dass ich nach der Tat niemanden getroffen oder gesprochen habe. Erst am Folgetag sprach mich eine Frau an, als ich auf dem Parkplatz eines Supermarktes im PKW saß. Die riet mir zur Polizei zu gehen.« Den Namen der Frau? »Nein, den sage ich nicht. Die will ich nicht mit reinziehen.« Auf die Frage, wie er seine Persönlichkeit beschreibe, gibt Eddi selbstbewusst zu Protokoll: »Total offen, total kollegial, total gerecht. Ganz wichtiger Punkt! Also nicht nur ausbeuten, sondern gerecht verteilen! Ferner gesellig und weltoffen.« Wenn ihm vorgehalten werde, dass andere über ihn urteilen würden, er wäre verlogen und ein Großkotz, so stimme dies überhaupt nicht, und dabei verfällt er in die von ihm so gerne praktizierte Übung, von sich in der dritten Person zu reden »Eddi Kern ist grundehrlich!« Auf Nachfragen der Beamten ergänzt Eddi: Anschließend sei er vom Tatort weggefahren. Er habe aus der Flasche Johnny Walker noch was getrunken und unterwegs Sachen weggeschmissen, nämlich Schlüssel, ein Handy und die Pistole. Sodann erkundigt sich Edgar bei der Polizei, ob man dort eine Absuche durchgeführt und irgendetwas gefunden hat. Dann kommt der Beschuldigte Kern wieder auf den Prinzen zu sprechen: »Zuvor in dem Insolvenzverfahren hat der immer den Oberschlauen gemacht. Der hat immer alles Mögliche versprochen, etwa, dass er mit den Anwälten redet, aber unterm Strich habe ich selber alles bezahlt. Während des Insolvenzverfahrens hat der Klugscheißer angeboten, dass ich mit Familie und den Pferden auf dessen Gestüt ziehe. Wir könnten dort arbeiten, damit ich wieder auf die Beine komme. So haben wir´s auch gemacht. Ich habe viele Sachen von meinem Gestüt mitgebracht, unter anderem auch einen Trecker und einen Weidemann. Plötzlich durfte ich auf dem Hof nichts mehr, auch meine Kinder haben die schikaniert. Liesel hat die Ehefrau des Prinzen gehasst. Der Herbert hat deshalb abends bei mir auf der Terrasse gesessen, geweint und gefragt, wie er glücklich werden solle, seine Mutter und sein Bruder ließen ihn nicht glücklich werden.« Elfi habe den Prinzen aufgefordert, wegen der ständigen Streitereien mal ein Machtwort zu sprechen. »Aber das ist in dem Zigeunerclan so, da hat der Bruder das Sagen, die Mutter ist das Oberhaupt. Herbert hatte da nichts zu melden, gar nichts.« Eddi schüttelt mit dem Kopf: »Das ist Wahnsinn, was da abgelaufen ist.« Selbst das Tor für dessen Reithalle habe er finanziert. »Der Prinz kündigte lediglich an: Kommt bald Geld, dann pack ich dir da mal 100.000 hin.« Tatsächlich sei »kein dickes Geld gekommen« und er habe schließlich für den Prinzen 53.000 € ausgegeben. »Durch Zufall erfuhr ich, dass Bekannte ein Haus in Neudorf verkaufen wollen. Mir ist es nicht gelungen, dieses Objekt zu finanzieren. Ich habe deshalb dem Prinzen von diesem aus meiner Sicht günstigen Kaufangebot berichtet. Eigentlich war für mich klar, dass ich für den Kauftipp zur Hälfte in das Grundbuch eingetragen werde. Aber das hat er natürlich nicht gemacht. Herbert hat das Grundstück gekauft, alles finanziert und nur auf seinen Namen eintragen lassen. Und ja, somit stand ich dann auch wieder dumm da.« Nachdenklich ergänzt er: »Ich sollte das Haus und auch hinten das Baugrundstück erhalten. Elfi hat davon geträumt, in der Nähe eine Gastronomie aufzubauen mit Streichelzoo, diese Idee gefiel Herbert so gar nicht.« Er sei im letzten Sommer zusammen mit seiner Frau und den Kindern für zwei Wochen nach Kroatien gefahren. »Als ich zurückkam, war die Baustelle weg, der Prinz hatte einen Angehörigen als Manager der Baustelle eingesetzt und den ganzen Zigeunerclan dort beschäftigt.« Im September habe seine Elfi plötzlich gesagt, dass sie noch nicht wisse, ob sie nach Neudorf ziehe. Sie wolle sich am liebsten von ihm trennen. »Der Prinz hat ihr einen super Job angeboten. Schließlich hat Herbert Anfang Dezember sogar verlangt, dass ich ausziehe. Ich diskutierte das nicht großartig, nahm das erstmal so hin. Der Prinz ist zu dem Gespräch mit einem Cousin gekommen und hat mir vorgeworfen, dass ich dort stehle. Und dann hat der geschrien: Du hast jetzt noch eine halbe Stunde Zeit und runter vom Hof! Ich habe daraufhin Elfi geweckt, die hat meine Sachen gepackt. Der Prinz verlangte die Herausgabe der Fernbedienung für das Hoftor und des Haustürschlüssels. Beides hatte ich aber nicht – daraufhin haben der Prinz und dessen Cousin mein Portemonnaie, Führerschein sowie Personalausweis aus der Fahrertür meines PKW genommen, einfach so! Die Gegenstände habe ich bis heute nicht zurückerhalten. Außerdem hat Herbert mich bedroht. Ich würde meine Familie nicht mehr wiedersehen. Meine Frau wäre ihm hörig. Weihnachten könne ich alleine feiern, ich sei ein Bandit und würde klauen!« Der Beschuldigte hat sich geradezu in Rage geredet, etwas ruhiger ergänzt er: »Der Prinz hat mir und Elfi 37.000 Euro – zusammengerechnet – gegeben, hat aber behauptet, ich hätte 97.000 € Schulden.« Elfi hätte nach seinem Rauswurf vom Hof zweimal mit ihm den Weihnachtsmarkt besucht, habe schließlich wieder mit ihm spazieren gehen wollen und ihm auch einen Kuss gegeben. »Um des lieben Friedens willen brachte ich den Anhänger Heiligabend zurück und durfte deshalb Heiligabend auf dem Hof des Prinzen feiern. »Als ich die Geschenke aus dem PKW packte, stand mit mal der Prinz hinter mir und sagte: So, denk dran, am 28.! Du hast alles. Hast du probiert, wie man das macht? Weißt du wie es geht? Tatsächlich hasse ich selber Waffen, bin deswegen schon nicht bei der Bundeswehr gewesen. Ich habe zusammen mit meiner Familie Heiligabend gefeiert. Liesel war an dem Abend bei dem Prinzen in der Villa, genauso dessen Frau und dessen Sohn. Mit der übergebenen Waffe habe ich Schießversuche in der freien Pläne durchgeführt, aus dem Auto herausgeschossen und danach die Waffe in der Fahrertür abgelegt. Da lag die Waffe auch noch, als ich in dem Fahrzeug mit Frau und Kindern unterwegs war.« Auf die Frage, wo die Eigentumsnachweise für die Pferde nach der Tat geblieben seien, kündigt er an, dass die Polizei diese nächste Woche erhalte. Eine der Urkunden sei für den Zuchthengst Immo gewesen, deren Verkaufswert er auf über 100.000 € schätze. Den Namen des anderen Hannoveraners wisse er momentan nicht. »Das Pferd Immo wollte der Prinz nach Angaben der Elfi – das hat die mir Weihnachten erzählt – für den Anschaffungspreis von 40.000 € verkaufen. Und mehr sage ich zu den Pässen heute nicht!« Kurz darauf drängt es Eddi, nochmal auf die Liesel zurückzukommen: Liesel sei jedenfalls hellwach gewesen, als er geschossen habe. »Sie hat schon vorher, als ich noch im Flur war, »Eddi« gerufen. Keine Ahnung, woher die wusste, dass ich da bin! Ja, ich würde Ihnen gerne helfen, ich würde Ihnen auch gerne bei der Waffe helfen! Ich weiß wirklich nicht, wo sie geblieben ist.« Zum Prinzen befragt: »Der wollte sich nur bereichern. Der hat uns alle Wertgegenstände abgenommen, einen teuren Trockner, eine Industriewaschmaschine, eine Pferdesauna und diverse andere Maschinen. Außerdem will der die Pferde haben, aber mit welchem Recht er die Pferde haben will, weiß ich nicht. Der hat keinen Anspruch auf die Hengste Eddi und Satan, und auch nicht auf den Immo!« Im verächtlichen Ton schiebt er hinterher:»Der Prinz ist Spezialist für seelische Hinrichtungen! Der hatte, solange seine Mutter und sein Bruder lebten, auf dem Hof nichts zu sagen. Er wurde letztendlich von beiden nur belächelt. Frank war stinkefaul, hat die Leute nur schikaniert. Liesel hat den Prinzen auch gehasst. Das hat sie jedem gesagt, sie hat immer gesagt: Ich hasse den, das ist nicht mein Sohn, ich hasse ihn. Da ist ein Hass, das glauben Sie gar nicht!«

Nachdem er vom Hof geflogen sei, habe er beschlossen, ein paar Tage nach Kroatien zu fahren und da Urlaub zu machen »Einfach und ausschließlich Urlaub! Ich erzählte meiner Familie, dass ich nach Italien fahre, um eine Eismaschine für den Betrieb auf dem Hexenberg zu kaufen, mehr nicht. Das mit Kroatien habe ich verschwiegen, weil die Kinder das nicht gut gefunden hätten, wenn ich dort ohne sie hinfahre.« Ob er sein eigenes Handy schon vor der Tat weggeworfen habe, wisse er nicht. Er habe fest damit gerechnet, dass die Polizei sein Handy hat. Während bzw. nach der Tat habe er die Jacke voller Handys gehabt. »Dann habe ich die Pistole rausgeschmissen, die Kugeln rausgeschmissen, mal 2/3, die habe ich nie im ganzen Paket weggeworfen. Das weiß ich zum Beispiel noch ganz genau.«

Den Brief im PKW habe er geschrieben, weil er Mitte Dezember zu traurig gewesen sei. Eddi wird aufgefordert, den Brief vorzulesen. Als er den Beamten die Passage vorliest »Prinz, du bist ein Schwein, du fickst meine Frau und glaust mir die Kinder, du hast in ein Jahr 58.000 € geglaut und mir die Kinder und Frau geglaut. Du bist eine Drecksau, ich hoffe, du leidest wie ein Hund, du Schwein!«, erklärte Eddi kurzerhand, er könne das nicht lesen, wenn er das geschrieben habe, dann nur im Vollrausch. Bei dem Vorlesen fällt auf, dass der Beschuldigte den Satz »Schade, dass ich dich nicht erwischt habe«, offensichtlich gezielt weglässt.»Ich war vielleicht enttäuscht, weil er mich wieder hat blöd dastehen lassen und nichts davon gesagt hat, dass da noch eine dritte Person im Haus ist.« Auf die Frage, ob aus seiner Sicht alles gut gewesen sei, wenn Marita nicht da gewesen wäre, meint Eddi: »Dann wäre das, dann wäre das soweit gut, natürlich klar.«

Weil Kern abstreitet, nach der Tat irgendjemanden getroffen zu haben, die zwischenzeitlichen Ermittlungen aber belegen, dass er knapp 1,5 Stunden nach der Tat seine Stammtischrunde aufsuchte, die bis 18 Uhr tagte und sich bei seinem Eintreffen gerade verabschiedete, er sogar einem der Stammtischbrüder einen Zettel übergeben haben soll, wird 2 Tage nach Kerns Vernehmung Letzterer, der Zeuge Erwin Mönkenloh, aufgesucht. Die Staatsanwältin teilt ihm mit, dass sie davon überzeugt ist, dass der Beschuldigte, der die Tötung der zwei Geschädigten eingeräumt habe, ihm mehrere Handys übergeben hat. Mönkenloh rutscht nervös auf dem Sofa hin und her und behauptet: »Ich habe an dem Abend der Tat oder dem Vorabend unter meinem Carport eine Plastikhülle gefunden mit diversen Papieren und einem Handy. Am nächsten Tag habe ich das alles in den Tresor meines Autohauses gelegt.« Als die Beamten daraufhin das Autohaus durchsuchen, finden Sie im Tresor eine Plastikhülle, in der sich neben kroatischem Geld die vermissten Eigentumsurkunden der Pferde, das Handy des Kern und Fahrzeugpapiere des Frank befinden, die in einer Plastikhülle sind, an der sich Blutspritzer zeigen.« Die Untersuchung später ergibt, dass es sich um Blut des Frank handelt. Mönkenloh stellt sich auf den Standpunkt, nichts verheimlicht zu haben. »Ich sagte den Beamten, die mich im Vorfeld aufsuchten, dass ich noch Papier habe.« Allerdings lassen sich diese Behauptungen nicht mit den Vermerken der Polizeibeamten zu Kontakten zum Zeugen in Einklang bringen, weswegen gegen Mönkenloh nunmehr wegen versuchter Strafvereitelung ermittelt wird.

Bis zur Anklageerhebung werden viele Zeugen vernommen. Am Ende füllt die Akte mehrere Umzugkartons.

Knapp fünf Monate später startet die Hauptverhandlung, coronabedingt zunächst in der Stadthalle. Inzwischen hat Kern sich von der bisherigen Anwältin getrennt. Ihm wurden auf seinen Wunsch zwei andere

Anwälte als Pflichtverteidiger beigeordnet. Eddi Kern scheint seinen Auftritt vor den Kamerateams zu genießen.

Nach der Anklageerhebung erklären die Verteidiger, dass der Angeklagte einstweilen keine Angaben machen werde. Tatsächlich wird Kern während der gesamten Beweisaufnahme schweigen.

Es folgen 31 Sitzungstage mit interessanter Beweisaufnahme und schillernden Zeuginnen und Zeugen, die Eddi überwiegend als einen sehr manipulativen Menschen schildern, der weiß, Menschen an sich zu binden und Menschen für seine Zwecke auszunutzen. Dies gilt insbesondere für Elfi Rose, die dem Gericht berichtet:»Er hatte das Talent zwischendurch auch das Gefühl zu geben, du bist doch was Besonderes. Gleichzeitig trieb er bereits kurz nach Beginn der Beziehung systematisch einen Keil zwischen mich und meine Familie sowie Freunde. Er scheute nicht davor zurück zu behaupten, meine Mutter habe was mit meinem Bruder oder mein Bruder vergreife sich an unseren Kindern. Der sei pädophil – hat Eddi behauptet.« Als er mit dem Gestüt in die Insolvenz rutschte, hielt er seine Familie weiter in einer Blase, verschwieg Elfi die finanzielle Misere solange, bis die Bank schließlich die Zwangsverwaltung anordnen ließ.»Liebe? Nein, das kann man nicht sagen.« Peinlich berührt und sehr zögerlich räumt sie auf Nachfrage des Vorsitzenden ein:»Ja, ich hatte Sex mit einem Geschäftspartner von Eddi, Eddi war als Regisseur dabei und hat gefilmt.«

Besagter Sexpartner wird zu der Szenerie vernommen. Ihm ist der Auftritt sichtlich unangenehm – kein Wunder, wird er doch auch gefragt, warum der Angeklagte gefilmt habe. Der Zeuge mag darauf keine Antwort finden. Es sei insgesamt dreimal passiert, ob der Angeklagte immer gefilmt habe, wisse er nicht mehr so genau. Beim ersten Mal sei man alkoholisiert gewesen.»Plötzlich war da diese Idee im Raum. Danach haben wir uns gezielt dafür verabredet, einmal kam ich vom Sechs-Tage-Rennen in Bremen.« Der Zeuge atmet sichtlich auf, als der Vorsitzende endlich sagt:»Wir haben keine weiteren Fragen. Sie werden unvereidigt entlassen!«

Elfi berichtet: »Etwa vier Jahre vor der angeklagten Tat erhielt ich eine Erbschaft in Höhe von 250.000 Euro, die er innerhalb von 6 Monaten durchbrachte.« Wie? »Ein Teil für die Lebenshaltung, um die sich Eddi nicht kümmerte, ein Teil weiter für großspuriges Leben, für die Erhaltung des Pferdebetriebs, obwohl feststand, dass finanziell nichts mehr zu retten ist. Als die ersten 100.000 Euro weg waren, gab es großen Streit. Er hat mir vorgeworfen, das habe noch nie eine Frau mit ihm gemacht, nachdem ich mich zunächst weigerte, ihm das restliche Geld zu überlassen. Er legte Wert darauf, dass er das Geld verwaltet, dachte dabei aber nie an die Zukunft, sondern verprasste das Geld.« Wie es weiterging im Rahmen der Insolvenz? »Ein Jahr nach der Erbschaft hat er mir deshalb das Inventar auf der Reitanlage Seedorf sicherungsübereignet. Trecker, Weidemann, Waschmaschine, Sauna etc., nicht mit dem Ziel, mich abzusichern, sondern zu verhindern, dass diese Gegenstände an die Bank gehen. Während sich die Situation mit der Bank in Seedorf zuspitzte, lernte er den Prinzen kennen und hat den umgarnt, wobei ausgerechnet Frank den Kontakt hergestellt hat. Frank fand Eddi schon damals hochnäsig und unsympathisch.«

Marita, die körperlich gesund wirkt, berichtet, was sich vor Ort abgespielt hat, von dem Zusammentreffen auf der Diele und dem kurzen Gespräch sowie dem Schuss: »Er trat mir später gegen das Bein, um offenbar zu prüfen, ob ich noch lebe.« Kern schüttelt kräftig mit dem Kopf. »Es ist weiterhin unklar, ob ich Folgeschäden davontragen werde. Nach wie vor habe ich phasenweise heftigste, kaum erträgliche Kopfschmerzen. Eigentlich führe ich kein Leben mehr, ich habe seither eine massive Angststörung, kann nachts kaum schlafen.«

Der Prinz, der mit großer Spannung erwartet wird und zunächst wenig Neigung verspürt auszusagen, sich mit einem Attest krankmeldet, erscheint schließlich doch vor Gericht und erzählt: »Aggressive Grundstimmung gegenüber Frau und Kindern habe ich als erschreckende Normalität wahrgenommen, insbesondere in letzter Zeit. Eddi wollte für sein Gestüt 4,2 Mio., tatsächlich war dies maximal die Hälfte wert. Er behauptete, die Bank beute ihn aus, dies, obwohl er zeitgleich erzählte, dass er seit geraumer Zeit keine Zinsen und Tilgung zahlt. Der Angeklagte war starrsinnig, zu keinerlei Zugeständnisse gegenüber der Bank bereit. Ich habe Anwälte beauftragt, versuchte, noch etwas zu retten und Eddi zu unterstützen. Eddi hat in der Phase sogar Pferde verkauft und statt den Erlös der Bank zu geben, ein neues teures Pferd erworben. Schließlich habe ich ihm etwa 12 Monate vor der Tat erlaubt, mit seiner Familie und 7 Pferden auf das von mir neu erworbene Gestüt zu ziehen. Meine Mutter war bereit, ihre Wohnung vorübergehend für Edgar und Familie zu räumen, um die Obdachlosigkeit der Familie zu verhindern. Die Vereinbarung lautete: Nur 3 Monate! Doch schlussendlich blieb die Familie dort bis zum Mord. Vereinbart war mietfreies Wohnen, im Gegenzug sagte Eddi zu, dass alles Inventar aus Seedorf auf meinem Gestüt bleiben soll, wie etwa Trecker und Weidemann. Entsprechend der Vereinbarung übergab Eddi mir die Fahrzeugpapiere für den Trecker. Dies war mit Elfi als Eigentümerin abgestimmt, sie war damit einverstanden und fand dies als Gegenleistung fair.«

Die Schwester des Prinzen ergänzt dazu:»Frank und Liesel wurden zunehmend ungeduldig und fragten immer wieder nach. Eddi sagte im Frühjahr fest zu, bis zum Geburtstag meiner Mutter im Sommer – wenige Monate vor der Tat – ausgezogen zu sein. Liesel hatte zunehmend den Eindruck, dass Eddi keinen guten Einfluss auf Herbert hat, u.a. missfiel ihr der Alkoholkonsum.« Weil wegen der von Frank und Liesel geforderten Räumung erneut die Obdachlosigkeit der Familie des Angeklagten droht, entschließt sich der Prinz, das Haus in Seedorf für die Familie zu kaufen. Der Prinz berichtet dem Gericht:»Wir haben vereinbart, dass ich das Haus kaufe und auch umbaue, Eddi sollte dort mietfrei mit Familie wohnen. Anfangs hatten wir uns darauf verständigt, dass die Bäder mit dem Charme der 60er Jahre entfernt und neugestaltet werden. Doch Eddi hatte immer neue Wünsche, er wollte, dass Wände versetzt werden, es wurde eine neue Treppe eingebaut, die Dusche sollte Musik spielen und besonders groß sein, damit er da zusammen

mit Elfi duschen kann. Aus dem Objekt wurde immer mehr eine Groß-
baustelle! Hinzu kam, dass ich ihm 13.000 Euro für Löhne gab, das Geld
wurde nicht an die Arbeiter weitergeleitet. Insgesamt habe ich etwa
40.000 Euro für Renovierung investiert. Die Renovierung verzögerte
sich wegen immer neuer Extrawünsche des Angeklagten. Die Gesamt-
situation zehrte zunehmend an der Stimmung auf dem Gestüt.«

Die ehemalige Lebensgefährtin des Prinzen, die sich nach der Tat
von diesem getrennt hat und von einem Rosenkrieg zwischen ihr und
dem Prinzen um das Sorgerecht für den gemeinsamen Sohn berichtet,
bekundet:»Der Angeklagte bat mich Kakerlaken im Internet zu bestellen, die er dem Käufer des insolventen Gestüts auf den Hof setzen
wollte, um diesen zu schädigen.« Andere Zeugen erzählen, dass Eddi
sich auf dem fremden Gestüt quasi wie der Chef aufführte, dominant,
machtbesessen, breitete sich dort aus, kommandierte die Angestellten
rum, pöbelte lautstark, ging ohne zu fragen im Haupthaus ein und aus.
Die Angestellten beschwerten sich zunehmend über den Umgangston.
»Er hat dort Macht ausüben wollen und uns da alle eher geduldet.«, so
Prinzessin Charlene, Tochter des Herbert.

Das weitere Leben dort gestaltete sich aber nicht so, wie sich das
der Angeklagte vorstellte. Elfi hatte Kontakte zu anderen auf dem Hof.
Je größer die finanzielle Misere wurde umso mehr wuchs auch seine
Sorge, auch noch Elfi zu verlieren, umso mehr übte er Kontrolle aus.
Elfi Rose formuliert das in der Hauptverhandlung so:»Er war wie eine
Schlinge, die immer enger wurde. Meinen Wunsch, zu arbeiten, lehn-
te er rigoros ab, zerlegte mir einmal sogar deshalb das Badezimmer.
Er dichtete mir mit allen auf dem Hof ein Verhältnis an, kommandierte
mich zunehmend vor Dritten rum, wenn denen das peinlich war, sagte
er: Die kennt das so!«

Der Prinz resümiert:»Das war zum Fremdschämen! Ich habe mich
darum gekümmert, eine Arbeitsstelle für Eddi zu finden. Es gab ein Angebot, 5000 Euro brutto im Monat, das hat Eddi aber ausgeschlagen.
Zu arbeiten war nicht seine Intention – und das war dann der erste

Knackpunkt für mich, als ich mit dem Geschäftsführer einer Berliner Firma telefonierte und man mir dort deutlich sagte: Mit Eddi Kern keine Geschäfte! Den kennen wir schon über 20 Jahre. Das darauffolgende Gespräch mit Eddi empfand ich als sehr ernüchternd. Eddi vermutete, dass ich dahinterstecke, ich die Geschäfte mit der Berliner Firma lieber alleine machen wolle. Er behauptete, ich würde ihn betrügen, wolle alles für mich. Das war völlig absurd! Ab da stand für mich fest, dass ich mit Eddi keine Geschäfte mehr machen will. Und dass ein schriftl. Vertrag her muss wg. der Darlehen.«

Ob er was von Krankheiten des Kern wisse? Der Prinz nickt:»Im Juli letzten Jahres behauptete Eddi mir gegenüber, er sei unheilbar an Krebs erkrankt« – ein Raunen geht durch den Gerichtssaal –»habe überall Metastasen, deshalb nicht mehr lange zu leben, max. noch 3 Monate bis 2 Jahre. Er würde so gerne nochmal mit der Familie nach Kroatien, aber ihm würden leider 10.000 Euro dafür fehlen. Ich habe ihm deshalb 8000 Euro gegeben, damit er sich den letzten Wunsch erfüllen kann.«

Elfi erzählt dem Gericht, dass sie in diesem Urlaub in Kroatien nicht mal den Namen Frank hätte in den Mund nehmen dürfen.»Er flippte dann aus, hat mir das untersagt. Im September habe ich mich von Eddi getrennt. Eddi legte Wert darauf, dass die Trennung nicht nach außen offiziell kundgetan wird. Nach außen sollte heile Welt sein! So richtig durch war ich mit ihm, als er behauptete, dass von den 8000 Euro nichts mehr übrig sei, um unserer Tochter ein Geburtstagsgeschenk zu kaufen. Da war mir klar, dass ich wieder einmal belogen werde. Als ich Ende Oktober/Anfang November die Trennung nach außen kommunizierte, wurde Eddi noch extremer. Unser Sohn durfte keinen Kontakt mehr zu der Familie des Prinzen haben. Zuletzt gab es fast ständig Streit vor den Kindern. Eddi rastete aus, wenn ich in die Villa ging, um dort das W-Lan zu nutzen. Heiligabend hat er mit uns gefeiert. Rückwirkend betrachtet hat er den Kindern gruselige Geschenke übergeben, eine Spielzeugwaffe sowie einen riesigen Teddy für unseren Sohn und eine lebensgroße Puppe für unsere Tochter, die sich nie für Puppen interessierte. An dem

Abend hat er den Kindern gesagt, dass er nach Weihnachten längere Zeit nicht da sein werde. Unser Sohn fragte, ob er nach Dubai wolle, der Angeklagte antwortete, dass er ihm nichts Genaues dazu sagen könne.« Ob Kern auch mal gegenüber dem Prinzen dankbar gewesen sei? Elfi reagiert überrascht: »Zu keinem Zeitpunkt ein Hauch von Dankbarkeit des Angeklagten, vielmehr: Hass bzw. zunehmend Wut auf die Familie des Prinzen, den er für die Misere immer mehr verantwortlich machte, wieder einmal einen Schuldigen suchend, obwohl er selber verantwortlich war. Er ließ zunehmend kein gutes Haar mehr an dem Prinzen.«

Eine Zeugin erzählt: »In dieser Phase zeigte sich Frank immer skeptischer. Es gab gemeinsame Telefonate innerhalb der Familie. Frank bat: Passt auf, der ist gefährlich. Das ist ein Narzisst. Der hat Waffen, der dreht irgendwann durch.« Ein Zeuge weiß dem Gericht zu berichten: »Liesel war sauer. Sie hat gesagt: Der geht da einfach nicht raus! Mein Sohn lässt sich von dem vorführen!«

Eine andere Zeugin sagt: »Eddi hat Frank und Liesel mir gegenüber als Macht des Bösen, als Pack bezeichnet.«

Eddis Cousine erzählt im Zeugenstand: »Nach dem Rauswurf erinnerte sich Eddi an mich zurück, er hatte über 10 Jahre keinen Kontakt mehr zu mir. Den Kontakt hat er abgebrochen, nachdem mein Mann und ich unser gesamtes Vermögen durch einen Brand verloren hatten. Und an diesem Abend im Dezember stand er dann plötzlich vor meiner Tür. Ob er bei mir übernachten könne? Er hat abends gerne Jonny Walker mit Cola getrunken. Zum Teil haben wir uns zu zweit eine Flasche abends geteilt. Nein, betrunken waren wir nie.« Auf ihre Frage, ob der rote PKW der Fahrschule gehöre, behauptete er wahrheitswidrig, es sei sein Fahrzeug. »Irgendwann hat er mich gefragt, ob ich Waffen hätte oder ich wüsste, wo man Waffen besorgen kann. Ob das vor oder nach der Kroatienreise war, weiß ich nicht mehr. Er hatte wohl gedacht, dass ich noch Waffen von meinem verstorbenen Mann habe, der Jäger war. Er behauptete, bedroht zu werde, er wolle sich schützen.«

Der Zeuge Mönkenloh wird ausführlich darüber belehrt, dass er wegen des gegen ihn anhängigen Ermittlungsverfahrens infolge des Verdachts der versuchten Strafvereitelung keine Angaben machen müsse, Mönkenloh will aber unbedingt aussagen:»Eddi hat am 23.12. Trecker und Anhänger abgeholt. Beides stand bei uns in der Firma zur Reparatur. Er sagte, dass er die Fahrzeuge bis Montag nach Weihnachten benötige, danach solle ich diese wie vereinbart verkaufen, vom Erlös die Reparaturkosten abziehen. Wenn mir vorgehalten wird, dass die Polizei bei mir Eigentumsurkunden von Pferden und Fahrzeugpapiere des Frank, die in einer Hülle mit Blutspritzern steckten, gefunden hat und ich das der Polizei verschwiegen haben soll bis zur Durchsuchung meiner Firma, kann ich nur sagen, dass ich keine Verbindung zwischen den Papieren und dem Handy sowie der Tat hergestellt habe, auch wenn ich am Tatabend in den Besitz der Sachen gelangt sein sollte.« Die Staatsanwältin reagiert fassungslos, erinnert ihn vergeblich an seine Wahrheitspflicht, Mönkenloh bleibt dabei, auch bei der Behauptung, dass Kern ihm die Papiere und das Handy nicht bei dem Treffen vor dem Stammtisch übergab, sondern er die Unterlagen unter dem Carport entdeckte.

Das Gericht vernimmt einen der Vernehmungsbeamten, die Eddi als Beschuldigten verhörten. Ob Eddi Reue gezeigt habe?»Er hat das erzählt wie eine Geschichte, ohne Reue, nicht traurig, er hat das einfach so erzählt!«

An einem weiteren Sitzungstag nimmt die Kammer die Tatwaffe mitsamt Schalldämpfer und Waffenkoffer in Augenschein. Ein Polizeibeamter bringt die Asservate in den Sitzungssaal. Die Waffe mit dem Aufdruck made in Slowenia wird zusammengebaut, der Schalldämpfer aufgeschraubt. Die Verfahrensbeteiligten erhalten Gelegenheit, die Waffe in die Hand zu nehmen. Eddi wirkt desinteressiert.

Hingegen scheint er genau zuzuhören, als ein weiteres Mitglied der sog. Herrenrunde versucht, Eddi als normalen und anständigen Kerl darzustellen. Erst als der Vorsitzende dem Zeugen vorhält, dass er sich bei der Polizei alles andere als freundlich zum Charakter des Angeklagten geäußert habe, rückt er raus:»Eddi war immer ein kleiner Anscheißer.« Danach hält er sich sofort die Hand vor den Mund und fragt, ob das alles protokolliert werde. Als er mal für Eddi Tiefbauarbeiten durchgeführt habe, habe Eddi die Rechnungen nur nach mehrfachen Mahnungen beglichen. Elfis Eltern bleibt wenig erspart in dem ganzen Drama. Auch sie werden vorgeladen. Die Mutter erzählt dem Gericht, dass Eddi ihrer Tochter vorgegaukelt habe, sie in Dubai zu heiraten.»Stellen Sie sich mal vor. Da hat sich das Mädchen ein Brautkleid gekauft. Aus der Hochzeit wurde aber nichts. Eddi hat ernsthaft behauptet, ich hätte gegen Geld Papiere verschwinden lassen, weshalb die Hochzeit geplatzt sei. Erst vor einigen Tagen habe ich das Brautkleid wieder in den Händen gehabt!«

Romano Renner hat eine Weile auf derselben Station der JVA zugebracht wie der Angeklagte. Romano berichtet dem Gericht»Eddi, der bei uns der Mantelmörder heißt, hat eines Tages beim Billardspiel geprahlt, dass er die zwei erschossen hat, weil er das habe tun müssen, um seine Familie zu schützen. Er habe mit der Staatsanwältin gesprochen. Die Staatsanwaltschaft sei auf seiner Seite.« Offenbar hat Eddi mal wieder gezielt die Unwahrheit an den Mann gebracht.

An demselben Tag werden die Obduzenten vernommen.

Die Professoren schildern den Verfahrensbeteiligten die festgestellten Verletzungen, auch, dass Frank die Verletzungen noch 5 bis 15 Minuten überlebte. So sei er schließlich an einer Kombination aus Kopfschuss und Luftembolie des Herzens verstorben. Die Luft, die durch den Schuss in das Gehirn gelangte, habe das Herz angesaugt. Etwa ein Viertelliter Blut sei in der Lunge gewesen, also noch eingeatmet worden.

Dafür, dass Liesel bei Schussabgabe gesessen habe, gäbe es keinen einzigen Hinweis. Vielmehr ließe sich die Linksseitenlage, in der sie gefunden worden sei, mit dem festgestellten Schusskanal in Einklang bringen. Damit die Nichtmediziner die Ergebnisse nachvollziehen können, legt der Arzt Aufnahmen vor, auf denen Eintrittswunde und Schusskanal markiert sind.

Ferner vernimmt die Kammer die 17jährige Enkelin der Liesel, die mit tränenerstickter Stimme und zitternd die Folgen der Tat für die Familie berichtet. Eine glückliche Familie sei zerstört worden, alle seien nun in Therapie.

Konstanze Brümmer, ähnlich alt wie Eddi, bezeichnet sich selbst als Pferdecoach und gerät vor Gericht nahezu ins Schwärmen:»Eddi kenne ich seit fast 30 Jahren. Wir haben oft zusammen gefeiert, er war immer ein toller und großzügiger Gastgeber, hatte für jedes Problem eine geniale Lösung. Eddi hat einfach Macherqualitäten. Seine junge Freundin hatte nie so ein Wissen wie er und seit er die kennengelernt hat, ging es bergab. Schließlich wurde Eddi ganz hässlich rausgeworfen, von jetzt auf gleich, weil sie mit dem Prinzen ein Verhältnis hatte, der sich gegenüber den Kindern als neuer Papa aufspielte.« Auf die Frage nach Eddis Charakter äußert sie strahlend:»Mit Eddi kann man in einem Wohnwagen leben, sich einfach anlehnen!« Schließlich erzählt sie dem Gericht, dass Elfi mal bei ihr zu Besuch gewesen sei, irgendwann vor Weihnachten.»Dann klingelte ihr Handy, auf dem Display stand Prinz und als sie drangging, flackerte sie auf Hormonhoch!« Als Eddi in einer Pause die Fußfesseln angelegt werden, rinnen der Zeugin dicke Tränen über die Wangen.

Einige Tage später sind zwei weitere Herren des Stammtisches geladen. Günther Börner, von Beruf Milchprobennehmer, betritt im Holzfällerhemd und mit Hosenträgern den Gerichtssaal. Wie Eddi Kern so gewesen sei, will der Vorsitzende wissen. Die norddeutsche Antwort:»Normal wech, näch!« Was das heiße?»Ja so normal wech eben!« Am Abend des Tattages habe er mit einigen anderen Herren den Stammtisch verlassen. Draußen habe es geregnet, es sei stockdunkel gewesen.»Aus der Dunkelheit habe ich dann eine Stimme gehört, die sagte: Hallo Günther! Aber gesehen habe ich keinen. Ich habe auch nur hallo gesagt und bin wechgegangen.« Der zweite Stammtischbesucher antwortet auf die Frage der Staatsanwältin, was später erzählt worden sei von denen, die Kern an dem Abend gesehen hätten:»Nichts!« Und wie und mit wem er heute zur Sitzung gekommen sei:»Ja im Audo mit dem Sander vom Stammtisch.« Ob der Zeuge Börner auch mitgefahren sei: »Ja klar.« Und worüber man sich auf der einstündigen Herfahrt unterhalten habe:»Gar nicht, näch!«

Drei Tage vor Heiligabend nimmt die Kammer die Plädoyers entgegen. Die Staatsanwältin beantragt am Ende ihres dreistündigen Vortrags eine lebenslange Freiheitsstrafe und die Feststellung der besonderen Schwere der Schuld.

Ausgerechnet am Jahrestag der Tat verkündet das Landgericht um 13 Uhr das Urteil:»Der Angeklagte Kern wird wegen Mordes zu einer lebenslangen Freiheitsstrafe verurteilt. Die besondere Schwere der Schuld wird festgestellt.«

In der mündlichen Begründung erklärt der Vorsitzende, warum die Kammer von der Schuld des Angeklagten überzeugt und die Behauptung, der Prinz habe ihn angestiftet zweifelsfrei gelogen ist. Er fasst die Geschehnisse in der Kurzformel zusammen:»Eine Reitanlage, viel Geld, zwei Männer und eine Frau, Machtspiele und Intrigen auf einem niedersächsischen Gestüt, ein Geschehen zwischen Dallas und Denver-Clan.« Und dann führt er fort:»Die Tötung der zwei Menschen erfolgte eindeutig aus Hass und Wut auf den Prinzen. Es ist reiner Zufall, dass die weitere Geschädigte überlebt hat. Der Angeklagte war mit der eigenen Reitanlage gescheitert, hatte im wahrsten Sinne auf das falsche Pferd gesetzt. Nunmehr nahm der Prinz, ein Geschäftsmann mit erheiratetem Adelstitel, den Angeklagten und dessen Familie auf. Die Männer waren zunächst eng befreundet, rauchten und tranken zusammen. Der Prinz war keineswegs ein Mensch, der nur Gutes tat. Der Angeklagte aber nutzte den Prinzen aus, prellte diesen um fast 100.000 Euro. Das Gericht ist davon überzeugt, dass sich ein sexuelles Verhältnis zwischen der damaligen Lebensgefährtin des Angeklagten und dem Prinzen entwickelte und beide Zeugen insoweit die Kammer belogen haben.« Und dann wendet sich der Vorsitzende Eddi zu:»Das haben Sie dem Prinzen nicht verziehen! Sie nahmen Rache, indem Sie beschlossen, dem

Prinzen das Liebste und Wichtigste zu nehmen, dessen Bruder und dessen Mutter. Die Kammer ist auch davon überzeugt, dass Sie nach der Tat dem Zeugen Mönkenloh die Pferdepässe, Fahrzeugpapiere und das Handy übergaben mit dem Ziel, dass Mönkenloh dies alles gut verwahrt. Soweit der Zeuge hier anderes behauptet hat, ist die Kammer davon überzeugt, dass er gelogen hat.«

Die Revision des Angeklagten wurde verworfen, Mönkenloh einige später Monate durch das örtlich zuständige Amtsgericht wegen versuchter Strafvereitelung und uneidlicher Falschaussage zu einer Freiheitsstrafe verurteilt, deren Vollstreckung gegen Geldauflage zur Bewährung ausgesetzt wird. Elfi Rose wird im November 2024 zu einer empfindlichen Geldstrafe verurteilt, nachdem das Gericht zu dem Ergebnis gelangt, dass sie die Schwurgerichtskammer im Prozess gegen Eddi Kern belogen hat. Sie hat nunmehr eingeräumt, zumindest einmal sexuell mit dem Prinzen verkehrt zu haben.

Die Sicht der forensischen Psychiaterin

Wenn es nur eine fachlich begründete Lebensweisheit gäbe, die man als forensische Psychiaterin Menschen mit auf den Weg geben könnte, dann würde diese lauten: *Hüten Sie sich vor Psychopathen.* Das ist ernst gemeint, aber leichter gesagt als getan, denn Menschen mit einer hochgradigen Ausprägung psychopathischer Eigenschaften sind gleichermaßen hochgradig manipulativ, besitzen (für den unkundigen Betrachter) einen reizvollen Charme und können bei oberflächlicher Betrachtung »nett« wirken, sind aber zugleich hochgradig dominant, auch schnell bedrohlich und einschüchternd und sie schrecken vor nichts zurück, sind also auch zu schwerer Gewalt bereit. Als Mensch mit ausgeprägten psychopathischen Eigenschaften kann man vieles werden und auch vieles zugleich: man kann Leute betrügen, man kann Hochstapler werden, man kann Leute komplett ausnutzen und sie wirtschaftlich aussaugen, man kann die eigenen Interessen auch mit äußerst gewalttätigen Methoden durchsetzen und den Unmut, den andere Menschen zu erzeugen sich erdreistet haben, schlichtweg mit Tötung bestrafen. Eddi ist so ein kaltblütiger, machtgieriger, äußerst dominanter, berechnender und gewaltbereiter Psychopath. Das besonders Unerfreuliche ist, dass man sie schlecht loswird, wenn sie es sich einmal im sozialen Nahfeld gemütlich gemacht haben.

Der Tatablauf, der von der überlebenden Zeugin Marita geschildert wird, entspricht dem Muster dieser klassischen Hinrichtungen. Es geht um Tötungsdelikte, die vom Täter im wahrsten Sinne des Wortes eiskalt und in der Regel dann auch mit einer geeigneten Waffe durchgezogen werden und als Rache oder Bestrafung für irgendetwas dienen sollen, wobei die Bestrafung auch gerne nur aus einem durch und durch psychopathischen Gerechtigkeitsverständnis abzuleiten ist. Faktisch handelt es sich um hoch kriminelle Willkür. Typisch für solche persönlichen Hinrichtungen ist der zielgerichtete Zugang zu den Opfern, das Aufsuchen der Opfer ohne unnötige Zeit mit überflüssigen Gesprächen und Freundlichkeiten zu verschwenden. Am Ort ist man am Ziel, tut, was man zu tun hat, und verschwindet. Dass Marita überlebt hat, ist reines Glück und hat nicht sein sollen, denn bei Hinrichtungen schätzt der Mörder keine unnötigen Opferzeugen. Insofern hat die Opferzeugin auch intuitiv völlig richtig erfasst, in welcher absolut lebensbedrohlichen Situation sie sich befunden hat. Für die Brutalität, die leichtfertig an den Tag gelegt wird, spricht auch, dass an einem Ort faktisch zwei Leute erschossen wurden, aber drei hatten erschossen werden sollen. Die Aussage von Eddy, dass er ja gegen die dritte Person gar nichts gehabt habe, stimmt natürlich. Aber genau das passt ja zum Psychopathen: die Frau hat mit ihm gar nichts zu tun und hätte eben trotzdem sterben sollen, einfach, weil sie da war. Psychopathen sind gewissermaßen Leute, die einem freundlich sagen können, dass man das jetzt nicht persönlich nehmen solle, aber erschießen müsse man das Gegenüber jetzt leider trotzdem. Eine weitere Besonderheit ist, dass man Lügengeschichten aufgetischt bekommt, hinter denen die wahren Absichten der Person versteckt werden sollen, oder aber andere Leute möglichst auch maximal geschädigt werden sollen, wie hier in diesem Fall durch die Lüge, Eddi sei von Prinz Herbert beauftragt worden, die Mutter Liesel und den Bruder Frank zu erschießen.

Der Fall um die speziellen Familien- und Besitzverhältnisse und die in vielerlei Hinsicht schillernden Personen ist komplex und ein wenig verworren.

In Bezug auf die Beurteilung des Beschuldigten und später dann ja auch faktisch zu lebenslanger Haft wegen Mordes mit besonderer Schwere der Schuld verurteilten Täters Eddy ist die Aufgabe für einen forensisch-psychiatrischen Sachverständigen im Endergebnis nicht besonders schwierig und die Simplizität der Aussage solcher Gutachten steht durchaus in einem vielleicht überraschend wirkenden Missverhältnis zum Aufwand der ganzen Verhandlung und dem feinen Gespinst an sozialen Beziehungen der Personen untereinander. Das liegt bei Gutachten zur Schuldfähigkeit an folgendem: in der Schuldfähigkeit gemindert sein kann nur jemand, der an bestimmten psychischen Störungen leidet, die so schwerwiegend sind, dass sie die Realitätskontrolle, die Kontrolle von Emotionen und Impulsen, das Meinhaftigkeitserleben der eigenen Handlungen und Entscheidungen so schwerwiegend beeinträchtigen, dass diese psychische Beeinträchtigung mit einer schizophrenen Psychose vergleichbar ist oder sogar eine solche Erkrankung ist. Auch bei Intelligenzminderung muss eine so deutliche Einbuße an verfügbarem Wissen über Normen und Verbote vorliegen und eine so deutliche Reifungsverzögerung in der Persönlichkeit, dass man dem Betroffenen die Befähigung zur voll umfänglichen Verantwortlichkeit für seine Tat aberkennt. Bei Persönlichkeitsstörungen, wie in diesem Falle, sind die Anforderungen besonders hoch, weil ein Mensch mit einer Persönlichkeitsstörung im Alltag durchaus unauffällig agieren kann, eine intakte Kontrolle über die Realität hat und keinen bizarren Ideen unterworfen ist. Persönlichkeitsstörungen zeigen sich in sehr zugespitzten Charaktereigenschaften, sehr unflexiblen, den Umgang mit anderen Menschen prägenden Verhaltensweisen und Überzeugungen. Das allein bedeutet aber nicht, dass jemand sich nicht trotzdem gegen die Begehung einer Straftat entscheiden kann. Diese Frage, ob der Täter zur Tatzeit die Tat auch hätte unterlassen können, berührt den Kern der Frage nach der Schuldfähigkeit. In diesem Fall läuft es auf die Frage hinaus, ob es psychiatrisch beschreibbare, diagnostisch gesicherte Gründe gegeben hat, aus denen heraus Eddi die Taten aus einer unabdingbaren inneren Notwendigkeit hätte begehen müssen. Das ist aber nicht der Fall.

Eddi begibt sich zu dem Haus von Liesel und ihrem Sohn Frank. Er trifft auf die ihm unbekannte Marita und fragt mit der Verwendung des Spitznamens »Goldi« nach den Opfern, wobei der Spitzname beim Gegenüber Vertrauen wecken soll. Wer Leute beim Spitznamen nennt, ist üblicherweise mit ihnen gut vertraut. Dann erfolgt sofort der erste Angriff auf die Opferzeugin, die für den Täter keine Bedeutung hat, außer dass sie stört. Natürlich hätte Eddi auch nochmal schießen können, aber mitunter spielen dann auch solche Überlegungen eine Rolle, dass der Täter davon ausgeht, dass ein überlebendes Opfer sich im Zuge der erlittenen körperlichen Verletzung dann an wichtige Details ohnehin nicht wird erinnern können. Es folgt die Erschießung der beiden Zielpersonen.

Schon die Kindheit und Jugend verweist auf ein hohes Risiko für eine spätere antisoziale Karriere: Eddi verlässt die Sonderschule ohne Abschluss, zu Hause werden die Eltern ihrem Sohn nicht Herr, es gibt eine unstete berufliche und ökonomisch unsolide Tätigkeit und man darf bezweifeln, dass ein jobbender Mann ohne Schulabschluss nach dem Besuch einer Sonderschule eine Firma hochzieht, die dann für mehrere Millionen verkauft wird. Plausibel ist das auf den ersten Blick nicht. Auch die spätere Geschichte von den Metastasen, die überall in seinem Körper seien und ihm nur noch eine begrenzte Lebenszeit bescherten, dafür allerdings dann ein Urlaubsbudget von 8.000 Euro, gehörte offenbar in das Reich der Lügenmärchen, die immer nur das Ziel haben, andere für die eigenen Zwecke zu manipulieren.

Die Ex-Frau Elfi gibt eine passende Charakterisierung ihres Ex-Mannes: erst umwirbt und umgarnt er sie, dann wird sie zu ihm gefälligen Dienstleistungen herangezogen, sie musste um Geld fragen, sie sollte von ihm noch erzogen werden und der Besitzanspruch über die Frau zeigte sich in dem Satz »Eddi Kern verlässt man nicht!« Männer, die dieses Motto ausgeben, fallen häufig im Rahmen von Trennungen durch Gewalt gegen die ehemalige Partnerin auf, sei es durch Vergewaltigungen zum Zweck der Abstrafung und Demütigung, sei es durch Stalking oder gar durch Tötung. Schon die von der Ex-Frau kolportierte Aussage ihres Mannes, er könne sie noch erziehen, verweist eindeutig darauf, dass es sich hier nicht um ein Liebesverhältnis auf Augenhöhe handelt, sondern um eine funktionale Partnerschaft unter Machtaspekten. Es folgt das, was in der Psychopathy-Checkliste mit dem etwas heiklen Begriff des »parasitären Lebensstils« bezeichnet ist, nämlich das Leben auf anderer Leute Kosten und Geld. Elifs Erbe wird von ihm für sich verwendet. Es geht um eine hedonistische Lebensführung mit Urlaub, Luxusartikel, Partys, für die andere aufkommen und es ist selbstverständlich, dass die eigentliche Erbin über die Verwendung ihres Geldes nicht bestimmen kann. Der parasitäre Lebensstil setzt sich unter Ausnutzung der vermeintlichen Freundschaft zu dem wohlhabenden Herbert fort, der für Eddi weniger Freund als das perfekte Objekt zur ökonomischen Ausnutzung ist. Auf dem fremden Anwesen benimmt er sich wie ein asozialer Herr im Haus. Auch das seine Kinder den Hund quälen, spricht für ein eher tiefgreifend gestörtes familiäres Milieu im Hause des Eddi Kern, bei dem die Kinder ihre emotionale Anpassungsleistung oder aber auch das Lernen am schlechten Vorbild in Tierquälerei ausagieren. Die Erziehung jedenfalls zeigt deutliche Züge der Verrohung. Dass Eddi dem Sohn einen Film schickt, wie ein Schwein getötet wird, zeugt, ebenso wie das Erschlagen eines Fuchses vor den Augen eines Kindes, von charaktersadistischen Zügen und offenbar auch von der

Idee, Söhne möglichst früh an emotionale Verrohung und Abhärtung zu gewöhnen. Dass er in der Familie für ein Klima der Angst und des Unbehagens sorgt, zeigt sich auch in der Schilderung seiner Ex-Frau, die angab, Angst gehabt zu haben, als er mit ihr und den Kindern in eine einsame Gegend fuhr. Dass Lügengeschichten zum Konzept gehören, hatte mittlerweile sowohl die Ehefrau wie auch Herbert begriffen. Der Gipfel der Lüge ist die Geschichte vom Auftragsmord. Die Manipulativität und die Vielgestaltigkeit in den Ideen, einem anderen Menschen zu schaden, zeigt sich auch in der Order, Kakerlaken zu bestellen, um sie auf dem Hof auszusetzen. Eine gut bezahlte Arbeit, die dem ungelernten Mann angeboten wurde, schlug er natürlich aus, denn Eddi Kern geht es nicht um Arbeit, schon gar nicht um eine solche Begrenzung von Einkünften, sondern andere haben Geld und Wohlstand. Das muss für ihn reichen.

Psychopathy ist eine besondere Merkmalskombination der antisozialen Persönlichkeit. Diese Personen sind gekennzeichnet durch Rücksichtslosigkeit, große Durchsetzungsfähigkeit, wiederholtem Verstoß gegen Normen und Gesetze, Reuelosigkeit, Risikobereitschaft und fehlende Ansprechbarkeit für Strafe, Egozentrik und Bindungslosigkeit. Auch wenn es sich dabei in der Tat um eine Persönlichkeitsstörung handelt, von der in der Bevölkerung rund 3 % der Männer und 1 % der Frauen betroffen sind, so führt diese Störung nicht zu einer Schuldminderung, weil nämlich die Begehung von Straftaten eine bewusste Entscheidung zur Gestaltung des eigenen Lebens ist und die Personen aus eigener Überzeugung ihre maximale Durchsetzungsfähigkeit und Verfolgung ihrer Ziele ausleben. Wäre eine antisoziale bzw. dissoziale Persönlichkeit an sich bereits ein Grund für Schuldminderung, so entstünde das kuriose Paradoxon, dass schon die Begehung einer Tat an und für sich zugleich deren Entschuldigung nach sich zöge. So ist es nicht. Antisoziale Menschen betrachten ihre Umgebung ausschließlich unter dem Aspekt des Nutzens für sie selbst. Dabei ist es wichtig, die Anderen möglichst stark zu kontrollieren und sie sich zu unterwerfen, damit aus ihnen maximaler Nutzen herausgezogen werden kann.

Die starke Kriminalitätsbelastung von Menschen mit dieser Persönlichkeitsstörung zeigt sich auch darin, dass in Gefängnissen ungefähr 70 % der Insassen eine dissoziale bzw. antisoziale Persönlichkeitsstörung haben. Der Anteil von Menschen mit einer sehr ausgeprägten Psychopathy ist unter Insassen der Sicherungsverwahrung, also der sog. »Hang-Täter« sehr hoch. Bei ihnen handelt es sich um besonders rückfallgefährdete Gewaltstraftäter, deren Lebenslauf durch notorische Delinquenz und sich aneinanderreihende Inhaftierungen gekennzeichnet gewesen ist, bis dann letztlich die Sicherungsverwahrung zusätzlich gegen sie verhängt wurde, weil dem Schutz der Allgemeinheit nicht anders gedient werden kann.

Gutachten, die später bei Inhaftierten zur Gefährlichkeitsprognose erstellt werden, sind oftmals dann sehr viel komplizierter, weil – gerade bei lebenslanger Haft – Gutachtenprobanden schon im relativ hohen Alter sind, die Gewaltbereitschaft von Menschen ganz allgemein mit dem hohen Lebensalter abnimmt, andererseits aber psychopathische Eigenschaften wie Macht- und Dominanzbedürfnis sowie Manipulativität erhalten bleiben und Psychopathen auch auf Dauer ein sicheres Gespür für deutlich schwächere Personen haben, die sie unterdrücken, für sich einspannen, ausnutzen und kontrollieren können. Prognosegutachten über Personen mit Tötungsdelikten, insbesondere auch Mehrfachtötung sowie über Personen mit schweren sexuellen Gewalttaten sind in der Regel sehr aufwändig. Nicht selten haben Personen mit dieser Persönlichkeit auch während ihrer langen Haftzeit dann schon wieder eine Partnerin, die sie für ihre Interessen einsetzen können und die auch als sog. sozialer Empfangsraum dann benannt wird, um den Eindruck zu erwecken, dass der Täter in ein geordnetes Milieu in Freiheit zurückkehrt. Wegen der Besonderheiten der hohen Manipulativität und der geringen authentischen emotionalen Ansprechbarkeit sind auch Reuebekundungen häufig rhetorischer Natur und sagen nichts über eine wirkliche innere Auseinandersetzung mit dem eigenen gravierenden Fehlverhalten.

Blutrache I und II

Teil I

Gemeinde S.
Januar 2017

Ein Vormittag im Januar in einem kleinen Ort unweit der Wümme, in dem etwa 13.000 Einwohner leben. Der 46jährige Bekim Aldan verlässt das Wohnhaus, um im nahegelegenen Supermarkt einzukaufen. Auf dem Weg nähert er sich der kleinen Grundschule. Hinter dem Zaun hört er die Kinder lachen und toben. Es ist gerade Pause. Bekim ist etwas in Gedanken, bemerkt nicht, dass sich ihm ein Motorrad nähert, ein Motorrad, das besetzt ist mit zwei Personen, die grelle orange Warnwesten tragen. Als er registriert, dass das Motorrad neben ihm fast um Stehen kommt, ist es schon zu spät. Ein Arm wird auf ihn gerichtet, es blitzt, es knallt dumpf, es durchzuckt Bekims Körper, der Kopf schmerzt – unerträgliche Schmerzen. Dann wird es um Bekim dunkel.

Das Motorrad rast bei Rot über die nächste Kreuzung davon. Stefan, der als Polizist arbeitet, aber heute frei hat und mit seiner Frau ebenfalls mit dem PKW zum Einkaufen fahren will, passiert die Kreuzung, denkt, dass sich dort vor ihm gerade ein Verkehrsunfall ereignet hat, und hält an, damit die Frau aussteigt und dem Mann dort auf dem Boden hilft. Erst als seine Frau ihm zuruft, dass der Mann Kopfverletzungen hat und diese beschreibt, wird ihm so langsam klar, was sich dort gerade zugetragen hat. Der erste Notruf erreicht die Rettungsleitstelle um 11.11 Uhr. Während Passanten sich um Bekim sorgen und den Notruf absetzen, kommt Arjeta. Arjeta ist Bekims Tochter. Sie ist durch die vielen Polizeifahrzeuge und Rettungskräfte aufmerksam geworden. Arjeta ist außer sich vor Sorge, weint und schreit »Blutrache, Blutrache!« Der zuständigen Polizeiinspektion wird von der Rettungsleitstelle in R, der Kreisstadt, mitgeteilt, dass es in dem kleineren Nachbarort zu einer Schießerei gekommen sei, woraufhin alle, die fahrbereit sind, zum Tatort entsandt werden. Eine halbe Stunde später wird die Staatsanwältin informiert. Zeitnah erfolgt die Gründung einer über 50köpfigen Mordkommission. Bekim wird in das Krankenhaus gebracht und dort notoperiert. Vor Ort läuft die Spurensicherung an. Die Beamten stellen fest, dass zwei Projektile in den Fensterrahmen eines Fensters des Lehrerzimmers der Grundschule eingeschlagen sind. Unmittelbar nach der Abgabe der ersten Schüsse hatte sich eine Lehrerin an das Fenster begeben, um zu schauen, was Ursache des lauten Knalls war, nur einen Augenblick bevor das Projektil einschlug. Kurze Zeit später wird einige Kilometer entfernt auf einer Wiese in der Nähe der Autobahnzufahrt das dort abgelegte Krad aufgefunden. Schnell stellt sich heraus: Die Tat ist von zahlreichen Personen beobachtet worden, Großeltern oder Eltern die Kinder von der Grundschule abholen wollten, Menschen, die dort zufällig den Tatort passiert haben. Einige wenige werden später angeben, die Waffe sei mit einem Schalldämpfer ausgestattet gewesen. Die Spurensicherung am Tatort und Kradablageort erfolgt durch unterschiedliche Teams, um Spurenübertragungen ausschließen zu können.

Zehn der am Tatort vorgefundenen Hülsen werden auf der Fläche etwa eines Handtuchs unmittelbar neben der Blutlache gesichert. Alle Hülsen weisen dieselben Einstanzungen auf.

Arjeta Aldan wird zeitnah vernommen. »Mein Vater ist albanischer Staatsangehöriger und hat nach seiner Einreise in die Bundesrepublik Deutschland Asylantrag gestellt. Erst im Dezember wurde ihm durch das zuständige Verwaltungsgericht ein subsidiärer Schutzstatus zuerkannt.« Aus den durch die Ermittler beigezogenen Akten des Verwaltungsgerichts ergibt sich die klare Einschätzung des Verwaltungsgerichts: »Aufgrund des persönlichen Eindrucks, den der Einzelrichter von dem Kläger in der mündlichen Verhandlung gewonnen hat, wurde insgesamt glaubhaft ein Sachverhalt geschildert, der die Gefahr der Blutrache in Albanien an dem Kläger begründet. Der Kläger hat detailliert die Umstände der Tötung und seine Inhaftierung beschrieben. Der Vortrag ist schlüssig. ... Für das Gericht steht danach fest, dass die Tötung des jungen Gaso Krasniqi durch den Kläger eine Blutfehde ausgelöst hat, welche weiter fortbesteht. ....«

Das Verwaltungsgericht gelangt daher zu dem Ergebnis, dass mit beachtlicher Wahrscheinlichkeit eine Gefahr für das Leben des Klägers besteht. Im verwaltungsgerichtlichen Verfahren hatte Bekim unterschiedliche Dokumente zur Glaubhaftmachung vorgelegt, u. a. ein Dokument eines Schlichtungskomitees, aus dem ersichtlich ist, dass eine Versöhnung aufgrund des Verhaltens der Familie Krasniqi scheiterte und die »Blutfehde« noch offen ist, ein Schreiben, aus dem sich ergibt, dass die Direktion der Bezirkspolizei Tirana von einer konkreten Gefährdung des Bekim ausging und ihm deshalb kein Sonderurlaub während der Haft gewährt wurde.

Der Moko-Leiter EKHK Gerd Siemering weiß bereits am nächsten Tag der Staatsanwältin Dr. Katharina Linnemann zu berichten: »Bekim hatte im Dezember vor sechs Jahren im Bereich einer Diskothek in Tirana in einer Notwehrsituation oder zumindest notwehrnahen Situation einen jungen Mann namens Gaso Krasniqi erschossen, der die Disco zusammen mit seinem Bruder Pashk und weiteren Personen aufgesucht hatte. Zur Schussabgabe kam es, nachdem insbesondere der Pahsk den Konflikt vor Ort angeheizt hatte. Bekim wurde in Tirana wegen Mordes in einem Eilverfahren zu einer Freiheitsstrafe von 8 Jahren verurteilt. Bis Anfang des letzten Jahres saß er in Albanien in Haft. In Albanien fanden diverse Versöhnungsversuche – so jedenfalls die vorgelegten Bescheinigungen – statt, die allesamt scheiterten. Familie Krasniqi soll am Grab des Gaso Blutrache geschworen haben.«

Das Drama wird in Arjetas Aussage deutlich:»Die ganze Familie stand nach der Tat meines Vaters unter Hausarrest, Hauslehrer haben uns Kinder unterrichtet. Wir hatten überhaupt keine Freiräume mehr. Ständig war da die Angst, dass wir getötet werden. Meine Mutter ist einige Monate danach verstorben – tot nach Stromschlag in unserem Haus. Uns blieb keine andere Wahl, wir sind nach Deutschland ausgewandert. Mein Vater wollte später nachkommen.«

Anhand des Kennzeichens des Motorrads kann zeitnah festgestellt werden, dass das Krad von zwei jungen Männern 2 Tage vor der Tat in der Landeshauptstadt gekauft worden ist. Der Polizist, der die Verkäuferin vernimmt, berichtet den Kollegen später:»Bei dem Ankauf legte einer der Männer eine Kopie eines griechischen Ausweises vor. Die Käufer bestanden darauf, dass das Kennzeichen – zumindest kurzzeitig – am Krad verbleibt. Etwa eine Stunde nach dem Kauf erkundigte sich die Verkäuferin per SMS bei dem Kradfahrer, ob er gut zu Hause angekommen sei, da inzwischen Blitzeis die Straßen überzogen hatte. Der Käufer antwortete, dass er gut heimgekommen ist und das Krad vor dem Haus geparkt hat.« Die Nachricht wurde gesichert.

Schnell ist klar, dass die Mobilfunkdaten für die Aufklärung dieses Gewaltverbrechens unerlässlich sein werden. Kann über die Daten der Käufer ermittelt werden?

Die Staatsanwältin beantragt einen Beschluss des Ermittlungsrichters, der die Provider verpflichtet, die Sendeturmdaten an die Polizei herauszugeben, dies sowohl für den Tatort als auch für den Ort, an dem das Motorrad erworben wurde. Ferner wird die Herausgabe der zurückliegenden Verbindungsdaten des Käuferhandys angeordnet.

Sendeturmdaten – ihre Bedeutung für die Aufklärung von Schwerverbrechen. Bei Aufklärung von Tötungsdelikten helfen die retrograden Daten häufig, führen zur Ermittlung des Täters oder wichtiger Kontaktpersonen, die zum Beispiel Angaben zur etwaigen Alkoholisierung des Täters zur Tatzeit oder zum Nachtatverhalten machen können, oder helfen bei der Aufklärung der Motivlage. Die kurzen Löschungszeiten stellen die Ermittler nicht nur vor erhebliche zeitliche, personelle und technische Probleme, sondern stehen häufig einer wünschenswerten weiteren Aufklärung im Wege. Bei längeren Löschungsfristen wäre es unter Umständen möglich gewesen, die Mittäter zeitnah zu identifizieren. Gerade umfangreiche Ermittlungsverfahren wegen Tötungsdelikten zeigen leider immer wieder, dass die Fristen, innerhalb derer die Ermittler auf Daten zurückgreifen können, zu kurz sind. Im Allgemeinen dauert es – auch wenn die Ermittlungen unter Hochdruck geführt werden – mehrere Tage, bis erste Spuren zu Tatverdächtigen führen und erkennbar ist, welche Daten tatrelevant sein könnten.

Welche Wege haben Täter genommen? Welche Sendetürme könnten sie passiert haben?

Bis dann anhand der Daten der Sendetürme etwaige relevante Mobiltelefone herausgefiltert werden können, vergeht wertvolle Zeit Zeit, in der die Löschung der Daten der Täterhandys droht.

Noch problematischer sind die Fälle, in denen das Opfer zunächst über einen längeren Zeitraum vermisst und deutlich zeitlich abgesetzt der Leichnam gefunden wird. In diesen Fällen stehen infolge der kurzen Löschungsfristen die retrograden Daten für die Tataufklärung häufig weder vom Tatort noch Fundort geschweige denn dem Täterhandy mehr zur Verfügung. Bereits ein zeitlicher Verzug von wenigen Tagen macht diesen Ermittlungsansatz schlicht hinfällig.

Unter dem Hinweis auf den Datenschutz wird übersehen, dass die Masse der gesicherten Daten für die Ermittler völlig irrelevant ist und deshalb gar nicht angetastet wird. Gearbeitet wird mit Schnittmengen, um etwaige relevante Daten herauszufiltern. Hat man dann Mobiltelefone von Tatverdächtigen ermittelt, muss es im Interesse der Aufklärung der Schwerkriminalität (Die Maßnahmen sind nur zulässig bei sog. Katalogtaten und die Anordnung erfolgt erst nach doppelter juristischer Prüfung, nämlich erst durch den Staatsanwalt, danach durch den Ermittlungsrichter.) möglich sein, dass Ermittler in einem vernünftigen Zeitrahmen auf diese Daten zurückgreifen und diese auch auswerten können. Mit den aktuellen Löschungsfristen werden Ermittlungsmöglichkeiten so empfindlich beschnitten, dass die Aufklärung von Fällen der vorliegenden Art unnötig erschwert, behindert und schlimmstenfalls zunichtegemacht wird.

Zwei Tage nach der Tat erliegt Bekim seinen schweren Kopfverletzungen. Die Staatsanwältin beantragt beim Amtsgericht die Anordnung der Obduktion.

Zwei Beamte der Mordkommission begeben sich zum Institut für Rechtsmedizin.

Schussverletzungen sind eher selten die Todesursache der Menschen, die auf dem Obduktionstisch landen.

Sehr zeitnah werden sämtliche Verbindungsdaten und Standortdaten des sog. Ankäuferhandys ausgewertet. Dabei wird festgestellt, dass das Ankäuferhandy nach dem Ankauf – und zum Zeitpunkt des SMS-Verkehrs mit der Verkäuferin – im Wohnturmbereich des Erjon Krasniqi eingeloggt war (gemeint ist der Sendeturm, der auch die Wohnung des Erjon K. erfasst). Anhand der Daten lässt sich auch ermitteln, dass das Ankäuferhandy zuvor für weitere Motorradankaufversuche genutzt wurde. Die meisten Verbindungsdaten des Ankäuferhandys können der Lebensgefährtin des Erjon Krasniqui, Cousin des in Tirana Getöteten, zugeordnet werden, sodass feststeht, dass Erjon dieses Handy über einen längeren Zeitraum nutzte. Das Tatmotiv der Blutrache scheint greifbar.

Nun beginnt eine beispiellose Fleißarbeit der Polizeibeamten der Mordkommission. Über 40 Millionen Turmdaten vom Tatort und die

Turmdaten vom Ablageort des Krads sowie den weiteren Orten, an denen es zu Ankaufversuchen kam, werden zeitnah gesichert und ausgewertet. Die Auswertung und letztlich die Möglichkeit, auf die Turmdaten und die Verbindungsdaten zugreifen zu können, führt tatsächlich zu dem entscheidenden Ermittlungsdurchbruch und zu folgenden Erkenntnissen:

Der Abgleich der retrograden Turmdaten des Erjon Krasniqi mit den Daten des Tatort- und Wohnturmbereichs des Getöteten und des Ablageortes des Krads führt zur Identifizierung von 3 sog. Arbeitshandys, Billighandys mit Prepaid-Karten mit Fiktivnamen der Erwerber, die zur Tatzeit am Tatort eingesetzt wurden. Offenbar waren mindestens drei Personen in die Ermordung des Bekim verwickelt. Aber wer führte das jeweilige Telefon bei sich, wer hatte welche Funktion in dem Mordkomplott? Wer hat Bekim getötet? Wussten alle Beteiligten von den Mordplänen?

Die 3 Arbeitshandys wurden wenige Stunden vor der Tat im Wohnturmbereich des Erjon Krasniqi eingeschaltet. In diesem Zeitraum dürfte die Registrierung der Geräte, der Test auf Funktionalität und die Speicherung der Rufnummern erfolgt sein. Die Geräte kommunizierten in der Folgezeit ausschließlich untereinander. In dem Täterkreis war somit Erjon Krasniqi der zentrale Ankerpunkt – zumindest deuten darauf die Verbindungsdaten hin. Zwei der Geräte wurden am Tattag frühmorgens Richtung Tatort bewegt. Die dritte Rufnummer war zunächst nicht aktiv. Eine der Rufnummern kann aufgrund der Standortdaten eindeutig der Kradbesatzung zugeordnet werden, die weitere Rufnummer einem Observanten, der augenscheinlich die Aufgabe hatte, der Kradbesatzung mitzuteilen, wann der Geschädigte das Wohnhaus verlässt.

Beamte der Mordkommission laufen in dem kleinen Ort von Tür zu Tür, fragen nach, ob jemand etwas beobachtet oder eine Videokamera am Haus oder auf dem Grundstück installiert hat, die eventuell auch die Straße mit aufzeichnet.

Und tatsächlich: Auf diversen Videoaufzeichnungen von Privatgrundstücken sind die Kradbesatzung und mindestens ein weiteres tatrelevantes Fahrzeug ohne Ablesbarkeit des Kennzeichens, aber in Seitenansicht zu erkennen. Anhand der geprüften Echtzeiten der Zeiteinstellung kann sicher ein Zeitrahmen von 28 Sekunden vom Start des Krads bis zum Zeitpunkt der Beendigung der Tat festgestellt werden, was die Angaben der Zeugen belegt, dass es zwischen Kradbesatzung und Getötetem vor Schussabgabe kein Gespräch gegeben hat.

Die Videoaufzeichnungen mit den Zeitangaben sind später für Gericht und Staatsanwaltschaft u.a. wesentliches Indiz dafür, dass es vor der Schussabgabe tatsächlich kein Gespräch zwischen Bekim und den Tätern gab, sondern die Arg- und Wehrlosigkeit des Opfers ausgenutzt worden sind.

Bereits wenige Tage nach der Tat fliegen der Hauptsachbearbeiter, der Kriminalbeamte, der in der Mordkommission für die polizeiliche Rechtshilfe zuständig ist, und die Staatsanwältin nach Tirana. Unter enger Einbindung des Verbindungsbeamten des Bundeskriminalamts finden u.a. Gespräche mit dem Leiter der Polizei Tirana und dem Leiter der Staatsanwaltschaft für Schwerkriminalität in Tirana statt, sowie dem Dezernenten des dort einzuleitenden Spiegelverfahrens wegen Mordes gegen Angehörige des in Tirana Getöteten. Denn es drängt sich der Verdacht auf, dass der Mord möglicherweise aus Albanien in Auftrag gegeben worden sein könnte. In Tirana werden den Beamten erste Dokumente ausgehändigt, u.a. das dortige Urteil gegen Bekim und Stammbäume der Familien sowie Einreise- und Ausreisedaten. Die dortigen Polizisten erklären, dass es in Nordalbanien auch heute noch üblich sei, dass der Kanun, ein mittelalterliches Gewohnheitsrecht, das Miteinander, die Blutrache und Rechtlosigkeit der Frauen regelt. Ob man sich das Dorf, in dem die Familie Krasniqi lebe, anschauen könne? Die albanischen Beamten halten dies für zu gefährlich!

In der Folgezeit hilft der kleine Dienstweg bei den weiteren Ermittlungen enorm. Eilige Fragen können im E-Mail-Verkehr zügig geklärt werden.

Aufgrund der Verbindungsdaten, der übermittelten Stammbäume und sonstiger Erkenntnisse zeigt sich alsbald ein familiärer Bezug des Erjon Krasniqi in die Niederlande. Auch insoweit erweist es sich als sehr hilfreich, dass Beamte der Mordkommission zeitnah persönliche Kontakte zur dortigen Polizei und schließlich auch zur Staatsanwaltschaft aufnehmen und das persönliche Gespräch suchen. In der Folgezeit wird einer der Beamten der Mordkommission im Wesentlichen mit den Auslandskontakten befasst.

Die Untersuchungen des Kaufvertrags des Motorrads erbringen keine brauchbaren Fingerabdrücke oder gar DNA-Spuren.

Ermittlungen bei Autovermietungsfirmen ergeben, dass in den Wochen vor der Tat wiederholt Erjon und dessen Freundin Jenny Kleimann, eine Studentin, Fahrzeuge angemietet haben, die als Observationsfahrzeuge eingesetzt worden sein dürften.

Im Landeskriminalamt erfolgen mehrfach Spurenkonferenzen, um persönlich zu erörtern, welche Untersuchungen an den Asservaten sinnvoll, zeitlich vorzuziehen bzw. nachrangig zu behandeln sind – bei der Masse der Asservate unerlässlich.

An der Sitzbank des Krads befindet sich eine DNA-Spur, die keiner konkreten Person zugeordnet werden kann. An den Griffen des Krads werden jeweils 16 Allele ein und derselben Person festgestellt. Die Wahrscheinlichkeitsberechnung ergibt später nach der Festnahme des Erjon, dass diese Spur mit einer Wahrscheinlichkeit von über 30 Milliarden von Erjon gelegt wurde. Bei der Wahrscheinlichkeitsberechnung ist der Umstand, dass Erjon aus Albanien stammt und nicht aus Mitteleuropa, unwesentlicher Faktor, der zwar in den Gutachten und später auch in der Hauptverhandlung erörtert wird, sich aber nicht im Ergebnis niederschlägt.

An der Kleidung des Bekim Aldan wird eine sehr hohe Schmauchspurdichte eines bleihaltigen Sinoxid-Zündsatzes festgestellt. Die Entfernung zwischen Mündung der Waffe und dem Kopf des Getöteten betrug max. 1,5 (ohne Schalldämpfer) bzw. weniger als einen Meter (mit Schalldämpfer). Es werden umfangreiche verdeckte Maßnahmen durchgeführt.

Nachdem in Telefonüberwachungen die Erkenntnis gewonnen werden kann, dass Erjon regelmäßig mit Flixbussen reist, werden von der Firma Flixbus sämtliche Daten des Erjon und seiner Kontaktpersonen abgefragt. Die Auswertung dieser Daten führt die Beamten zu einem weiteren Cousin des in Tirana Erschossenen, der Tage vor der Tat von Wien über Tschechien zu Erjon gereist ist, dem Karim Aldan, der nicht mit dem Opfer verwandt ist, aber zufällig denselben Nachnamen träg. Ein weiterer Mittäter? Die auf der Reise mitgeführte Handynummer mit niederländischer Kennung stellen die Beamten im Datenpool in den Tagen vor der Tat im Sendeturm des Tatorts fest. War er dort, um das Opfer zu observieren? Oder hat ein anderer das Handy genutzt?

> Als **verdeckte Maßnahmen** werden etwa Telefonüberwachungen oder Innenraumüberwachungen bezeichnet, also Maßnahmen, die geheim durchgeführt werden, um Erfolge zu bringen, die aber zugleich an enge Anforderungen geknüpft sind. Die Maßnahmen dürfen nur bei sog. Katalogtaten, also bei Delikten von erheblichem Gewicht durchgeführt werden, wenn sie u. a. verhältnismäßig sind und ein Gericht die Maßnahmen nach eigener Prüfung anordnet.

In dem von Erjon genutzten PKW werden die Innenraumgespräche überwacht. Als in einer Presseerklärung der Staatsanwaltschaft der DNA-Fund am Tatort mitgeteilt wird, erfolgt eine umgehende Reaktion. Erjon unterhält sich mit Jenny Kleimann im PKW über ADN (albanisch für DNA) und vermutet, die Polizei könne die DNA nicht zuordnen, wenn sie keine Probe des Spurenlegers habe. Beide treffen Absprachen für den Fall, dass die Polizei für die Zeit um Silvester herum nach Alibis fragen sollte bzw. wissen will, wer zu Besuch gewesen sei. Die Erkenntnisse legen die Vermutung nahe, dass man zunächst geplant hatte, Bekim Aldan schon Silvester zu töten.

Einige Tage vor dem gemeinsamen Einsatz in drei Ländern, intern wird vom »actionday« gesprochen, und gut 3 Monate nach der Tat, erfolgt eine gemeinsame Dienstbesprechung bei der Staatsanwaltschaft in Verden, an der neben Vertretern der Mordkommission die drei beteiligten Staatsanwälte und Polizeibeamte aus Albanien und den Niederlanden teilnehmen. Es können konkrete Absprachen über den Ablauf getroffen werden, den zeitgleichen Zugriff in allen drei Ländern, die Einrichtung von zwei Einsatzzentralen und deren internationale Besetzung, um den umgehenden Informationsfluss in alle Länder sicherzustellen. Diverse Probleme werden erörtert und Lösungen gefunden werden.

Aufgrund der Indizienkette erlässt das Amtsgericht schließlich den von der Staatsanwaltschaft beantragten Untersuchungshaftbefehl gegen Erjon Krasniqi wegen Mordes. Bis zu diesem Zeitpunkt beschränkt sich die Indizienkette im Wesentlichen auf die Erkenntnisse aus der Innenraumüberwachung, dem verwandtschaftlichen Bezug und den Verbindungsdaten sowie der Motivlage aufgrund der skizzierten Vorgeschichte. Dabei sind die Verbindungsdaten wesentliches Beweismittel.

Am Vorabend des actiondays findet in Deutschland eine große Einsatzbesprechung statt. Am actionday ist die Nacht um spätestens 4 Uhr vorbei. Die Beamten beziehen Position an den ihnen zugewiesenen Stellen. Die Staatsanwältin sitzt ab 5.30 Uhr mit dem Leiter und Hauptsachbearbeiter der Mordkommission in der deutschen Einsatzzentrale. Um 6 Uhr dringen die Spezialeinsatzkommandos in die Objekte ein, wenige Sekunden danach trifft in der Einsatzzentrale aus allen Objekten die Mitteilung »Sicherheit ist hergestellt!« ein.

In Albanien wird das Militär zugezogen, da man bei der Vollstreckung der Durchsuchungsbeschlüsse Schusswechsel befürchtet.

Das SEK nimmt Erjon Krasniqi fest. Erjon wird in die Dienststelle gebracht, in der sich die deutsche Einsatzzentrale befindet. Gegenüber den Vernehmungsbeamten erklärt er nach Belehrung, keine Angaben machen zu wollen. Er wolle zunächst mit einem Verteidiger reden. Als einer der Beamten dies der Staatsanwältin mitteilt, überlegt diese kurz: »Spricht was dagegen, wenn ich mir Erjon selber mal ansehe und mit ihm rede?« Sodann sucht sie das Gespräch zu ihm. Erjon wirkt nervös, an seinen Handgelenken sind deutliche Fesselspuren zu sehen. Die Staatsanwältin erklärt Erjon, dass nun drei Möglichkeiten bestünden: »Wir können einen Verteidiger zuziehen, der mit hoher Wahrscheinlichkeit dazu raten wird, keine Angaben zu machen, solange er nicht Akteneinsicht genommen hat. Wenn Sie die Indizien, die im Haftbefehl stehen, widerlegen können, weil Sie etwa ein Alibi haben oder etwaige Spuren am Tatort anders erklären können, macht es eventuell Sinn, mit mir zu reden, damit ich rasch Entlastendes ermitteln kann. Wenn Sie aber die Tat begangen haben, ist möglicherweise die Kronzeugenregelung für Sie interessant.« Die Staatsanwältin erklärt ihm nun, dass bei Mord ein Geständnis nicht strafmildernd berücksichtigt werden kann, sondern die Kronzeugenregelung die einzige vom Gesetzgeber vorgesehene Milderungsmöglichkeit ist bei voll schuldfähigen Tätern. Erjon wird unruhig, fängt immer wieder an auf Albanisch zu reden. Die Staatsanwältin unterbricht ihn mehrfach, fordert ihn auf, dass er zunächst nur zuhören und sich dann in Ruhe überlegen möge, welche der drei Möglichkeiten er wählen wolle.

Doch schließlich platzt es aus Erjon heraus: »Ich bin Mittäter, aber nicht der Haupttäter!« Er werde dazu Angaben machen. Aber danach wolle er einen Verteidiger sprechen. Die Staatsanwältin fragt ihn noch einmal ausdrücklich, ob er die Angaben zunächst ohne Anwalt machen wolle. Ihm wird Bedenkzeit angeboten. Derweil wird der Inhalt des Vorgesprächs protokolliert. Anschließend wiederholt Erjon: »Ich sage aus, danach will ich mit einem Anwalt reden!«

Die Staatsanwältin verlässt anschließend den Raum, um nicht später als Zeugin von der Anklagevertretung ausgeschlossen zu sein.

> Ist ein **Staatsanwalt Zeuge** und in dieser Funktion in der Hauptverhandlung durch das Gericht zu vernehmen, darf er nicht selber die Anklage in der Hauptverhandlung vertreten. Denn nach Schluss der Beweisaufnahme müsste er ggfs. im Plädoyer seine eigene Aussage bewerten bzw. würdigen.

Erjon sagt nun gegenüber den Vernehmungsbeamten aus. Er sei Mittäter, aber nicht Haupttäter. Schütze sei Cousin Karim Aldan, der ihn überzeugt habe, mitzumachen, weil es auch um seinen Cousin gehe und er deshalb auch diese Tat mitmachen müsse. Mit der Planung der Tat habe er nichts zu tun.

Damit ist das weitere wesentliche Puzzlesteinchen für die spätere Verurteilung dokumentiert.

An demselben Tag wird die Rufnummer des Karim Aldan aufgeschaltet (überwacht) und für Karim, der sich aktuell in den Niederlanden aufhält, ein Haftbefehl beantragt. Die Polizei in den Niederlanden ist wenig begeistert: »Bei uns ist morgen Königinnentag. Ganz Amsterdam ist im Ausnahmezustand!« Karim Aldan wird dennoch am Folgetag in Amsterdam festgenommen.

Am actionday wurde Erjons Wohnung durchsucht, in der er gemeinsam mit seiner Freundin Jennifer lebt, ebenso das gemeinsame Fahrzeug. Es können weitere wichtige Indizien gewonnen werden. An einer Herrenjacke, die in der Wohnung sichergestellt wird, sind Schmauchspurpartikel, die zu den Spuren an der Opferbekleidung passen. Die Polizei beschlagnahmt Kaufverträge für zwei augenscheinlich tatrelevante Fahrzeuge, ein Kaufvertrag läuft auf den Namen eines weiteren Cousins des in Albanien Getöteten. Alle Mobiltelefone werden beschlagnahmt und in der Folgezeit ausgewertet.

Der auswertende Beamte kann in den Tagen und Wochen vor der Festnahme Recherchen zu Suchwörtern wie »Beihilfe zum Mord«, »Strafmaß, Rechtsanwalt Mord Hannover« feststellen. Unter den Daten befindet sich ein Lichtbild des Ausweises, der beim Ankauf des Krads vorgelegt worden war.

In das Navigationsgerät, das in dem von Erjon Krasniqi und Jennifer Kleimann genutzten PKW lag, wurde mehrfach die Fahrtroute zu dem späteren Tatort eingegeben (Reiserouten von und zum Turmbereich des späteren Tatorts und des Wohnturmbereichs des Getöteten), aber auch zu der Adresse des Bruders des in Albanien Getöteten in Amsterdam. Die ausgewerteten Daten ergeben Hinweise auf Kontakte zu weiteren Cousins des in Albanien Getöteten in der Vortatphase. Die Daten des Laptops aus der Wohnung des Bruders in Amsterdam belegen, dass der Account 10 Tage vor der Tat ruhte, dann aber wenige Tage nach der Tat mit diesem Gerät recherchiert wurde zum Tatgeschehen.

Somit scheint sich langsam ein Bild zu ergeben.

Die Tatwaffe hingegen kann im Zuge der Durchsuchungen im In- und Ausland nicht gefunden werden.

Jennifer Kleimann hielt sich zur Tatzeit fernab des Tatorts an der Uni auf, ob sie vor der Tat von den Mordplänen wusste und die Täter bewusst unterstützt hat, bleibt bis zum Schluss unklar.

Weder Erjon noch Karim machen im weiteren Verfahren Angaben. Beide schweigen. Karims DNA wird abgeglichen, kann jedoch nicht dem Tatort zugeordnet werden. Insbesondere kann sicher ausgeschlossen werden, dass er die DNA-Spur am Krad gelegt hat.

Mit Erjons Verteidiger wird bis zur Eröffnung des Hauptverfahrens mehrfach die Kronzeugenregelung erörtert, insbesondere unter Hinweis auf den entscheidenden Stichtag, die Eröffnung des Hauptverfahrens. Nur bis dahin können Angaben zu etwaigen Mittätern strafmildernd berücksichtigt werden. Es erfolgen dennoch keine weiteren Aussagen.

Die Beweislage betreffend Karim Aldan ist dünn. Ihn belastet die Aussage des Erjon am Festnahmetag. Die Daten der Firma Flix-Bus belegen, dass er wenige Tage vor der Tat mit einer niederländischen Mobiltelefonkennung von Wien nach Niedersachsen gereist ist. Die niederländische Kennung befand sich auch im Turmbereich der Kradverkäuferin zum Verkaufszeitpunkt des Krads und bei einem Ankaufversuch sowie einige Tage vor der Tat am Tatort. Karim könnte somit in die eigentliche Tatplanung und Vorbereitung involviert gewesen sein. Offen bleibt allerdings weiterhin, wer das Gerät zu diesen Zeiten tatsächlich geführt hat.

Die Kradverkäuferin und deren Lebensgefährte erkennen die Beschuldigten bei Wahllichtbildvorlagen nicht als diejenigen wieder, die das Krad gekauft hatten. Später in der Hauptverhandlung meinen beide, die Angeklagten wohl wiederzuerkennen, relativieren aber bei weiterer Nachfragen ihre Aussage.

Drei Monate später erfolgt die Übergabe der Akten bestehend aus über 150 Leitzordnern (etwa 50.000 Seiten), die vollständig gescannt werden.

Arbeiten mit elektronischen Akten – inzwischen ist es üblich, dass Akten in Umfangverfahren zusätzlich zur Papierakte auch elektronisch geführt werden. Anwälte und andere Akteneinsichtsberechtigte erhalten in der Regel lediglich elektronische Aktendoppel, was ein Versenden »der Akte« deutlich erleichtert. In der Hauptverhandlung verfügen Gericht, Anwälte, Staatsanwälte und psychiatrische Sachverständige über die elektronische Akte, können somit jederzeit wesentliche Passagen in der Akte nachlesen.

Auf dieser Grundlage entsteht ein erster Anklageentwurf. Viele Spuren sind zu diesem Zeitpunkt noch nicht abgeschlossen, weitere Ermittlungsergebnisse werden nachgeliefert, müssen nachgeheftet und nachgescannt werden. Diverse Untersuchungsergebnisse stehen noch aus.

Da schon frühzeitig klar ist, dass die Zeit knapp wird, wird durchgängig – von Polizei und Staatsanwaltschaft – in der Akte in Vermerkform dokumentiert, was veranlasst wurde, um die 6-Monatsfrist (Innerhalb von 6 Monaten nach der Festnahme muss die Hauptverhandlung beginnen.) einzuhalten. Wer wurde wann angemahnt? Welche Ergebnisse stehen aus welchem Grund aus? Die Gründe sind zum Teil seitens der Staatsanwaltschaft nicht beeinflussbar. Auch dieses wird dokumentiert.

Zeitnah nach der Festnahme informiert die Staatsanwältin die Schwurgerichtskammer und dokumentiert die Übersendung der Haftbefehle an den Vorsitzenden der Kammer zum Zwecke der Planung einer etwaigen Terminierung. Parallel zu dem Fertigen des Anklageentwurfs teilt die Staatsanwältin dem Vorsitzenden Namen, Anschriften von Beschuldigten, gegen die Anklage erhoben werden soll, und von deren Verteidigern und den Name des psychiatrischen Sachverständigen mit, woraufhin der Vorsitzende bereits in diesem Verfahrensstadium die Verteidiger und Sachverständigen um Mitteilung freier Termine bittet und Termine für die Hauptverhandlung reserviert – für den Fall, dass Anklage erhoben und die Kammer die Eröffnung des Hauptverfahrens beschließen sollte.

Zwei Monate später erhebt die Staatsanwaltschaft Anklage gegen den mutmaßlichen Fahrer des Motorrads und den mutmaßlichen Schützen wegen Mordes (Mordmerkmale: Heimtücke, Blutrache als niedriger Beweggrund). Dabei stützt sich der Tatverdacht gegen Karim Aldan weiterhin im Wesentlichen auf die Aussage des Erjon und die Flixbusdaten.

Anfang November 2017 startet die Hauptverhandlung.

Beide Angeklagten machen keine Angaben in der Hauptverhandlung, sodass einer der Vernehmungsbeamten des Erjon Krasniqi vernommen werden muss. Art und Weise des Vorgesprächs oder der Belehrung werden seitens der Verteidiger nicht angegriffen. Der Vernehmungsbeamte beschreibt detailliert die Reaktionen des Erjon und dessen Verhalten in der Vernehmung, das teils sehr emotional ausgefallen war, weshalb die Vernehmungsbeamten keine Zweifel daran hatten, dass Erjon tatsächlich zur Tatzeit das Krad gefahren hatte.

Schwerpunkt der Beweisaufnahme ist die Erhebung aller Indizien, insbesondere auch der Tatortspuren und der Funkzellendaten.

> **Wesentliche Verfahrensgrundsätze** unseres Strafprozesses sind der Mündlichkeitsgrundsatz und der Öffentlichkeitsgrundsatz. Eine Hauptverhandlung hat grundsätzlich öffentlich stattzufinden. Das Gericht darf sein Urteil nur auf solche Tatsachen stützen, die mündlich zum Gegenstand des Verfahrens gemacht wurden.

Gericht und Staatsanwaltschaft gelangen schlussendlich zu dem Ergebnis, dass die Beweislage in Bezug auf Karim Aldan zu dünn ist. Es gibt keine objektiven Beweise dafür, dass Karim tatsächlich vor Ort in die Tat als Mittäter eingebunden war.

Die Kammer zieht sich schließlich zur Beratung zurück, um über eine etwaige Abtrennung des Verfahrens gegen Karim zu entscheiden. Erjon Krasniqi reagiert für alle sichtbar in der Hauptverhandlung zunehmend nervös, wendet sich immer wieder an seine Verteidigerin. In der Sitzungspause tritt die Verteidigerin auf die Staatsanwältin zu: »Können wir mal reden?« Beide verlassen den Sitzungssaal. Vor der Tür die Überraschung der Verteidigerin: »Meiner sagt mir, dass nicht Karim geschossen habe, sondern Pashk.« Ob Erjon sich noch vernehmen lasse? Ob er die Behauptung mit objektiven Indizien untermauern könne? »Ich weiß das momentan nicht, ich bin aktuell genauso überrascht wie sie!«

Die Kammer ruft die Sache auf. Die Verfahrensbeteiligten begeben sich zurück in den Sitzungssaal. Die Staatsanwältin gibt eine Erklärung ab: »Die Verteidigerin hat mir gerade mitgeteilt, dass Erjon Krasniqi ihr eben gesagt habe, dass nicht Karim Aldan, sondern Pahsk Krasniqi geschossen habe. Erjon Krasniqi will sich eventuell noch vernehmen lassen und weitere Angaben machen.« Der Vorsitzende tobt. Die Hauptverhandlung wird erneut unterbrochen. Die Verteidigerin will der Staatsanwältin bis spätestens zum Folgetag sagen, ob sich Erjon tatsächlich erneut vernehmen lassen will. Die Kammer trennt das Verfahren gegen Karim ab. Am nächsten Tag folgt der Anruf der Anwältin:»Ich habe Erjon abgeraten, weitere Angaben zu machen!«

Ab nun wird gegen Karim gesondert verhandelt. Karim wird am nächsten Verhandlungstag auf Antrag der Staatsanwältin vom Tatvorwurf des Mordes freigesprochen und verlässt das Gericht als freier Mann.

Die Staatsanwaltschaft beantragt schließlich, Erjon Krasniqi wegen Mordes zu lebenslanger Freiheitsstrafe zu verurteilen und die besondere Schwere der Schuld festzustellen. Anhand von zahlreichen Indizien stellte die Staatsanwältin in einem mehrstündigen Plädoyer dar, dass das Teilgeständnis des Erjon gegenüber der Polizei bzgl. der Mittäterschaft glaubhaft ist.

Im März 2018 verurteilt ihn das Landgericht wegen Mordes zu lebenslanger Freiheitsstrafe. Zwar könne nicht festgestellt werden, dass Erjon die Tat ausgeführt hat, um die Regeln des Kanuns umzusetzen (Blutrache), wohl aber, um Rache an Besim auszuüben, Rache wegen einer Tat, für die Besim nicht nur rechtskräftig verurteilt worden war, sondern für die er auch bereits eine Freiheitsstrafe verbüßt hatte.

Zu dem Mordmerkmal »niedrige Beweggründe« führt der Vorsitzende in der ausführlichen Urteilsbegründung aus:»Gerichtsbekannt ist, dass die Umsetzung einer Blutrache nach Kanun bestimmte Formalitäten erfüllen müsse, deren Einhaltung hier nicht feststellbar ist. Der Angeklagte und die unbekannten Mittäter haben jedoch in Kenntnis des Umstandes gehandelt, dass gegen Besim in Albanien eine Haftstrafe vollstreckt worden ist, in der eigenen Überzeugung, dass eine solche als Sühne für die Tötung des Cousins nicht ausreicht und somit in der Absicht, Besim aus Rache zu töten. Ein Handeln in dieser Intention stellt einen niedrigen Beweggrund dar, da nach einer erfolgten Gesamtwürdigung der Kammer ein solches Motiv der Tötung nach allgemeiner sittli-

cher Würdigung auf tiefster Stufe steht und deshalb besonders verachtenswert ist.« Und dann heißt es weiter: »Aus Sicht der Kammer liegen
vor diesem Hintergrund niedere Beweggründe im Sinne des § 211 Abs. 2
4. Alt. vor, wenn ein Täter für eine Tötung Rache nehmen will, indem er
einen in einem nach rechtstaatlichen Grundsätzen durchgeführten Verfahren rechtskräftig verurteilten Täter tötet oder töten will, nachdem
eine gegen ihn erkannte Strafe wegen einer Straftat vollstreckt worden
ist. Auf die Nationalität der Personen, welche Rache ausüben, kommt
es dabei nach Würdigung der Kammer grundsätzlich nicht an. Es gehört zu den Grundpfeilern einer jeden zivilisierten Gesellschaft, dass die
Strafrechtspflege dem Staat und nicht racheübenden Privatpersonen
obliegt. Eine Ausnahme von der Einstufung der Beweggründe des Angeklagten als auf sittlich niedrigster Stufe stehend kommt nach Würdigung der Kammer vorliegend auch nicht vor dem Hintergrund einer besonderen persönlichen Betroffenheit des Angeklagten in Betracht. Bei
dem Angeklagten handelt es sich nach den getroffenen Feststellungen
nicht um einen nahen Verwandten. Als Cousin des in Tirana Getöteten
besteht lediglich eine Verwandtschaft vierten Grades. Ein solcher würde im deutschen Strafprozessrecht nicht einmal zur Begründung eines
Zeugnisverweigerungsrechts gem. § 52 StPO führen. Eine im gewissen
Rahmen nachvollziehbare Gefühlsregung der Rache ist für die Kammer
im Übrigen schon wegen des Zeitablaufs nach der Tötung in Tirana von
zum Tatzeitpunkt mehr als fünf Jahren nicht mehr geeignet, ein solches
Verhalten als ausnahmsweise nicht besonders verachtenswert anzu-
sehen. (...) Vielmehr vollzogen sie (die Täter) an dem Opfer, das – ihnen bekannt – bereits eine Gefängnisstrafe verbüßt hatte, eine durch
die Tötung besonders verachtenswerte Form der Doppelbestrafung.
Als Maßstab für die Bewertung eines Beweggrundes als besonders
verachtenswert dienen grundsätzlich die Vorstellungen der Rechts-
gemeinschaft der Bundesrepublik Deutschland. .... Gerichtsbekannt
akzeptiert oder privilegiert auch die albanische Rechtsordnung weder
die Durchführung einer Blutrache noch eines Rachemordes. Zudem hat

der Angeklagte nach den getroffenen Feststellungen zu seiner Person Albanien bereits im Alter von 14 Jahren verlassen und im Anschluss zunächst mehrere Jahre in Griechenland – mithin in einer ebenfalls stabil nach demokratischen Grundsätzen lebenden Gesellschaft – gelebt und gearbeitet. Dort hat er somit einen nicht unerheblichen Teil seiner Sozialisierung verbracht.«

Die Anwendung der Kronzeugenregelung lehnt die Kammer ab. Erjon Krasniqi habe zwar im Rahmen seiner ersten Beschuldigtenvernehmung die Behauptung aufgestellt, der Karim sei der Sozius und Schütze gewesen. Es ist jedoch bei dieser einmaligen Aussage geblieben, die sich neben der Darlegung des Verwandtschaftsverhältnisses in der Belastung des Karim erschöpfte. Die Kammer ist nach den getroffenen Feststellungen der festen Überzeugung, dass der Erjon ein wesentlich umfangreicheres Wissen über Tatvorbereitung und Tatbegehung hat und insbesondere auch die an der direkten Tatbeteiligung beteiligten Personen nebst konkreten Beiträgen benennen kann. »Da die Kammer gem. § 46b Abs. 2 StPO die Art und den Umfang der zur Aufklärung dienenden Offenbarungen ausdrücklich zu berücksichtigen hat, erscheint das dahingehende Tätigwerden des Angeklagten deutlich nicht ausreichend, um eine entsprechende Strafmilderung vorzunehmen.« Die besondere Schwere der Schuld verneint die Kammer.

Der Angeklagte legt gegen das Urteil Revision ein und rügt die Verletzung formellen und materiellen Recht. Der Bundesgerichtshof verwirft seine Revision.

Teil II

Monate später nimmt Erjon Krasniqi Kontakt zur Staatsanwältin Dr. Katharina Linnemann auf, schreibt ihr, er sei an einem Deal interessiert, und erhält die Antwort, dass seine Verurteilung rechtskräftig sei und die Strafe nicht mehr gemildert werden kann. Er bleibt hartnäckig, lässt schließlich über einen neuen Anwalt mitteilen, dass er sich vernehmen lassen wolle. Er wolle nun sagen, wer die Mittäter seien. Und tatsächlich: Es folgen mehrere mehrstündige Vernehmungen, zunächst durch die Staatsanwältin in Anwesenheit von zwei Polizeibeamten, dann die weiteren durch die Polizeibeamten alleine. Erjon Krasniqi berichtet viel, nennt Details.

Erjon behauptet nunmehr, dass Pahsk, der Cousin, der in Amsterdam lebt, geschossen habe. Als Mittäter seien Karim Aldan und Artan Aldan vor Ort gewesen. Während Artan das Wohnhaus des Besim beobachtet habe, wochenlag, teils davor im PKW übernachtend, habe Pahsk die Anweisungen erteilt, schließlich die Ansage gemacht, dass man nun mit dem Motorrad losfahre. »Ich habe dann den Mann gesehen, der uns auf dem Bürgersteig entgegenkam, und wie Pahsk den Arm zur Seite gehalten hat, in der Hand eine Waffe mit sowas langem Schwarzem vorne drauf, das etwa von der Form wie eine Gurke aussah. Er hat mehrmals geschossen. Ich habe Panik bekommen, habe nicht damit gerechnet!« Überraschend für die Ermittler dann der Satz: »Ich kann Ihnen sagen, wo die Schusswaffe ist.« Während die Ermittler damit gerechnet haben, dass die Waffe nach Albanien gebracht oder vernichtet wurde, lässt Erjon nun die Katze aus dem Sack: »Die hat Pashk vergraben – da, wo wir das Krad abgelegt haben.« Die Staatsanwältin fragt nach, lässt ihn auf einem Blatt zeichnen.

Die Polizei beginnt nun damit, jede einzelne Tatsachenbehauptung des verurteilten Mörders, der nunmehr Zeuge ist, zu verspuren, jede so angelegte neue Spur zu überprüfen, dazu umfangreiche Ermittlungen zu führen. Monate später steht fest: Erjon Krasniqi hat in vielen Punkten Details geliefert, die sich verifizieren lassen. Und tatsächlich: Die Tatwaffe wird vier Jahre nach der Tat April 2021 nach mehrtägiger Absuche des Geländers gefunden, in unmittelbarer Nähe liegen Handschuhe, in denen 16 Allele des Pahsk nachgewiesen werden.

DNA-Untersuchungen – die Aufgaben dieses Teilgebiets der Rechtsmedizin lassen sich untergliedern in forensische Spurenkunde und Identifizierung sowie Abstammungsbegutachtung. Die Durchführung derartiger Untersuchungen ist streng gesetzlich geregelt.

Die Unterscheidbarkeit der menschlichen Individuen ist bedingt durch die genetische Heterogenität ihres Erbguts. Dieses beruht auf der Sequenz der Aminosäuren auf den Desoxyribonukleinsäureketten im Kern und in den Mitochondrien der menschlichen Zelle. Die Abkürzung lautet DNS oder im englischen Sprachgebrauch DNA.

Methodische Grundlagen und technische Einzelheiten der DNA-Analytik können hier nicht näher beschrieben werden. Für die forensische Routine ist europaweit der sogenannte »European Standard Set« (ESS) vereinbart worden, um die Ergebnisse in vergleichbarer Form in nationalen DNA-Datenbanken speichern und international zugänglich machen zu können. Dieser umfasst heutzutage routinemäßig kleinste DNA-Teile, sogenannte Short-Tandem-Repeats (STR). Diese sind jeweils doppelt vorhanden, man spricht von sogenannten Allelen. Mithilfe dieser Systeme ist eine eindeutige Identifikation jedes Menschen mit größtmöglicher Sicherheit gegeben.

Anders gesagt: Alle Menschen sind nahezu hundertprozentig voneinander unterscheidbar, abgesehen von eineiigen Zwillingen.

Für die eindeutige Identifizierung genügen kleinste Materialmengen, zum Beispiel von Blut oder Speichel, beziehungsweise kleinste Gewebeteile. Natürlich benötigt man eindeutig zugeordnetes Vergleichsmaterial aus dem Lebensbereich der zu identifizierenden Person, zum Beispiel eine Haarbürste, Zahnbürste oder sonstige persönliche Gegenstände mit daran anhaftender DNA.

Schließlich werden Pahsk und Artan mit Haftbefehl festgenommen, von den Niederlanden nach Deutschland überstellt und wegen Mordes angeklagt.

Februar 2022: Ein neuer Prozess folgt mit vollständig neuer Beweisaufnahme. Im Hinblick auf die Coronapandemie und die Gefahr, dass der Prozess wegen der Erkrankung von Richtern länger unterbrochen werden muss als es das Gesetz gestattet, verhandelt die Kammer mit einem zusätzlichen Berufsrichter als Ergänzungsrichter und zwei Ergänzungsschöffen. Tatsächlich muss bereits wenige Wochen nach Prozessstart der Ergänzungsrichter einspringen, einige Monate später wird einer der Ergänzungsschöffen als befangen ausgeschlossen, nachdem er in der Sitzung zunächst eingeschlafen war und im Anschluss – während das Gericht deshalb über das weitere Procedere beriet – vor dem Gerichtssaal hemmungslos erklärt hatte, dass ihm gleichgültig sei, wo welches Handy eingeloggt war.

Schöffen – die ehrenamtlichen Richter im Strafprozess

Ein Urteil wird stets »Im Namen des Volkes« verkündet und so hat der Gesetzgeber vor über 140 Jahren beschlossen, dass zwei Nichtjuristen an den Entscheidungen der Schöffengerichte und Landgerichte mitwirken sollen (Schöffengericht des Amtsgerichts und kleine sowie große Strafkammern des Landgerichts). Die Schöffen sind gleichberechtigt. Sie haben das gleiche Stimmrecht wie die Berufsrichter (Volljuristen). Sie entscheiden über die Schuld/Unschuld eines Angeklagten und über die tat- und schuldangemessene Bestrafung.

Ziel ist, die Lebenserfahrung zweier Nichtjuristen einzubringen und so das Vertrauen der Bevölkerung in die Justiz zu festigen.

Erjon Krasniqi wird als Zeuge vernommen, genauso wie die Vernehmungsbeamten und die Staatsanwältin. Er behauptet nunmehr, dass er das Motorrad im Zuge der Ankaufverhandlungen nicht selbst Probe gefahren habe, er habe auch nichts davon gewusst, dass am Tattag die Ermordung des Geschädigten geplant gewesen sei, habe sich vielmehr selbst erschrocken. Inzwischen hat er einen neuen Verteidiger, der der Kammer angekündigt hat, die Wiederaufnahme des Verfahrens gegen seinen Mandanten beantragen zu wollen mit dem Ziel des Freispruchs. Erjon Krasniqi rüttelt selbst an seiner Glaubwürdigkeit.

Ein Jahr nach Prozessbeginn fällt im Februar 2023 das Urteil: Pashk und Artan werden wegen Mordes in Mittäterschaft zu lebenslanger Freiheitsstrafe (Mordmerkmal: niedrige Beweggründe) verurteilt. Der Vorsitzende verweist darauf, dass Erjon seine eigenen Tatbeiträge kleingeredet, ja sogar abgestritten habe, weshalb die Kammer zu dem Ergebnis gelangt sei, dass der Zeuge nicht in allen Teil ehrlich ist. »Dennoch haben wir keine Zweifel daran, dass die Angeklagten als Mittäter an der Ermordung mitgewirkt haben, wobei wir den genauen Tatbeitrag des einzelnen nicht feststellen können. Aufgrund der Sendeturmdaten und der Handydaten sowie der Erkenntnisse dazu, wann die Angeklagten eingereist sind, und einer Fülle weiterer Indizien haben wir keine vernünftigen Zweifel an ihrer Täterschaft. Selbst wenn wir von dem geringsten Tatbeitrag ausgehen, nämlich davon, dass man lediglich nach der Schussabgabe die Motorradbesatzung abgeholt und nach Hause zurückgefahren hat, so ist auch dieser Tatbeitrag von so wesentlicher Bedeutung bei der Planung und Ausführung des Tatgeschehens gewesen, dass wir auch diesen kleinsten Tatbeitrag bereits als Mittäterschaft bewerten.«

Die Sicht der forensischen Psychiaterin

Bei der Erstellung von forensisch-psychiatrischen Gutachten zur Schuldfähigkeit gibt es immer wieder Besonderheiten, hier der kulturelle Kontext im Sinne einer Tathandlung, die sich allein aus der Verankerung in einer abgeschotteten Parallel-Kultur erklärt. Forensisch-psychiatrische Gutachten werden in solchen Fällen dann angefordert, wenn zu prüfen ist, ob die angeklagte Person in irgendeinem speziellen Unterstellungsverhältnis stand, welches dazu führte, dass gewissermaßen die inneren Freiheitsgrade eingeschränkt waren, sich ggf. gegen die Einhaltung eines kulturspezifischen Rechtskanons zu stellen. Es geht also um die Frage, ob die handelnde Person von ihrer Eigenständigkeit her in der Lage war, sich selbst autonom in Bezug auf kulturelle Erwartungen und das Wissen um geltendes Recht zu positionieren.

Schwieriger als die Beurteilung der Schuldfähigkeit ist bei Fällen wie diesen später die Beurteilung der weiteren Gefährlichkeitsprognose in Bezug auf die Bereitschaft, sich erneut an Tötungshandlungen zu beteiligen oder an deren Planung mitzuwirken, sofern gemäß des Kanun wieder ein Anlass zur Blutrache gegeben ist.

Als Sachverständige hat man bei der Prüfung klinisch-psychiatrischer bzw. psychologischer Sachverhalte in Bezug auf Störungen und Persönlichkeitsfehlentwicklungen zu bleiben. Kulturelle Besonderheiten als solche dürfen nicht eigenständig einer juristischen normativen Bewertung unterzogen werden. Solche kulturellen Besonderheiten umfassen auch zur Tathandlung gehörende Überzeugungen, mit denen Täter ihre Taten zu rechtfertigen versuchen bzw. – wie in diesem Fall – einem regional spezifischen, tradierten Gewohnheitsrecht folgen und damit den gesellschaftlichen Erwartungen ihres Bezugsmilieus entsprechen. Nun gilt das Strafgesetzbuch in Deutschland für alle Bürgerinnen und Bürger, die hier leben und legt fest, welche Verhaltensweisen strafrechtlich sanktioniert werden. Dass in anderen Kulturen andere Straftatbestände definiert sind oder andere Glaubensgrundsätze zur Legitimation von Taten dienen, muss in einer Begutachtung gemäß unseres zweispurigen Strafrechts sauber von relevanten psychischen Störungen unterschieden werden. Jemand, der im Zusammenhang mit dem Kanun eine andere Person tötet, weil das einem regional typischen aus dem Mittelalter stammenden Gewohnheitsrecht entspricht, ist ein

Phänomen, das man kulturwissenschaftlich betrachten kann, dass aber forensisch – psychiatrisch in der Regel nicht von Relevanz ist. Nur bei Konstellationen, in denen ganz bewusst die jüngsten Mitglieder einer Familie auserkoren werden, eine Tat auszuführen, damit der ausführende Täter die geringste Strafe erhält, ist zu diskutieren, welche autonome Entscheidung die Person von ihrer psychischen Eigenständigkeit her potentiell hätte treffen können. Sofern aber eine innere Bindung und Überzeugung entlang des Gewohnheitsrechtes besteht und danach gehandelt wird, gibt es hier aus forensisch-psychiatrischer Sicht keine fachliche Diskussion. Man kann lediglich dazu Stellung nehmen, ob womöglich jemand eingespannt wurde, der eine schwere psychische Erkrankung wie z. B. eine Schizophrenie hat. Das wäre dann ein Sonderfall.

Rein formal betrachtet spricht das Ausspionieren des Opfers, ein Täter-Netzwerk mit einem bestimmten Organisationsgrad und einer bestimmten Rollenverteilung (einer mietet das Fahrzeug an, der andere fährt, der dritte schießt, der vierte hat das Opfer vorher ausspioniert) sowieso hoch komplex, gut geplant, rational durchorganisiert und daher in Bezug auf die Beurteilung der Steuerungsfähigkeit ohnehin wenig rätselhaft. Die Einsichtsfähigkeit ist durch den Wertekanon des mittelalterlichen Gewohnheitsrechts nicht tangiert. Man kann rein intellektuell sehr wohl nach dem Gewohnheitsrecht die Notwendigkeit erkennen, jemanden zu töten, kann aber zugleich wissen, dass Töten verboten ist und das offizielle Strafrecht des Staates auch nicht mit dem Kanun vereinbar ist. In Fällen wie diesen ist es so, dass alle Beteiligten sehr genau wissen, was verboten ist, aber einen anderen Bewertungsmaßstab haben und sich aus freien Stücken danach richten.

In diesem Falle ging es um eine Blutrache nach einem Tötungsdelikt, dessen sittlicher Kontext nicht ganz klar war.

Andere Tötungsdelikte, die im allgemeinen Sprachgebrauch als sog. »Ehrenmorde« bezeichnet werden, werden ebenfalls, auch unter Kenntnis ihrer kulturell unterlegten Überzeugungsmuster nach deutschem Recht als Mord abgeurteilt, wenn die formalen Mordmerkmale festgestellt werden. Nach deutschem Recht geht es dabei um das Mordmerkmal der niedrigen Beweggründe. All diese Einordnungen sind jedoch Aufgabe der Justiz und nicht Aufgabe von forensisch-psychiatrischen Sachverständigen.

Dennoch ist es so, dass Sachverständige Kenntnisse von dem normativ-kulturellen Bezugsrahmen haben müssen, um die Entwicklung einer Persönlichkeit, die Charaktereigenschaften, persönlichen Überzeugungen und Verhaltensmuster einordnen zu können, ohne sie automatisch zu pathologisieren. So unterscheiden sich z. B. die Ehrerbietungsbekundungen von Kindern ihren Eltern gegenüber, auch noch im Erwachsenenalter, von den heutzutage hierzulande geltenden Erwartungen. Eine Gesellschaft, die für sich die Maxime ausgibt, dass Eltern gewissermaßen die älteren Freunde ihrer Kinder sein wollen, verzichten nicht nur auf Höflichkeitsformen aus hierarchisch begründetem Respekt, sondern viele der Rituale, vom Knicks bis zum Handkuss, sind uns heute nicht mehr geläufig. In anderen Kulturen haben andere Verhaltensweisen eine andere Bedeutung und dürfen daher nicht automatisch als krankheitswertig und damit schuldmindernd eingeordnet werden. Das ist wichtig, um eine fälschlicherweise vorgenommene Pathologisierung, also die Fehlannahme einer psychischen Störung, zu vermeiden.

Würde man hier unkritisch sein bzw. vom eigenen normativen Rahmen ausgehen, würde man als Gutachter womöglich zu Unrecht Verhaltensweisen als Krankheitssymptom einordnen und dann zu einer Grundlage für Schuldminderung kommen, die sich aber streng genommen gar nicht ableiten lässt.

In kulturellen Parallelgesellschaften, die sich von der Mehrheitsgesellschaft sehr weitgehend abschotten, ist es zudem häufig so, dass die Angehörigen von Familien und Großfamilien keinerlei Zeugenaussagen machen, weil die Integrität der Familie das allerhöchste Gut ist. Gerade vor dem Hintergrund der besonderen Stellung, die die Großfamilie als sozialer Kosmos für den Einzelnen hat, ist das aber zumindest formal logisch nachvollziehbar, auch wenn das Verhalten unserer Erwartung, ggf. bei schweren Straftaten zugunsten des höheren Rechtsguts und gegen den Verwandten zu entscheiden, entgegensteht. In einer sehr individualistischen Gesellschaft sind Aussagen in Bezug auf einen verwandten Angeklagten möglich, da damit nicht automatisch das gesamte soziale Gefüge des Zeugen bedroht wird. In kollektivistisch strukturierten Gesellschaften mit einer großen Bedeutung generationaler Hierarchien ist das anders.

Für Sachverständige ist die Erstellung eines aussagekräftigen Gutachtens dann kaum noch möglich, wenn z. B. wichtige Tatzeugen keinerlei Angaben machen und auch im Nachhinein, sofern sie ein Zeugnisverweigerungsrecht haben, der Nutzung ihrer früher gemachten Aussagen im Rahmen von Zeugenvernehmungen widersprechen. Dann bleiben als Informationsquelle oft nur wenige Dokumente oder Zeugen übrig, die nicht dem nach außen abgeschotteten Milieu entstammen und deren Aussagewert häufig nicht so umfassend ist, dass daraus inhaltlich profunde Gutachten erstellt werden können. Nun muss man allerdings auch sagen: für erwachsene Täter ist die erhaltene Schuldfähigkeit der Normalfall. Wenn es keine anderen Erkenntnisse gibt, dann bleibt es auch beim Normalfall, zumindest aus forensisch- psychiatrischer Sicht.

Moora – die Moorleiche

Torfabbaugebiet im Landkreis N.
September 2000

Im Norden wird auch teils heute noch Torf abgebaut, so auch in der Nähe der Kreisstadt an der Weser. Alfred Krone, seit vielen Jahren im Torfabbau tätig, steuert eine besondere Maschine, eine Torfabbaumaschine, eine Art Kettenfahrzeug, das mit Förderbändern ausgestattet ist, die wie riesige Greifarme zur Seite weggestreckt sind, um die abgestochenen Torfpäckchen zu Tage befördern. Er zieht schnurgerade Bahnen, ganz langsam und soweit das Auge reicht. Der Untergrund ist braun, teils von Wasser bedeckt. Entlang der Abbaufläche zieht sich zur rechten Hand ein langer Graben, der bis zum Rand mit Wasser gefüllt ist. Davor sind entlang des Grabens unzählige der Torfpäckchen aufgestapelt. In Sichtweite verlaufen Gleise, auf der scheinbar früher die Torfbahn gefahren ist, ein kleiner Zug mit Loren, die die Torfpäckchen zum Sammelplatz transportierten, von wo aus der Torf in das Land transportiert wurde. Die Maschine macht das, was vor vielen Jahren noch die reine Knochenarbeit war, Torf abstechen. Heute ist es besonders nebelig und nasskalt. Wie muss es bloß früher gewesen sein, den Torf mit Hand abzustechen? Alfred Krone schüttelt sich, bremst die Maschine ab und entschließt sich, eine kurze Frühstückspause einzulegen. Als er von der Maschine klettert, fällt ihm etwas Ungewöhnliches auf, das aus dem braunen Boden hervorragt. Krone greift danach und traut seinen Blicken nicht. So schnell er die Hand ausgestreckt hat, lässt er den Gegenstand auch wieder fallen, reißt die Hand zurück, ist unentschlossen, beugt sich dann doch neugierig wieder vor und rückt die Brille auf der Nase zurecht: »Haare? Hat hier wer eine Leiche vergraben?« Das Fundstück sieht aus wie ein Knochen, wie ein Teil eines Schädels, an dem sich noch Haare befinden. Alfred ist geschockt. Rasch begibt sich Alfred Krone zu seinem PKW, fährt zum nächsten Hof und ruft von dort aus die Polizei in der Kreisstadt an. Der junge Beamte auf der Wache wirkt unschlüssig. Erlaubt sich da jemand einen Scherz mit ihm?

Zwei Stunden später ist ein Beamter des kleinen Polizeikommissariats vor Ort, der Bereich, in dem Alfred Krone zuvor mit der Torfabbaumaschine unterwegs war, mit rot-weißem Absperrband zum Leichenauffindeort »ernannt«. Wenig später sendet er einen Report an die Polizeiinspektion der Kreisstadt. »Heute gegen 11.05 Uhr teilt das Torf- und Humuswerk fernmündlich mit, dass bei Abtorfarbeiten im Uchter Moor das Skelett einer menschlichen Leiche aufgefunden wurde. Bei dem Fundort handelt es sich um das Feld 26 am Querdamm.« Beim Polizeikommissariat ist KHKin Jana Krämer dienstbereit. Sie begibt sich direkt zum Leichenfundort im Torffeld, zusammen mit zwei Kollegen. Unmittelbarer Leichenfundort ist der letzte Graben auf dem Feld, etwa 100 Meter vom Grabenanfang neben dem Sandweg entfernt, ein schlecht zugänglicher Platz. Hier wurden bereits die zuvor aufgefundenen Leichenteile aus dem Graben geborgen und auf einem Torfstapel abgelegt. Es handelt sich um einige größere Knochen sowie Teile der Schädeldecke mit Haarresten. In den folgenden Stunden werden von den Kriminalbeamten in Handarbeit weitere Leichenteile geborgen, die z. B. in dem 800 bis 100 cm tiefen, maschinell ausgehobenen Torfgraben liegen bzw. in den vor der Torfstechmaschine aufgeschnittenen und aufgestapelten Torfballen oberhalb der Grabenkante steckten.

Die Befragung der Torfarbeiter ergibt Folgendes. Die von Alfred bediente Maschine arbeitet vollautomatisch. Sie gräbt 80 cm tief in das Erdreich, zerteilt dieses zweimal in Blöcke und stapelt die fertigen Torfstücke neben dem Graben auf. In früheren Zeiten wurde zunächst in Handarbeit abgetorft. Anfang der 1980er Jahre hat dann die maschinelle Abtorfung im Uchter Moor begonnen. Ursprünglich sei das Feld 26 so hoch wie der Sandweg (Querdamm) gewesen. Es handele sich bereits um den dritten Abstich in diesem Feld. Daher sei es wahrscheinlich, dass die Leiche ursprünglich sehr tief gelegen habe (etwa 2 bis 2,5 Meter). Andererseits liege die Fundstelle genau dort, wo zu früheren Zeiten ein Damm für Torf-Loren verlaufen ist. Beidseits dieses Damms hätten sich Entwässerungsgräben befunden. Anfang der 70er Jahre wurde mit dem Wegplanieren des Querdamms begonnen und die parallelen Entwässerungsgräben wurden zugeschüttet. Von daher könne davon ausgegangen werden, dass der aufgefundene Leichnam möglicherweise in eine der Entwässerungsgräben verborgen wurde.

KHKin Jana Krämer bespricht den Moorleichenfund und die ersten Erkenntnisse mit den Rechtsmedizinern im Institut für Rechtsmedizin am Universitätsklinikum Hamburg-Eppendorf. Man überlegt, ob es sinnvoll ist, sofort einen Lokalaugenschein vorzunehmen, entscheidet sich dann aber dafür von der Polizei geborgene Leichenteile zusammen mit dem anhängenden Torf in Hamburg zu untersuchen. KHKin Krämer erwirkt über die Staatsanwaltschaft Verden den erforderlichen Beschluss und transportiert die im Moor geborgenen Knochen sodann einige Tage später nach Hamburg.

Hier übernehmen zwei Rechtsmediziner zusammen mit der Anthropologin Eilin Jopp-van Well die weitere Bearbeitung des Falles. Die ersten Feststellungen sagen aus: Es handelt sich um Skelettteile eines einzigen Leichnams in jüngerem Lebensalter. Dies ist erkennbar an den z. T. noch offenen Wachstumsfugen der langen Röhrenknochen sowie an den offenen Schädelnähten. Bekleidungsstücke oder Reste davon, Schmuck oder sonstige Gegenstände werden nicht festgestellt. Von Polizei und Staatsanwaltschaft ergeht der Auftrag, weiterführende Untersuchungen und Dokumentationen vorzunehmen, u. a. zu Geschlecht, Alter, Zahnstatus und Liegezeit. KHKin Krämer vermerkt das vorläufige Ermittlungsergebnis: »... Typische Rotfärbung der Haare. Durch Entkalkung sind die Knochen gummiartig biegsam und schwarz verfärbt. Aufgrund der Gesamtumstände ist von einer Liegezeit im Bereich etlicher Jahre oder Jahrzehnte auszugehen. Hinweise auf die Identität wurden zunächst nicht gefunden. Weitergehende Aussagen, insbesondere ob der Leichenfund von kriminalistischer Relevanz oder eher von archäologischer Bedeutung ist, sind zunächst nicht möglich.«

Knapp einen Monat später geben die Rechtsmediziner folgende weitere Untersuchungsergebnisse bekannt: Bei den aufgefundenen Knochen handelt es sich um die sterblichen Überreste einer jüngeren Frau im Alter von 16 bis 20 Jahren, bei der keine Zahnarbeiten feststellbar sind.

Die Kripo hat inzwischen alte Ermittlungsakten beigezogen. Ende der 60er Jahre verschwand plötzlich eine 16jährige in der Kreisstadt. Eine Nachfrage bei den noch lebenden Eltern ergibt, dass die Jugendliche nie beim Zahnarzt war, sie habe immer gute Zähne gehabt. Sie hatte früher auch keinerlei Frakturen erlitten, was dem nunmehr gefundenen Skelett entspricht.

2 Wochen später geht der Abschlussbericht der Hamburger Rechtsmedizin an die Kriminalpolizei. Die Altersbestimmung ergibt aufgrund der Verknöcherung der Schädelnähte sowie der Wachstumsfugen an den Langknochen ein Alter von 16 bis 19 Jahren, während die zahnärztliche Untersuchungen eher auf ein Alter von 18 bis 21 Jahre hindeuten. Aufgrund verschiedener anthropologischer Merkmale am Becken und am Schädel wird das Geschlecht auf weiblich klassifiziert. Die Körpergröße wird mit 145 bis 150 cm rekonstruiert. An den noch vorhandenen Zähnen finden sich keinerlei Zahnarbeiten. Das Wurzelwachstum ist abgeschlossen, auch an dem einzigen vorhandenen Weisheitszahn 38 links im Unterkiefer. Eine DNA-Bestimmung gelang trotz weitergehender analytischer Anstrengungen nicht. Dies ist erklärlich durch die fortgeschrittene Zersetzung der DNA durch die Moorsäuren. Es werden spezielle genetische Typisierungen im Institut für Zoologie und Anthropologie der Universität Göttingen empfohlen.

Die Untersuchungen werden veranlasst. Wenige Tage später werden am Institut für Rechtsmedizin in Hamburg Knochenteile der Moorleiche präpariert und dem Institut für Zoologie und Anthropologie, Abteilung für Historische Anthropologie und Humanökologie zur Verfügung gestellt. Nun vergeht eine vergleichsweise lange Zeit. Ende April des Folgejahres ergeht der erste Untersuchungsbericht der Expertin. Es sind molekulargenetische Untersuchungen zur Identitätsklärung des Moorleichenfundes durchgeführt worden. Diese verlaufen wegen des sehr ungewöhnlichen und stark degradierten Fundzustandes nur bedingt erfolgreich. Im Zuge der Analysen konnte nur das Geschlecht als sicher weiblich bestimmt werden.

Danach wurden weiterhin noch spezielle mitochondriale DNA-Marker untersucht. Die diesbezüglichen Untersuchungsbefunde werden in einem weiteren Gutachten 3 Monate später mitgeteilt. Hier sind jetzt auch die mitochondrialen DNA-Sequenzen aus zwei Speichelproben der Mutter des verschwundenen Mädchens berücksichtigt. Es bestehen allerdings erhebliche Abweichungen. Bei der Moorleiche handelt es sich also nicht um die verschwundene Jugendliche.

Der Fall ist nun wieder ganz auf null gestellt. Dann nimmt der Fall vier Jahre nach Entdeckung der Moorleiche im Januar 2005 eine überraschende Wende. Jetzt wird plötzlich und unerwartet auch noch die fehlende rechte Hand der Moorleiche aufgefunden, dies in unmittelbarer Nähe der Stelle, an der auch die übrigen Teile des Leichnams geborgen worden waren. Die Polizeiinspektion nimmt den Fall erneut auf und zieht diesmal Archäologen des Niedersächsischen Landesamtes für Denkmalpflege in Hannover (NLD) hinzu. Einige Tage später erhält die Kripo Besuch von zwei Wissenschaftlern vom Referat Archäologie des Niedersächsischen Landesamtes für Denkmalpflege. Nach Begutachtung der Hand und Mitteilung der Fundumstände sind die beiden Experten der Auffassung, dass dieser Fund älter als 1000 Jahre sein dürfte. Dem Paläobotaniker Dr. Bauerochse fällt auf, dass auf den Bildern vom Auffindungsort im Moor die Grenze von Schwarztorf und Weißtorf gut erkennbar ist, mithin von einer Lagerungszeit von mindestens 2000, aber weniger als 3000 Jahren auszugehen ist, wenn der Leichnam in diesem Bereich gelegen hat.

Wenige Tage später suchen die Archäologen vom Landesamt für Denkmalpflege auch das Institut für Rechtsmedizin in Hamburg auf. Hier treffen sie auf Rechtsmediziner, die zunächst einmal recht perplex sind. Sie hatten diesen Leichenfund aus dem Uchter Moor schon fast vollständig aus dem Blickwinkel verloren.

Das besondere Problem in Hamburg: Gerade in den Jahren nach 2000 hatte es umfangreiche Bauarbeiten gegeben. Das Institut für Rechtsmedizin war vollständig um- und teilweise neu gebaut worden, das alles bei laufendem Betrieb. In diesem Zusammenhang waren auch das Archiv und die Asservatenstelle neu organisiert, neu arrangiert und umgebaut worden. Jedenfalls wurden die Asservate zur Tagebuch-Nummer 585/00 »Moorleiche Uchte« zunächst nicht aufgefunden. – waren etwa die historisch/archäologisch unschätzbar wertvollen Überreste der Moorleiche verschwunden bzw. verloren gegangen? Doch dann konnte kurzfristig Entwarnung gegeben werden. Im Arbeitsbereich Anthropologie fanden sich die Knochen und Weichteile der Moorleiche sorgfältig verpackt an.

Rechtsmediziner und Archäologen waren danach gleichermaßen erleichtert, einerseits weil der wertvolle Fund nicht verloren gegangen ist, andererseits weil nun mehr weiterführende und zielführende Untersuchungen beginnen konnten. Am (Neu-)Anfang stand die Altersdatierung der Moorleiche mittels Radiokarbonmethode. Hierzu wurden Knochenmaterial sowie Torf an das Leibniz-Labor für Altersbestimmung und Isotopenforschung der Christian-Albrecht-Universität Kiel (Prof. Dr. Grootes) geschickt. Der Bericht von Prof. Dr. Grootes zu den Datierungsergebnissen besagte dann folgendes: »Kalibriertes Radiokarbonalter 2475 ± 20 Jahre; kalendarisches Alter zwischen 764 und 515 v. Chr.

Bei dem Fund handelte es sich demnach nicht nur um den ersten Moorleichenfund in einem archäologischen Kontext seit einem halben Jahrhundert, sondern zudem um die älteste aller datierten Moorleichen auf niedersächsischem Gebiet.

Ein Fall, der von Kriminalpolizei und Rechtsmedizin als ungelöst behandelt wurde und zeitweise in Vergessenheit geraten ist – sozusagen ein Cold Case. Dieser ungewöhnliche Fall nahm dann durch die aufmerksamen Torfarbeiter, Kriminalisten und Archäologen eine überraschende, geradezu sensationelle Wende. Erst das Auffinden der fehlenden Hand in unmittelbarer Nähe der Stelle, an der die übrigen Teile des Leichnams fast fünf Jahre zuvor gefunden worden waren, führte dazu, dass seitens der ermittelnden Polizeiinspektion der Fall erneut aufgenommen und Archäologen des Niedersächsischen Landesamtes für Denkmalpflege hinzugezogen wurden.

Eine frühzeitige interdisziplinäre Kooperation zwischen Rechtsmedizin, Anthropologie und Archäologie hätte Irrungen und Wirrungen vermeiden lassen und eine schnellere und professionelle Bearbeitung dieses archäologisch bedeutsamen Fundes ermöglicht. 4,5 Jahre nach Auffinden der Moorleiche wurde dieser Fall in enger interdisziplinärer Zusammenarbeit neu aufgerollt. Die Rechtsmediziner sind gleichermaßen beschämt und erleichtert. Eigentlich war dies geradezu ein Super-GAU. Statt eines seit 30 Jahren vermissten Mädchens haben die Rechtsmediziner eine fast 3000 Jahre alte Moorleiche übersehen. Erklärlich ist dies dadurch, dass Leichen, die im »Moormilieu« aufgefunden werden, bereits nach 1–2 Jahrzehnten eine bestimmte Konsistenz, Struktur und Farbe aufweisen. Das Moor hat insofern ausgeprägte konservierende Eigenschaften, wie wir ja auch von diversen anderen Moorleichenfunden aus Norddeutschland sowie aus Skandinavien, den Niederlanden sowie England und Irland wissen.

Im Verlauf der weiteren sehr engen Zusammenarbeit zwischen der Hamburger Rechtsmedizin und dem Landesamt für Denkmalpflege in Hannover wurde Moora zur bestuntersuchten Moorleiche überhaupt. Ihr ist inzwischen ein eigenes Museum im Uchter Moor gewidmet – alles in Allem eine geradezu unglaubliche Geschichte. Rechtsmediziner auf Irrwegen. Ganz entfernt erinnert diese Geschichte auch an den Fund der Gletschermumie »Ötzi«, die zunächst im Rahmen einer gerichtlichen Sektion in der Innsbrucker Rechtsmedizin untersucht wurde.

Mord im Bunker

Im Landkreis N. vor vielen Jahren

Joris Brenner ist ausgesprochen nervös, denkt, dass es sinnvoll sein könnte, Spuren seines Diebstahls zu beseitigen. Er legt deshalb im Zimmer des Mitbewohners Fiete Tienken Feuer, indem er einen Papierkorb in der Nähe der Küchenzeile anzündet. Um ganz sicher zu gehen, stellt er einige angezündete Kerzen unter Fietes Bett. Dabei ist es ihm völlig egal, ob das gesamte Wohnheim abbrennt und die 75 Mitbewohner Schaden nehmen könnten. Das Feuer geht schließlich von selbst aus. Der Schaden ist überschaubar.

Einen Tag später hat er seine Sorgen, erwischt zu werden, beiseite geschubst. Der Drang, einmal im Leben ein ganz Großer zu sein, rückt in den Vordergrund und so berichtet er seinem Mitbewohner Ingo Scheel stolz: »Zusammen mit dem Enno haben ich den Fiete erleichtert und kalt gemacht.« Ingo mag dies nicht so recht glauben, hält Joris für einen Schnacker, einen Wichtigtuer und radelt schließlich mit Joris zu dem nur wenige Kilometer entfernten ehemaligen Militärgelände, dem angeblichen Tatort – wie Joris behauptet. Joris zeigt ihm dort den Bunker und berichtet Details. Ingo ist fassungslos, weiß aber nicht, wie er mit den Informationen umgehen soll. Beide wohnen – ebenso wie Enno und Fiete – in einem Wohnheim für Behinderte. Ingo fühlt aber, dass er dieses Wissen nicht für sich behalten darf.

Schließlich offenbart er sein Wissen, die Polizei wird alarmiert, der Tatort gesichert. Die Spurensicherung findet an dem Tatort im engeren Sinne Spuren, die darauf hindeuten, dass hier etwas verbrannt wurde. In der Asche liegt ein verkohlter Einmal-Kunststoffhandschuh. Bei dem Versuch, die Reste sicherzustellen, zerbröselt der Kunststoff bzw. das, was übrig ist. Etwas entfernt hiervon und nach intensiver Absuche des Geländes, das inzwischen großräumig mit rot-weißem Flatterband abgesperrt ist, findet die Polizei den Leichnam des 43jährigen Fiete Tienken.

Die nun folgenden Ermittlungen zeichnen ein schreckliches Bild: Fiete Tienken war alkoholabhängig und lebte in einer Behinderteneinrichtung, in derselben wie Joris, Enno und auch Ingo.

Der 22jährige Joris Brenner hatte es bislang im Leben nicht einfach. Sein 10 Jahre älterer Bruder ist vor 14 Jahren bei einem Verkehrsunfall ums Leben gekommen. Bereits im Kindergarten stellte sich heraus, dass Joris schlecht hören kann und seine Feinmotorik gestört ist. Auch das Sprechen bereitete ihm Probleme. In der 5. Klasse galt er als nicht beschulbar. Häufiges Schwänzen und Streit mit Mitschülern führten schließlich zu einer kinderpsychiatrischen Behandlung in einer Klinik. Dort stellte man die Diagnose: spezifische Störung des Kindesalters mit Abkapselung und Labilität des emotionalen Steuerungsverhaltens. Auch sei seine intellektuelle Leistungsfähigkeit – so der damalige Psychiater – unterdurchschnittlich, weshalb er nunmehr in die Sonderschule geschickt wurde, die er bis zum Ende der 11. Klasse besuchte. Danach arbeitete er in der hauseigenen Gärtnerei einer pädagogischen Einrichtung, wo es aber häufige Probleme mit Mitbewohnern gab, sodass er zurück zu den Eltern zog. Später war er in einer Werkstatt für Behinderte tätig und wurde unter Betreuung gestellt.

Der 32jährige Enno Behrens wuchs mit zwei älteren Geschwistern bei den Eltern auf, die Familie wurde von früh an von der Behindertenfürsorge und dem Jugendamt betreut, weil die Eltern mit drei Kindern völlig überfordert waren ... Vater Alkoholiker, Mutter intellektuell minderbegabt. Enno hat seit der Geburt eine Kiefer-Gaumenspalte, die zwar operativ korrigiert wurde, jedoch zu dauerhaften Sprachfehlern führte. So spricht Enno recht verwaschen und undeutlich.

Während man in der Klinik die Gaumenspalte behandelte, stellte man fest, dass Enno einen statomotorischen und geistigen Entwicklungsrückstand hat. Dabei dürften mangelnde Entwicklungsreize in der Familie eine nicht unerhebliche Rolle gespielt haben. Auch er besuchte die Sonderschule und wurde in einem Heim untergebracht, schließlich in einer kleinen Wohngruppe mit heilpädagogischer Förderung. Auch er steht unter Betreuung. Bevor er zuletzt in einer Behindertenwerkstatt arbeitete, wurde ihm in einer Betreuungseinrichtung für Behinderte gekündigt, weil er Mitarbeiterinnen während einer Alkoholkontrolle unter Vorhalt eines Kartoffelschälmessers bedroht hatte.

Beide, Enno und Joris, lernten sich in der letzten Wohneinrichtung kennen. Beide arbeiteten in derselben Behindertenwerkstatt, in der auch der Getötete tätig war. Und beide sprachen gerne dem Alkohol zu.

Enno war zuletzt ziemlich schlecht auf Fiete zu sprechen, denn dieser hatte ein sexuelles Verhältnis mit der Freundin des Enno angefangen, der Gesche, was schließlich dazu führte, dass die Beziehung zerbrach. Enno ist deshalb zugleich traurig und auch wütend. Deshalb beschimpft und beleidigt er den Fiete immer häufiger in der Werkstatt vor der versammelten Mannschaft.

In seiner Wut findet er Rückhalt bei Joris, der ebenfalls gar nicht gut auf Fiete zu sprechen ist. Denn er hat vor einer Woche gehört, dass Fiete HIV-positiv ist und seither treibt ihn die Sorge um, dass er sich angesteckt haben könnte. Denn auch er hatte sexuelle Kontakte zu Fiete und zu Christian, von dem ihm bekannt ist, dass auch Christian mit Fiete sexuell verkehrten.

Enno stritt sich erst am Tag vor der mutmaßlichen Tat lautstark in der Werkstatt mit Fiete. Er schrie: »Ich bringe dich um, du bist dran, ich kriege sich!« Das berichten zwei weitere Bewohner und auch eine Erzieherin der Polizei.

Die Beamten durchsuchen die Zimmer der Beschuldigten. In Joris Zimmer finden sie die Geldbörse und Schlüssel des Fiete.

Die Erkenntnisse, die die Polizei aus den Aussagen der Beschuldigten, Zeugen und den objektiven Spuren am Tatort gewinnt, liefern hinreichend Stoff für einen Krimi besonderer Art:

Enno hat am Abend Küchendienst, kaum fertig mit der Arbeit trifft er sich mit Joris. Beide gehen zu Fuß zu dem 1,5 km entfernten ehemaligen Militärgelände, ein recht weitläufiges und umzäuntes Gebiet einer früheren Raketenstellung. Das Gelände wirkt unwirklich, heute würde man es als Lostplace bezeichnen. Leerstehende Gebäude, teils verfallen, an den geteerten Wegen und gepflasterten Flächen versucht die Natur sich zurückzukämpfen. Grasbüschel, Bäume und Büsche arbeiten völlig unkontrolliert an der Wiederherstellung der einstigen Ordnung.

Joris liebt den Ort, hier trinkt er oft heimlich und reichlich Alkohol. Er zeigt Enno, der ihn am Tattag begleitet, einen eingewachsenen und nur für Kundige auffindbaren Bunker mit einer Länge von 9 und einer Breite von 4 Metern. Während beide am Zechen sind – Joris hat zuvor zwei Kisten Karre-Bräu und weitere Getränke gestohlen –, fassen sie den Entschluss, den verhassten Fiete zu töten. Enno ist von der Wut getrieben wegen der zerbrochenen Beziehung zu Gesche, Joris von der Angst AIDS zu haben. Es entsteht die Idee, Fiete unter einem Vorwand hierher zu locken und umzubringen.

Sie nehmen vier Flaschen Bier mit und suchen Fiete im Wohnheim auf. Beide tun so, als sei der Streit vom Vormittag längst vergessen, trinken zusammen das Bier und schauen eine Horror-Komödie. Danach laden sie Fiete ein, auf dem Militärgelände mit ihnen zusammen weiter zu trinken und sich zu vergnügen. Fiete ist gänzlich ahnungslos und freut sich über die sich anbahnende Freundschaft. Im Bunker schlägt Joris mit einer großen Stabtaschenlampe dem Fiete ca. 15mal und mit äußerster Wucht auf den Kopf – für Fiete völlig überraschend. Enno steht derweil in unmittelbarer Nähe und schaut zu.

Tatsächlich lassen sich diese Angaben der Beschuldigten mit den Ergebnissen der Obduktion in Einklang bringen. Denn die Obduzenten haben Gesichtsweichteileinblutungen, diverse Kopfschwarteneinblutungen links und rechts am Hinterkopf bis zum Nacken hinunter und einen ausgedehnten Schädelscharnierbruch mit einem Bruchzentrum im linken Felsenbein festgestellt. Die Rechtsmedizinerin führt aus: »Diese

Verletzungen lassen sich sicher feststellen, obwohl der Leichnam – wie Sie ja selbst sehen – erheblich verkohlt ist.«

Inbrandsetzen eines menschlichen Körpers – Die entscheidende Frage bei sog. Brandleichen ist, ob eine Person lebend oder tot verbrannt ist. Diese Frage kann nur durch eine Obduktion, am besten in Verbindung mit einem bildgebenden Verfahren (Röntgen, CT) geklärt werden. Dass ein Leichnam verbrannt wurde, kann man fast immer leicht dadurch diagnostizieren, dass kein Ruß eingeatmet wurde und sich im Blut kein Kohlenmonoxid nachweisen lässt.

Grundsätzliche Fragen bei Brandleichen sind:

- Liegt ein natürlicher Tod vor?
- Wenn ja, wurde der Brand durch den Verstorbenen selbst ausgelöst?
- Gibt es Hinweise für Einwirkung durch fremde Hand?
- Wenn ja, war der Brand todesursächlich?
- Sollte der Brand ein Tötungsdelikt vertuschen?
- Kann es sich um einen Suizid oder einen Unfall handeln?

Grundsätzlich sind Brandleichen deswegen immer einer Obduktion zuzuführen, da bei einer äußerlichen Untersuchung keine sichere Aussage bezüglich der Todesursache gemacht werden kann, vor allem dann, wenn die Leiche bereits Verkohlungen aufweist. Nicht selten werden Leichen nach Fremdtötung in Brand gesteckt (Mordbrand), um den Mord zu vertuschen, nicht zuletzt in der Hoffnung, die Leiche werde vollständig verbrennen. Dabei werden Fahrzeuge, Wohnungen, Häuser aber auch Leichen auf eigens errichteten »Scheiterhaufen« in Brand gesetzt, teils unter Verwendung von Branmdbeschleunigern.

Einer von den beiden sticht im Anschluss daran dem Fiete zweimal mit einem eigens dafür mitgebrachten großen Fleischermesser in den Hals. Dazu weiß die Obduzentin auszuführen:»Ein Stich, der tödliche, drang vom Nacken Richtung Kinn verlaufend tief in die Zungenmuskulatur. Im Verlauf des Stichkanals kam es zur Einkerbung der Halswirbelsäule sowie Abtrennung des äußeren Asts der linken Kopfschlagader mit massiver Umgebungsblutung. Diese Verletzung führte in kurzer Zeit zum Tod. Der weitere Stich verlief oberflächlich parallel zum linken Unterkieferast in Richtung Kinn.« Die Rechtsmedizinerin hält kurz inne und deutet dann auf das rechte Bein.»Schauen Sie mal hier! Dort befindet sich eine 25 cm lange scharfrandige Hautdurchtrennung der gesamten vorderen Beinmuskulatur. Außerdem ist der Oberschenkelknochen grob zertrümmert.«

Mindestens einer der Beschuldigten trägt während der Tathandlungen Einmalhandschuhe. Nachdem Fiete bereits tot ist, schneidet und sticht einer der beiden mehrfach in den Genital- und Analbereich. Die Obduzentin führt dazu aus:»Sowas sehen wir eher selten. Wir können 5 scharfe Verletzungen feststellen in der Umgebung des männlichen Genitals, das nahezu vollständig durchtrennt wurde.«

Zurück zum Tatort, den Angaben der Beschuldigten und den objektiven Spuren: Als der Tote vor Joris und Enno liegt, haben beide die Idee, alle Wertgegenstände an sich zu nehmen, und so nehmen sie ihm Geldbörse, Schlüssel und Handy weg.

Enno meint, dass man den Leichnam verschwinden lassen müsse. Sie diskutieren, ob ein Verbrennen oder Vergraben das Sinnvollste ist. Die zwei gehen zum Wohnheim zurück, um dort Brandbeschleuniger zu entwenden. Joris lässt aus dem Mofa eines der Mitbewohner Benzin ab und füllt dies in eine mitgebrachte Colaflasche. Joris besorgt einen Spaten, eine Axt und einen Trichter. Sodann begeben sich beide zurück zum Bunker. Bevor sie die Leiche mit Brandbeschleuniger übergießen, Joris zudem mit Hilfe des Trichters in den Mund des Fiete Benzin einfüllt, und anzünden, bringen sie die Restgetränke in Sicherheit. Während der Leichnam etwa 20 Minuten brennt, stehen beide vor dem Bunker. Danach beschließen Joris und Enno die verkohlte Leiche zu vergraben. Joris umwickelt die Beine mit einem im Bunker gefundenen Kabel, danach ziehen beide abwechselnd die Leiche ca. 180 Meter weg vom Bunker zu einer abgelegenen Fahrzeughalle und heben dort ein Erdloch aus. Wegen der Beschaffenheit des Bodens ist das Graben nicht nur mühselig, sondern schweißtreibend, beide wechseln sich mehrfach ab. Joris versucht vergeblich mit der Axt das rechte Bein des Fiete abzutrennen, weil er meint, dass man dann mit einem kleineren Loch klarkommt. Einer von beiden schlägt mit einem Werkzeug massiv auf das Bein. Die Knochen knirschen laut.

Joris und Enno heben die Leiche hoch und wuchten sie in das geschaffene Erdloch. Sie füllen den Aushub auf die Leiche und decken sicherheitshalber das Loch mit einer Blechplatte und einer Holzplatte ab. Danach begeben sie sich zum Wohnheim zurück und verstecken dort das Werkzeug.

Am nächsten Morgen geht Joris mit den entwendeten Schlüsseln in das Zimmer des Fiete und stiehlt einen Videorekorder und eine Langhaarschneider.

In der Hauptverhandlung zeigen sich beide angesichts der erdrückenden Beweislage im Wesentlichen geständig, streiten aber ab, die Tötung geplant zu haben. Angaben zu den Verletzungen im Genitalbereich wollen beide allerdings nicht machen. Enno zeigt sich einsichtiger und redseliger als Joris. Er räumt anfangs ein, dass sie den Fiete hätten vernichten wollen. Sie hätten Fiete in den Bunker eingeladen. »Ich habe dem Fiete im Bunker in die Eier gekniffen. Der bekam einen Anfall, daraufhin hat Joris mit der Taschenlampe zugeschlagen und danach zweimal zugestochen. Direkt in den Hals!« Joris habe Handschuhe getragen.

Später überlegt sich Enno seine Einlassung und revidiert, dass man geplant habe, Fiete zu töten. »Ich wusste nicht, was Joris geplant hat, ehrlich!« »Und ich habe dem auch nicht in die Eier gekniffen!«

Am 9. Verhandlungstag verkündet die Vorsitzende das Urteil:

»Der Angeklagte Joris Brenner wird wegen gemeinschaftlichen Mordes und wegen versuchter besonders schwerer Brandstiftung zu einer Gesamtfreiheitsstrafe von 10 Jahren verurteilt. Seine Unterbringung in einem psychiatrischen Krankenhaus wird angeordnet. Enno Behrens wird wegen gemeinschaftlichen Mordes zu einer Freiheitsstrafe von 9 Jahren verurteilt. Die Angeklagten tragen die Kosten des Verfahrens.«

Nachdem alle Verfahrensbeteiligten und Zuschauer Platz genommen haben, begründet die Vorsitzende das Urteil: »Das Gericht ist davon überzeugt, dass die Erstangaben der Angeklagten im Wesentlichen der Wahrheit entsprachen. Beide haben jeweils flüssige, in sich nachvollziehbare und überzeugende Aussagen zu dem Geschehen gemacht. Die Aussagen der Angeklagten wirkten weder zum Randgeschehen noch zum Kerngeschehen abgesprochen. Zu einer Absprache wären die einfach strukturierten Angeklagten zu unserer sicheren Überzeugung aufgrund ihrer intellektuellen Defizite auch nicht in der Lage! Darüber hinaus lassen sich die objektiven Feststellungen der Rechtsmediziner zu den Verletzungen mit den Angaben der Angeklagten in Einklang bringen! Die Behauptung, man habe die Tötung vorher nicht geplant, halten wir für eine Schutzbehauptung.«

Und zum Rechtlichen erklärt sie: »Auch wenn wir nicht feststellen können, wer zugestochen hat, so wollten beide die Tat fördern, beide haben den Tod gewollt. Man ist aus eigenem Interesse arbeitsteilig tätig geworden und hat danach gemeinsam die Leiche weggeschafft.«

Auch sei die Kammer zu dem Schluss gekommen, dass die Tat geplant und keineswegs spontan ausgeführt wurde. »Gegen eine spontane und für eine geplante Tat spricht ganz wesentlich die Tatwaffe, ein Fleischmesser mit einer Klingenlänge von 20 Zentimetern. Auch das Nutzen von Einweghandschuhen ist gewichtiges Indiz für eine Tatplanung. Beide hatten ein Motiv, Fiete zu töten. Joris Brenner hat vorher vor Zeugen gedroht, Fiete zu töten. Auch das Nachtatgeschehen wurde gemeinsam besprochen und umgesetzt.« Und: »Der Angeklagte Brenner hat seinem besten Freund am Tag danach die Tat gestanden, ihm Details erzählt ihn zum Tatort geführt.«

Die Vorsitzende erklärt, warum keine lebenslange Freiheitsstrafe zu verhängen war. »Bei beiden Angeklagten ist die Fähigkeit, sich entsprechend ihrer vorhandenen Unrechtseinsicht zu verhalten, zum Tatzeitpunkt infolge leichter Intelligenzminderung und Alkoholmissbrauch, bei Joris Brenner noch hinzukommend eine dissoziale Persönlichkeitsstörung, erheblich eingeschränkt gewesen. Joris Brenner war zudem zur Tatzeit gerade 22 Jahre alt, er stand in seiner sittlichen und geistigen Reife einem Jugendlichen gleich. Zugunsten des Enno Behrens haben wir berücksichtigt, dass er bislang unbestraft ist, er die Tat zeitnah zumindest teilweise eingeräumt hat und sein Tatbeitrag geringer war.«

Die Sicht der forensischen Psychiaterin

Bei diesem Fall handelt es sich um ein gemeinschaftlich begangenes Tötungsdelikt von zwei Männern unterschiedlichen Alters, die jeweils eine Intelligenzminderung und Milieuschädigung aufweisen, so dass hier neben der Intelligenzleistung, die einer testpsychologischen Untersuchung bedarf, vor allem auch die Reife der Persönlichkeit zu beurteilen ist. Wenngleich der Begriff der Persönlichkeitsreife sich im Grunde auf die Begutachtung Heranwachsender bezieht und bei der Zuerkennung einer Sanktion nach JGG eine Rolle spielt, kann gerade auch bei Menschen mit Intelligenzminderung eine solche Untersuchung wichtig sein. Vor allem Menschen mit sozialen Belastungen des Elternhauses sind oftmals wegen der mangelhaften erzieherischen Einflussnahme in ihrer Persönlichkeitsentwicklung verzögert und ggf. auch durch dissoziales und impulsives Verhalten auffällig.

Unter einer Intelligenzminderung versteht man eine sich in der Entwicklung manifestierende unvollständige bzw. retardierte Ausbildung der geistigen Fähigkeiten, wobei verschiedene Funktionsbereiche betroffen sein können, die zum Intelligenzniveau insgesamt beitragen. Dazu gehören die Sprache, die kognitiven Fähigkeiten, die motorischen und die sozialen Funktionen. IQ-Werte sind dabei nur eine allgemeine Orientierung zur Beurteilung des Intelligenzniveaus. Hinzu kommt die Beurteilung der moralischen und sozialen sowie psychosexuellen Reife und das Niveau der alltagspraktischen Fähigkeiten.

Menschen mit leichter Intelligenzminderung sind im Alltag weitgehend selbständig. Sie können einfache, praktische berufliche Tätigkeiten auszuüben, den Haushalt und sich selbst versorgen. Der Besuch der Sonderschule ist die Regel, es gibt vor allem Mängel auf dem Gebiet abstrakter Lernleistungen wie z.B. Rechnen. Ihre Selbstkritik, das selbstkritische Reflektieren eigenen Verhaltens, ist aber gerade bei einer zusätzlich vorliegenden Milieuschädigung beeinträchtigt. Das sexuelle Verhalten ist ggf. häufiger davon geprägt, dass es um das reine Ausleben genitaler Lust geht, ohne dass die Sexualität in eine tragfähige Beziehung eingebunden ist. Sexuell abweichende Vorlieben sind allerdings bei Menschen mit Intelligenzminderung nicht häufiger als bei anderen Personen.

Hier nun gibt es eine besonders problematische Konstellation: beide Täter sind intelligenzgemindert. Sie verfügen über auffällige Reifungsdefizite in ihrer Persönlichkeit. Das betrifft den Umgang mit Ärger und Kränkung, aber auch die moralische Urteilskraft. Enno fiel schon wegen der Bedrohung von Mitarbeiterinnen einer Betreuungseinrichtung mit einem Schälmesser auf. Joris zeigte bereits als Kind eine beträchtliche Labilität der Emotionssteuerung.

Das formale Vorgehen der Tatplanung ist in diesem Fall durchaus geschickt und durchdacht. Die Täter beschließen, ihr Tatopfer so zu manipulieren, dass es ihnen arglos an den einsamen Ort folgt, wo es letztlich getötet und auch verstümmelt wird. Dieses Vorgehen ist planmäßig und kalkuliert.

Bei der Beurteilung der Steuerungsfähigkeit wird in Gutachten jedoch zwischen der operativen Steuerungsfähigkeit und der motivationalen Steuerungsfähigkeit unterschieden.

Die operative Steuerungsfähigkeit, also die formale Befähigung, die Tat auch umzusetzen, ist hier sicherlich gegeben gewesen. Aber die besonderen psychischen Auffälligkeiten in Bezug auf Intelligenz, kritischem normativem Denken, Distanzierung von negativen Emotionen und noch zusätzlich vorliegender Enthemmung durch Alkoholisierung lassen in diesem konkreten Fall durchaus den Schluss zu, dass die innere Distanzierungsfähigkeit von dem perfiden Plan, also die motivationale Steuerungsfähigkeit zur Tatzeit in einer beträchtlichen Weise vermindert war. Bei Joris Brenner erkannte das Gericht sogar explizit den Reifezustand eines Jugendlichen, obwohl Joris Brenner bereits 22 Jahre alt war, also mithin das Alter des Heranwachsenden (18 bis 21 Jahre) bereits überschritten hatte.

Der Fall weist aber mit der Genitalverstümmelung bei dem männlichen Opfer noch eine Besonderheit auf. Hier handelt es sich in diesem Fall wohl um eine konkretistische aggressive Handlung, die sich auf das sexuelle Verhältnis zwischen dem Opfer und Joris bezieht. Da es eine sexuelle Kontaktebene gab und Joris nun Angst vor HIV hatte, wurde die Wut gegen den HIV – positiven Fiete ganz konkret, anschaulich, hoch aggressiv gegen dessen Unterleib ausagiert.

Das gesamte Nachtatverhalten zeigt einen komplett pietätlosen und vergröberten Umgang mit der Leiche, bei der man versucht, aus rein pragmatischen Gründen zugunsten eines kleineren Erdlochs die Beine abzutrennen.

In der Tat sind Täter mit diesem Störungsmuster wegen des langjährigen sozio-edukativen Behandlungsbedarfs zur Senkung der Gewaltbereitschaft in der Forensischen Psychiatrie sinnvoller aufgehoben, wenn es darum geht, nach einer zeitlich befristeten Haftstrafe das Wiederholungsrisiko für gröbste Gewalttaten massiv zu senken.

Die letzte Fahrt einer Toten mit dem Mofa

Ein kleiner Ort im Landkreis N.

13. Januar 2000

Der 40jährige Erich Kleinsorge klingelt bei der 62jährigen Lisbeth. Lisbeth kennt er schon lange, ihr vertraut er. Lisbeth kennt auch seine Lebensgefährtin Andrea. Sie merkt sofort, dass mit Erich etwas nicht stimmt. Beide begeben sich in das Wohnzimmer. Lisbeth hat das Gefühl, dass Erich ihr nicht in die Augen schauen mag. Erich blickt stattdessen aus dem Wohnzimmerfenster, wirkt nervös, ja zappelig. Auch nimmt er mehr Zucker in den Ostfriesentee als sonst üblich. Lisbeth wendet sich ihm zu:»Was ist los mit dir? Ich merke doch, dass irgendwas im Argen ist.« Erich nimmt einen Schluck von dem viel zu süßen Tee aus der blaugemusterten Teetasse, starrt vor sich hin und flüstert:»Ich habe die Andrea umgebracht.« Lisbeth fährt zusammen:»Was hast du? Hat dich jemand beobachtet?« Lisbeth hört förmlich ihr Herz schlagen. Dass diese Beziehung problematisch, ja toxisch war, war ihr ja bekannt, aber Mord? Lisbeth denkt einen Moment nach:»Erich, du musst zur Polizei gehen. Du musst denen sagen, was passiert ist, versprichst du mir das?« Erich nickt und verabschiedet sich wenige Minuten später. Er fährt jedoch erst mit seinem Motorroller heim, sucht seinen Ausweis und Rentenbescheide, sein Sparbuch und sonstige wichtige Papiere, legt alles zusammen sorgfältig in eine Kiste, damit nichts während seiner Haft verloren gehen möge und er nach dem Knast nicht mittellos ist. Dann bringt er die Kiste samt Inhalt der Lisbeth, bei der er auch den Roller unterstellt, und begibt sich im Anschluss daran zur Polizeistation.

Gleich bei Betreten der Wache offenbart er sich »Ich habe am Wochenende die Andrea geschlagen, sie hat aus Mund und Nase geblutet, sich
nicht mehr bewegt. Nach drei bis vier Stunden habe ich sie im Wald vergraben.«

Der junge Wachhabende schluckt, wirkt überfordert, noch nervö-
ser als Erich. Kollegen hatten in der Ausbildung mal berichtet, dass es
hin und wieder passiere, dass sich ein Mörder auf der Wache persönlich
stellt – damals hielt er das für Unfug und schmunzelte darüber. Wir sind
hier auf dem Lande, sowas gibt es allenfalls in der Großstadt – hatte er
damals die Berichte kommentiert.

Seine Hände zittern, als er zum Hörer greift, um die Kollegen der
Kriminalpolizei zu rufen. Nachdem er sich etwas beruhigt hat, atmet er
tief durch, erklärt Erich die Festnahme und legt ihm Handschellen an.
Als die Kollegen der Kripo eintreffen, fahren diese mit Erich in den Wald,
dahin, wo Erich Andrea vergraben haben will. Erich zeigt die Stelle, sodann läuft die übliche Maschinerie im Polizeiapparat und der Staatsanwaltschaft an. Das Fachkommissariat I in der Kreisstadt übernimmt die
Ermittlungen, der Staatsanwalt und die Rechtsmedizin kommen. Das,
was sich dann ab 22 Uhr abspielt, ist schon gespenstisch. Das Wald-
gelände ist von der Feuerwehr großflächig ausgeleuchtet. Am Rande
eines breiten Waldweges befindet sich etwa 10 Meter weit entfernt im
Gebüsch am Fuße eines kleinen, breit verzweigten und jetzt entlaubten
Baumes ein schwach erkennbarer Erdhügel. Dieser ist mit aufgelocker-
tem Erdreich und hierauf verteiltem Laub, kleinen Ästen und Tannenna-
deln bedeckt. Etwa 3 Meter entfernt befindet sich auf dem Waldboden
ein Teelicht.

Der Erdhügel wird von den Rechtsmedizinern aufgegraben. Das
Erdreich ist locker, es lässt sich eine Grube darstellen. Innerhalb der
70 cm tiefen und 170 cm langen, 50 cm breiten Grube findet sich in
Linksseitenlage, Kopf in Richtung auf den Baum der Leichnam der getöteten Andrea. 10 cm tief im Erdreich über dem toten Körper ist ein
schlichtes Holzkreuz deponiert.

Vor Ort findet jetzt nur eine erste orientierende rechtsmedizinische Leichenschau statt. Leichenstarre ist noch vorhanden. Spärliche Leichenflecke finden sich an der linken Körperseite, entsprechend der Auffindungssituation des Leichnams in Linksseitenlage im Erdreich. Im Bereich der Bauchhaut beginnende Grünfäulnis. Diverse Verletzungen und Unterblutungen sind im Gesicht sofort erkennbar. Aus der Nase Blutabrinnspuren. Fleckförmige Abschürfungen und Hautunterblutungen vorn und seitlich am Hals.

Der Leichnam wird umgehend zur Obduktion in das Krankenhaus abtransportiert. Die erste Einschätzung der Obduzenten vor Ort im Wald lautet: stumpfe Gewalteinwirkung gegen den Kopf, Würgemale am Hals.

Die Abläufe zwischen Kriminalpolizei und Rechtsmedizin laufen weiter professionell ab, wie die Räder eines Uhrwerks. Diese Praxis ist zwischen der Mordkommission und der Hamburger Rechtsmedizin bereits eingespielt.

Der Leichenfundort wird durch die Polizei gesichert. Hier werden in den nächsten Tagen durch die Spurensicherung noch weiterführende Untersuchungen und Vermessungen stattfinden. Der mutmaßliche Täter ist inzwischen zur Polizeiinspektion gebracht worden. Die Polizeibeamten hatten seine Kleidung sichergestellt, ihm war dann Ersatzkleidung gestellt worden. Jetzt wird der Mann zunächst einmal von den Rechtsmedizinern körperlich untersucht. Dazu muss er auch nochmals vorübergehend die Bekleidungsstücke ablegen. Folgende Untersuchungsbefunde werden erhoben: Am Kopf keine Verletzungen. Hals äußerlich unauffällig. Vorn links an der Brust, oberhalb der Brustwarze eine pfenniggroße, ältere, gelbliche Hautunterblutung. Unterhalb des rechten Schlüsselbeins eine umschriebene Hautrötung. Über dem linken Schlüsselbein eine schräggestellte, 2 cm lange Hautverborkung. Auf dem rechten Handrücken zwei strichförmige Hautrötungen, ebenfalls mit umschriebener Borkenbildung. An der Daumenseite beider

Handgelenke bandförmige, rötliche Hautverfärbungen (nach Art von Handschellenmarken). Insgesamt kräftige, sogenannte Arbeitshände.

Erich wird vernommen. »Es gab mal wieder Streit zwischen mir und der Andrea. Ich habe Andrea vor etwa 10 Jahren kennengelernt, als sie in die Etage unter mir zog. Bereits zwei Tage nach ihrem Einzug holte sie mich in ihre Wohnung, es entwickelte sich ein sexuelles Verhältnis.«

Andrea, mit vollem Namen Andrea Classen, ist polizeibekannt, eine TBC-kranke Alkoholikerin, die auch Haschisch und Heroin konsumierte. Erich fährt fort: »Anfangs fand ich sie cool, älter, sexuell sehr erfahren. Irgendwie habe ich ein bisschen auf ein gemeinsames Leben mit ihr gehofft. Sie trank aber immer mehr, alles was greifbar war, reichlich Whiskey, Korn, Weinbrand, am liebsten Jägermeister und Bier. Sie hat sich nicht mehr gewaschen, wurde immer dünner.«

Erich beschreibt, wie sich Alkohol und Drogen immer mehr auf die Psyche auswirkten: »Sie konnte aus dem Stand völlig außer sich geraten, wurde dann voll aggro. Manchmal hat sie mich gerade erst geküsst und 3 Sekunden später schlug sie mir ins Gesicht. Meistens bin ich einfach weggegangen, einige Male habe ich zurückgeschlagen. Manchmal hat sie mir verboten ihre Wohnung zu verlassen und mir abends einfach meine Zahnprothese, die ich auf den Nachttisch gelegt hatte, weggenommen.« Erich weint. »Versteht ihr das? Mein Kopf hat mir gesagt: Lass die Finger von ihr! Mein Herz hat gesagt: Du kriegst das schon hin! Zuletzt hat sie mir mit einem Papierkorb aus Eisen so heftig ins Gesicht geschlagen, dass das Blut aus der Nase lief.« Die Beamten reichen Erich Papiertaschentücher, der diese dankbar entgegennimmt und sich die Nase schnäuzt. »Mal war zwei Monate Ruhe, wir haben uns nicht gesehen, das fand ich erholsam. Dann hat sie mich wieder aufgefordert in ihre Wohnung zu kommen, sie hat mich wieder verführt. Vor Weihnachten habe ich ihr 5000 Euro von meinem Ersparten gegeben, für Kleidung, für Essengehen, für das Taxi. Anfang Januar sind wir auf meinem Roller zu ihrer Wohnung gefahren, wollten dort aufräumen. Als wir da ankamen, hatte sie keinen Bock mehr aufzuräumen, obwohl die Wohnung völlig vermüllt war. Weil ich Müll aufheben wollte, schlug sie mir ins Gesicht. Sie hat mir verboten, ihre Wohnung zu verlassen. Ich fühlte mich völlig abgebrannt und habe mich auf das Sofa im Wohnzimmer gelegt, um zu schlafen. Nachdem es nachts mehrfach an der Haustür klingelte, wollte ich aufstehen, sie schubste und schlug mich. Wir sind uns dann wechselseitig an die Gurgel gegangen, sie hat mich dabei hier oben gebissen«, Erich zeigt links an den Hals über dem Schlüsselbein auf eine verfärbte Stelle. »Das tat sauweh, wie ein Elektroschocker!« Ich war stinksauer und habe ihr deshalb bestimmt fünfmal mit der Faust auf den Kopf geschlagen, auch auf die Nase. Ich war so außer mir, dass ich sie auch gewürgt habe. Mit einer Hand oder mit beiden, keine Ahnung, aber mehrere Minuten!«

Andrea habe sich nicht mehr bewegt. »Mit ihr waren all meine Träume dahin, ich habe 3–4 Stunden neben ihr auf dem Boden gelegen und einfach nur geweint.« Als er sie angefasst habe, fühlte sie sich bereits kalt an. »Ich musste sie beerdigen. Ich habe die Leiche nach draußen getragen, über das Moped gelegt, beide Arme mit ihrem Ledergürtel an den Körper gebunden. Sie sollte in der Nähe der Wohnung ihrer Mutter ihre Ruhe finden – nach ihrem schweren Leben.« Die letzte Fahrt mit dem Mofa, die Vernehmungsbeamten tauschen Blicke aus. Nein, sowas haben die erfahrenen Kriminalbeamten bislang noch nie erlebt! Ungerührt dessen berichtet Erich weiter, bemerkt die Blicke der Beamten scheinbar gar nicht: »Ich hatte geplant, mich nach der Beerdigung daneben aufzuhängen, damit wenigstens alles vorbei ist, bin 8 km mit der Leiche auf dem Mofa in die nächste Stadt gefahren, mir begegneten viele Fahrzeuge, keiner hat von mir oder Andrea Notiz genommen. Vor dem Ortsausgangsschild bin ich in einen Feldweg eingebogen, habe die Leiche dahin gelegt, bin zu meiner Wohnung gefahren, holte Spaten und Teelichte und kehrte zurück. Dann habe ich ein Grab geschaufelt, 70 cm tief, 170 cm lang und 50 cm breit, Andrea hineingelegt, und zugeschaufelt, danach musste ich erneut heim, habe zwei Brettabschnitte geholt, daraus mit zwei Nägeln ein Kreuz gezimmert und das Kreuz in

Höhe des Kopfbereichs auf den Leichnam gelegt. Ich wollte es der Andrea schönmachen. Die restliche Erde verteilte ich auf dem Holzkreuz, bedeckte den Boden mit Ästen. Ich habe Abschied genommen, bin etwa zwei Stunden an dem Grab sitzen geblieben, habe geweint.« Erich schluchzt laut auf. »In der Morgendämmerung fuhr ich heim, legte mich ins Bett und schlief. Am nächsten Tag habe ich zwei Bekannte der Andrea gefragt, wo Andrea sei, um den Verdacht von mir abzulenken. Beide hielten es für möglich, dass sie in das Landeskrankenhaus eingeliefert wurde. Einen Tag später habe ich die Lisbeth aufgesucht, die mich überredet hat, zur Polizei zu gehen, den Rest kennen Sie.«

Kreiskrankenhaus – Eine weibliche Leiche liegt auf dem silbernen Metalltisch. Die beiden Polizeibeamten und die zwei Rechtsmediziner mit ihrem Sektionsgehilfen sind präpariert, weiße kniehohe Gummistiefel und grüne OP-Kittel. Das Besteck liegt vor ihnen bereit. Professor Heller schaut in die Runde: »Dann wollen wir mal.« Er rückt mit einem quietschenden Geräusch die Handschuhe zurecht und greift zu einem der Skalpelle. Der Professor erläutert während der nun folgenden 3 Stunden den Beamten die wesentlichen Erkenntnisse: »Wir können 7 bis 8 stumpfe Gewalteinwirkungen auf den Kopf feststellen. Da keine der Gewalteinwirkungen zu Platzwunden geführt hat, dürfte mit der Faust, der Handkante oder dem Handballen geschlagen worden sein. Das knorplige Nasenskelett ist abgebrochen, also abgelöst vom knöchernen Skelet.« Er deutet erklärend auf die Nase. »Die Kopfschwarte ist dickschichtig schwarz-rot unterblutet, beginnend an der Nasenwurzel, hochziehend bis in beide Augenregionen. Am Hinterkopf rechts und links der Mittellinie dicht unterhalb der Hutkrempenlinie sehen wir markstückgroße dickschichtige dunkle Einblutungen, ebenso auf der Scheitelhöhe und mehrere Einblutungen seitlich davon.« Um das Ganze etwas zu unterstreichen, zieht der Arzt die Oberlippe des Leichnams vor. »Sowohl in der Oberlippe als auch der Unterlippe ist es zu ausgedehnten Schleimhauteinblutungen und Einreißungen gekommen, daneben finden wir auch kleine punktförmige Blutungen in der Mundschleimhaut. Letztere passen gut zu den zahlreichen Würgemalen am Hals. Weitere Petechien sehen wir in den Lid- und Augenbindehäuten, der Gesichtshaut und in der Haut hinter den Ohren. Das Brillenhämatom an beiden Augen haben Sie selbst gesehen, das rechts ist stärker ausgeprägt als links!« Auf Nachfrage der Polizei, wie lange gewürgt worden sei, ergänzt Professor Heller:»Angesichts des massiv ausgeprägten Stauungssyndroms am Kopf muss man von mindestens 3 bis 4 Minuten Würgen unter mehrfachem Nachfassen ausgehen. Der Täter hat definitiv nicht nur einmal kräftig zugedrückt. Aus dem Umstand, dass der Kehlkopf zweifach gebrochen ist, ist zu schließen, dass der Täter ein- oder beidhändig zugedrückt, sich dabei regelrecht in den Kehlkopf reingekrallt hat.«

Der Obduzent dreht die Leiche und deutet auf den Rücken:»Schauen Sie, hier haben wir mehrfache voneinander abgegrenzte Haut- und Muskeleinblutungen. Das sind typische Widerlagerverletzungen, die entstehen, wenn das Opfer zu Boden gedrückt wird.«

Der Leiche wird Blut entnommen, die Untersuchung wird später eine Blutalkoholkonzentration von 1,28 Promille ergeben. In den Haaren, die dem Leichnam abgeschnitten werden, findet man im Labor Opiate.

Der Obduzent untersucht am selben Tag auch den Tatverdächtigen. Eine über dem linken Schlüsselbein schräggestellte 2 cm lange Hautvertrocknung mit kleiner Borke ist erklärbar als Schlag- oder Bisswunde über dem Rand des T-Shirts.

Fünf Monate später – Schwurgerichtsaal des Landgerichts.

Die Wachtmeister führen Erich in Hand- und Fußfesseln vor, Erich nimmt neben seinem Verteidiger Platz- Blitzlichtgewitter der anwesenden Pressevertreter. Nach Verlesung der Anklage und der Belehrung durch den Vorsitzenden, dass er das Recht habe zu schweigen, hat Erich das Wort. Es fällt ihm schwer, von sich aus sein bisheriges Leben zu erzählen.»Ich bin nicht in einer Familie aufgewachsen, sondern kam mit 2 Jahren in ein Heim für Lernbehinderte. Ich hatte 19 Geschwister.« Der Vorsitzende weist Erich darauf hin, dass in den amtlichen Unterlagen nur 6 Geschwister dokumentiert seien, Erich bleibt aber dabei.»Nein, wir waren 20 Kinder. An die Eltern erinnere ich mich nicht. Ich wollte von denen auch nichts mehr wissen, wollte nie Kontakt. Im Heim gab es viel Schläge, wir waren da alle auf uns alleine gestellt.« Welche Schule er besucht habe, will der Vorsitzende wissen.»Die Sonderschule der Anstalt. Ich habe oft geschwänzt, hatte keine Lust zu lernen. Was sollte das auch bringen? Ich wollte arbeiten und mein eigenes Geld verdienen. Nachdem ich ein Abgangszeugnis erhalten hatte, wechselte ich in ein Heim für Behinderte. Da habe ich in der Tischlerei und auf dem Feld gearbeitet. Irgendwann nach dem 21. Geburtstag bin ich zu einer alten Oma gezogen, für die ich Einkäufe und so erledigt habe. Dafür durfte ich kostenlos bei ihr wohnen. Daneben habe ich zeitweise auf dem Bau gearbeitet. Weil es mir bei der Oma zu langweilig wurde, bin ich in den Nachbarort gezogen, ein zweigeschossiges Haus mit mehreren Wohnungen für sozial Schwache. Nachdem ich vor einigen Jahren einen schweren Verkehrsunfall mit dem PKW hatte, habe ich fast ständig Schmerzen und kann kaum noch arbeiten. Deswegen erhalte ich Sozialhilfe und arbeite nur noch hin und wieder als Handlanger auf dem Bau. Und ich verkaufe Zigaretten, die ich steuerfrei im Ausland erwerbe.«

Der Vorsitzende nickt:»Deswegen sind Sie auch schon zweimal wegen Steuerhinterziehung verurteilt worden.«

Und dann erzählt Erich wie er Andrea in dem Mehrfamilienhaus der Stadt kennenlernte, wie sich eine Beziehung entwickelte, in der er immer mehr litt. Und er berichtet, dass er Andrea tötete und bestattete.

»Ich wollte die Andrea wirklich nicht töten.«

Der Vorsitzende verliest einige Urkunden:»Eine Blutentnahme bei der Leiche ergab einen Blutalkoholgehalt von 1,28 Promille.« Sodann werden in der Hauptverhandlung die Lichtbilder der Obduktion in Augenschein genommen, während der Obduzent die Ergebnisse der Sektion erläutert.

Der forensische Psychiater begründet, warum aus seiner Sicht der Angeklagte zur Tatzeit voll schuldfähig war:»Der Angeklagte war weder erheblich alkoholisiert noch liegt eine Erkrankung vor, die zur verminderten Schuldfähigkeit führen könnte.« Auch ist er der Meinung, dass zukünftig eine derartige Tat nicht wieder zu befürchten sei: »Der Angeklagte befand sich in einer Beziehungsfalle mit sehr spezifischen Merkmalen, deshalb ist auszuschließen, dass es noch einmal im Leben des Angeklagten eine vergleichbare Situation geben wird.«

Bereits am 4. Verhandlungstag kann das Urteil verkündet werden. Erich wird wegen Totschlags im minderschweren Fall zu einer Freiheitsstrafe von 6 Jahren verurteilt. Der Vorsitzende wendet sich in der Begründung direkt an Erich: »Das war kein Versehen, wir sind davon überzeugt, dass sie auf die Geschädigte eingeschlagen und diese massiv gewürgt haben mit dem Ziel, diese zu töten. Sie haben mehrfach nachgefasst, immer wieder den Hals zugedrückt. Dieser intensive und mit einigem Kraftaufwand über einen längeren Zeitraum ausgeführte Gewalteinsatz ist ein typisches Tötungs- und nicht nur Verletzungsmittel. Sie wollten sich in dieser Situation endgültig trennen.«

Bei der rechtsmedizinischen Untersuchung von Todesfällen ist der Nachweis des **Todes durch Ersticken** von herausragender Bedeutung.

Ein Ersticken liegt vor, wenn die Atemluft fehlt, beziehungsweise verdrängt wird oder zu wenig Sauerstoff enthält, wenn die Atembewegungen behindert oder die Atemwege verschlossen sind, sodass eine Sauerstoffversorgung des durch die Lunge strömenden Blutes unterbleibt.

Die wichtigste Form des Erstickens im engeren forensischen Sinne ist die Strangulation.

»Strangulation« leitet sich ab aus dem Lateinischen »stringere gulam« (die Kehle zuschnüren). Man unterscheidet drei Arten der Strangulation, das Erhängen, das Erwürgen und das Erdrosseln.

Das Erwürgen ist die Strangulation durch Zudrücken des Halses mit der Hand oder dem Unterarm, die durch eine andere Person als Täter hervorgerufen wird. Erwürgen ist immer eine Tötung von fremder Hand.

Der Erstickungsvorgang dauert beim Erwürgen drei bis fünf Minuten. Der Täter muss also entschlossen kräftig über mehrere Minuten den Hals des Opfers zudrücken.

Folgende weitere Formen des Erstickens werden unterschieden: zum Beispiel atmosphärisches Ersticken durch einen Sauerstoffmangel in der Einatmungsluft (etwa Höhlenkrankheit, Verdrängung des Luftsauerstoffs durch andere Gase wie Kohlenmonoxid, Helium, Stickstoff). Mechanisches Ersticken kann durch Brustkorbkompression geschehen, zum Beispiel, wenn jemand im Sand oder in einer Lawine verschüttet wird, wobei die Atemöffnungen unter Umständen sogar noch frei sein können, oder durch Verschluss der äußeren Atemöffnungen, beispielsweise durch das Auflegen eines Kissens auf das Gesicht, durch Zuhalten von Mund und Nase oder durch Knebelung.

Zu den rechtlichen Erwägungen führt er aus: »Es lag auch keine Notwehr vor. Angesichts des Zustandes der Geschädigten hätten Sie sich durch Schutzwehr verteidigen müssen, sie hätten sich vor Angriffen schützen, nicht aber selber derart massiv Gewalt anwenden dürfen, schon gar nicht, als das Opfer am Boden lag. Sie wussten um die Lebensuntüchtigkeit und Hilflosigkeit der Frau. Die Tötungsabsicht hindert uns allerdings nicht, dennoch nur wegen Totschlags in minderschwerem Fall zu verurteilen. Denn es lag eine Situation vor, in der das

Opfer den Streit und die körperliche Auseinandersetzung begonnen, quasi provoziert hatte.«

Die Strafe von 6 Jahren sei angemessen und ausreichend.»Wir können zahlreiche Milderungsgründe feststellen, die Lernbehinderung des Angeklagten, das ausgeprägte Minderwertigkeitsgefühl, die Beziehungsfalle mit dem Opfer, die starke affektive Erregung zur Tatzeit. Darüber hinaus war die Tat nicht geplant, sondern eine Spontantat. Das Opfer hatte zuvor selber die Auseinandersetzung veranlasst.« Und dann wendet er sich erneut direkt an den Angeklagten:»Sie haben die Tat selber aufgedeckt und tiefe Reue gezeigt. Sie haben sich selbst den Menschen genommen, der für Sie besonders wichtig war!«

Die Sicht der forensischen Psychiaterin

Die Geschichte von Erich Kleinsorge und seiner getöteten Freundin Andrea entspricht einem bestimmten Muster von Intimiziden, also einer Tötung des Intimpartners. Die Definition eines Intimizids beruht darauf, dass beide Personen sich vorher in einer freiwilligen, auf Gegenseitigkeit beruhenden sexuellen Beziehung befunden haben, egal, ob diese Beziehung nun sehr kurz oder viele Jahre dauerte.

In den zurückliegenden fünf Jahren von 2019 bis 2024 starben jährlich über 100 Frauen durch die Gewalt in Intimbeziehungen. Der Begriff des»Femizids«, also der Tötung von Frauen generell, geht weiter und lag im Jahr 2023 bei 360 vollendeten Tötungen. Davon sind aber auch Tötungen außerhalb einer bestehenden Partnerschaft betroffen.

Bei Tötungsdelikten im Rahmen einer bestehenden Intimbeziehung handelt es sich in 50 % der Fälle um nicht vorbestrafte Täter. Tötungsdelikte dieser Art ziehen sich grundsätzlich durch alle Gesellschaftsschichten. Die dynamischen Gründe bzw. Voraussetzungen für eine solche Tat hängen von der Art der Beziehung und der jeweiligen Persönlichkeit der Partner ab. Dann können auch noch bestimmte Auslöser dazu kommen wie Überschuldung, Arbeitslosigkeit oder Ehescheidung. Es gibt Fälle, in denen die Ehefrau (angeblich) nur deswegen getötet wurde, weil der Mann seiner Partnerin nicht die Kündigung und Überschuldung gestehen wollte. Andere Tötungen erfolgen, weil der Partner sich nicht mit der Scheidung, die von der Ehefrau begehrt wird, abfinden kann und in seiner Kränkung und seinem Besitzanspruch die Ansicht vertritt, dass die Ehefrau ihr Recht auf ein eigenes Leben verwirkt hat, wenn sie ihr Leben nicht an seiner Seite weiterführt. Das Motto lautet hier: »Wenn ich sie nicht *haben* kann, soll sie auch kein anderer *haben*.« Und das Hilfsverb »haben« zeigt hier schon, um welche Grundhaltung es in einer solchen Beziehung gegangen ist, nämlich um einen Besitzanspruch und die Vorstellung, dass eine Partnerin zum eigenen Leben gehört wie andere Ausstattungsgegenstände, die man sich im Laufe des Lebens zulegt. Es ist die Vorstellung von »mein Haus, mein Auto, meine Frau« und wenn die Frau abtrünnig wird, gibt es eine nicht zu duldende Leerstelle im perfekten Bild.

Die Beziehung zwischen Erich Kleinsorge und Andrea hingegen verweist auf eine eher abhängige Beziehung zwischen zwei psychisch sehr labilen Menschen. Es sind häufig sog. toxische Beziehungsmuster, in denen beide Partner einerseits voneinander nicht loskommen, andererseits aber wegen ihrer jeweiligen eigenen unausgesprochenen oder auch wenig bewussten Bedürfnisse und Empfindlichkeiten immer wieder aneinandergeraten, weder konflikt- noch gesprächsfähig sind und ein jeder auch für sich nicht in der Lage ist, die eigenen Gefühle zu reflektieren, sich im Zaum zu halten. Ein Wort gibt das andere, Kleinigkeiten führen zu Streit, es geht im Grunde um wahllose Anlässe, der eigenen emotionalen Instabilität freien Lauf zu lassen. Die Äußerungen sind häufig kränkend, beleidigend, entwertend und treffen das Gegenüber in seinem ohnehin beschädigten, instabilen Selbstwertgefühl tief. Hinzu kommen dann Alkohol und Drogen, also Substanzen, die schon an und für sich das emotionale Erleben beeinflussen und die Hemmschwelle für aggressives Verhalten senken können.

Die Personen passen eigentlich gar nicht zusammen, aber beide sind letztlich in ihrer gemeinsamen Angst vor dem Alleinsein aneinandergebunden. Sie sind zusammen, weil sie nicht allein sein können und ihr Zusammensein ist die Folge eines rein zufälligen Zusammentreffens, nicht aber ein gemeinsamer Entschluss auf dem Boden einer kritischen Selbstbefragung, ob der andere Mensch in seinen Eigenheiten und Verletzlichkeiten, in seinen Stärken und seinen Marotten zu einem passt oder nicht. Wenn man später die Täter danach befragt, warum sie eigentlich mit dieser Frau eine »Beziehung« geführt haben, dann können diese das oftmals gar nicht spezifisch beschreiben. Es gibt oftmals so allgemeine Beschreibungen wie »nett«, »fröhlich« oder »hilfsbereit«, so dass man dann durchaus die Frage stellen kann, warum es nun ausgerechnet diese Frau sein sollte, wenn es doch ganze Reisebusse voller Frauen mit diesen Eigenschaften geben könnte. Man muss es so deutlich sagen, wie es sich gelegentlich darstellt: solche Paarbeziehungen entstehen aus einer unaushaltbaren Sehnsucht nach *irgendeiner* Beziehung und der jeweilige Partner ist so eine Art *Platzhalter,* der aber nicht passt. Er kann aber nicht aufgegeben werden, weil das drohende Alleinsein nicht ertragen wird. Nun kann man einwenden, dass aber doch gerade die Tötung der Person dazu führt, dass man die Person verliert und alleine ist. Ganz zu schweigen von dem Umstand, durch eine langjährige Freiheitsstrafe ohnehin auf sich selbst zurückgeworfen zu sein. In der Aggression mischen sich nun Enthemmung, Kränkung, die Unfähigkeit, die Unverschämtheit des Anderen als dessen Problem zu betrachten und dann auch die Wut über die eigene Abhängigkeit von der anderen Person. Es ist auch die Wut darüber, trotz der schlechten Behandlung und all der Beleidigungen nicht den Absprung zu finden. Nur durch die Tötung des Gegenübers kann dann diese Loslösung gelingen. In der Vorgeschichte gibt es nicht selten gewalttätige Übergriffe in der Beziehung und auch eigene Gewalterfahrungen des späteren Täters in seiner Kindheit, sei es durch häusliche Gewalt der Eltern untereinander oder auch eigene Misshandlung. Auch starke verbale Gewalt im Vorfeld oder auch sexuelle Gewalt in einer Beziehung sind weitere Risikofaktoren, ebenso wie eine dissoziale, allgemein gewaltbereite und dominante Persönlichkeit und eben der Konsum von Rauschmitteln.

Die Aussage von Erich Kleinsorge, seine Freundin geschlagen zu haben, woraufhin diese aus Mund und Nase geblutet habe und tot gewesen sei, ist auch eine eher häufig anzutreffende Tatversion, die sich dann mit den Feststellungen der rechtsmedizinischen Untersuchung nicht decken. Häufig wird erst einmal die Version des unbedachten, augenblicklichen Schlages gebracht, weil der Täter so den Eindruck erwecken will, dass es sich im Grunde um eine Art Unfall gehandelt habe. Faktisch handelt es sich bei dem Würgen aber um einen relativ langen Vorgang und eben gerade nicht um eine Version à la »Hoppla, da war sie plötzlich tot«. So läuft es eben doch nicht. Je deutlicher die Rechtsmedizin herausarbeiten kann, wie lange ein Würge- oder Drosselungsvorgang gedauert haben muss bzw. wie oft neu angesetzt wurde, desto deutlicher wird dann auch, dass der Täter bei der Tat sehr bewusst, gesteuert, also entschlossen gehandelt hat. Das ist kein Widerspruch zu der späteren Behauptung, man habe die Freundin nicht töten wollen, denn später, nachdem die Wut verklungen ist, bleibt der Katzenjammer zurück und das Erkennen, dass man sich mit der Tat vor allem selbst ein großes Problem beschert hat. Wenn Menschen eine Tat bedauern, fragt der Gutachter immer nach, was denn überhaupt bedauert wird. Man kann eine Tat als solche bedauern, man kann die Tat aber vor allem auch im Hinblick auf die Konsequenzen bedauern, die man selbst nun zu tragen hat.

Es kommt immer wieder vor, dass nach Intimpartner-Tötungen der Täter unmittelbar selbst bei der Polizei anruft und sich festnehmen lässt.

Im Falle von Erich Kleinsorge hingegen zeigt sich deutlich, dass er erst einmal versucht hat, die Tat zu vertuschen. Dennoch bedeutet eine Tötung für die allermeisten Menschen eine gravierende Belastung und nicht selten bedeutet die Festnahme dann doch eine Erleichterung. Aus der gutachterlichen Erfahrung kann man sagen, dass Menschen, denen es gelingt, über Jahre hinweg eine Tötung im sozialen Nahfeld erfolgreich geheim zu halten, zumeist über eine besondere Kälte und auch beträchtliches Manipulationsgeschick verfügen.

Erich Kleinsorge ist hier nun wieder einer der Täter, die dann rasch die Tat gestehen und damit im Grunde auch die Sanktion als Entlastung herbei sehen, auch wenn die Geschichte vom plötzlich tödlichen Schlag natürlich so nicht stimmte und dahinter sicherlich einerseits das Motiv lag, ein milderes Strafmaß zu erlangen, zum Zweiten aber auch die Absicht eine Rolle gespielt haben mag, sich selbst die eigene Brutalität der Tat nicht eingestehen zu wollen.

So ist der Fall von Erich Kleinsorge und seiner Freundin Andrea vor allem weniger von den forensisch-psychiatrischen Details her ungewöhnlich als vielmehr durch die etwas ungewöhnliche letzte Mofa-Fahrt mit der Leiche.

Es ist immer wieder schwer zu glauben, aber diese individuellen Details von Kriminalfällen zeigen eben, dass die Realität wirklich jedes abenteuerliche Drehbuch überholt. Es ist schwer vorstellbar, dass ein Vorabend-Krimi, in dem eine Leiche auf einem Mofa transportiert wird, bei den Zuschauern auch nur als halbwegs glaubwürdig durchginge. Aber die Realität zeigt, dass gerade in dem äußerst pragmatischen Handeln die größte Bizarrerie liegt.

Abgeschnitten… im Wahn

im Landkreis N. vor vielen Jahren

Stets haben Kriminalfälle mit Verstümmelung oder Zerstückelung des Opfers das besondere Interesse der Kriminalisten und der Rechtsmediziner sowie auch der Öffentlichkeit gefunden. Erinnert sei an einige sehr spektakuläre Fallserien in unserem Land. Diese sind mit den Namen der Täter Denke, Haarmann sowie in neuerer Zeit Bartsch und Honka verbunden. Die detaillierte publizistische Darstellung ist nicht ganz unproblematisch, da hier u. U. belastende Assoziationen verbunden sind.

Verstümmelungen lebender menschlicher Körper haben im Leben vieler Völker im Rahmen des religiösen Opferkultes eine nicht unerhebliche Rolle gespielt. Entsprechende Hinweise gibt es z. B. auch in der Bibel. Gerichtlich angeordnete Verstümmelungen lebender Menschen zwecks Sühnung von Kapitalverbrechen kamen auch in unserem Kulturkreis noch in der jüngeren Vergangenheit vor.

Kriminalgeschichtlich besonders bedeutsam bezüglich der offensiven Leichenzerstückelung ist der nicht ermittelte, legendär gewordene Massenmörder »Jack the Ripper«, das Ende des 19. Jahrhunderts London in Furcht und Schrecken gehalten hat. Der Täter hat regelmäßig den Kopf abgetrennt, den Rumpf aufgeschlitzt und in die äußeren und inneren Genitalien hineingeschnitten.

Die Einteilung der verschiedenen Formen von **Zerstückelung und Verstümmelung** geht auf die alten Gerichtsmediziner zurück. Danach wird z. B. unterschieden zwischen natürlicher (z. B. durch Fäulnis), zufälliger (mechanische Einwirkung z. B. durch Tierfraß, Schiffsschrauben, Explosion, Überfahrung) und krimineller Zerstückelung. Je nach

Motivlage ist hier die defensive von der offensiven Zerstückelung abzugrenzen. Zweck der defensiven Zerstückelung ist die Beseitigung des Leichnams und somit der Tatspuren, u.U. auch die Zerstörung der Identität des Opfers. Die offensive Zerstückelung resultiert aus der Entladung der von Zorn, Hass, Rache, sexueller Lust oder geistiger Störung bedingten leidenschaftlichen Erregung.

Zur Häufigkeit der kriminellen Leichenzerstückelung gibt es keine offiziellen Statistiken. In Hamburg und Umgebung rechnen wir beispielsweise mit etwa 1–2 Fällen pro Jahr. Insgesamt handelt es sich also um ein seltenes Ereignis.

Im Hinblick auf die Häufigkeit im Vergleich von Stadt und Land ist keine Präferenz festzustellen. Derartige Fälle gab es immer wieder einmal und im Prinzip überall. Der hier geschilderte Fall ereignete sich in einer Kleinstadt in Niedersachsen.

Ausgangssituation ist eine von wiederholtem Streit einerseits sowie vorübergehender Trennung andererseits gekennzeichnete Paarbeziehung. Es handelte sich auf der einen Seite um eine psychisch kranke Frau, die wegen ihrer manisch-depressiven Erkrankung schon häufig klinisch behandelt werden musste, die berentet war und die im Wahn immer wieder Stimmen hörte und Verfolgungsängste hatte. Auf der anderen Seite stand der um wenige Jahre ältere Partner, arbeitslos, finanziell mittellos. Ein Mann, der sich häufig bei der Frau aufhielt, von ihr ausgehalten wurde und bei ihr seine sexuelle Befriedigung suchte.

Die beiden lebten in einer Wohnung im zweiten Stock über einem Restaurant an der Hauptstraße des Ortes. Eines Tages zur Mittagszeit wurden Passanten aufmerksam, weil aus dem Fenster des Hauses immer wieder Gegenstände auf den Gehweg und auf die Straße geworfen wurden. Beim näheren Hinsehen konnte man menschliche Körperteile identifizieren. Es handelte sich um noch blutige abgeschnittene Finger und auch zwei Ohren. Letztlich flog auch noch das abgeschnittene menschliche Genitale mit anhängendem Hodensack und Hoden im hohen Bogen aus dem Fenster. Die Passanten sind natürlich zurückgewichen und haben die abgeschnittenen Körperteile auch nicht weiter berührt. Man hat sofort die Polizei und den Notarzt informiert. Die Polizei hat dann auch unverzüglich Verstärkung herbeigerufen und das Gelände großräumig abgesperrt. Die Wohnung war von innen verschlossen. Auf Klingeln und lautes Pochen gegen die Tür wurde diese von der Wohnungsinhaberin geöffnet. Die Frau wies stark blutverschmierte Hände auf. Auf Ansprache wirkte sie desorientiert, war stark agitiert, dabei angespannt und erregt. Gegen den Versuch der Fixierung wehrte sie sich. Man konnte ihr dann allerdings Handschellen anlegen.

Im Wohnraum lag der insgesamt stark blutverschmierte Körper des 57 Jahre alten Partners auf dem Teppichfußboden. Der Mann war offensichtlich tot. Überall fanden sich Blutverschmierungen und Blutspritzer. Der Mann wies zahlreiche Stich- und Schnittverletzungen auf. In seiner Nähe lagen mehrere blutige Messer aus der Küche. Bei einem war die Klinge abgebrochen. Außerdem fand sich eine blutige Stichsäge. Mehrere Möbel waren verrückt und umgekippt. Offensichtlich hatte ein Kampf stattgefunden, auch zwei Vasen waren zu Bruch gegangen.

Die Auffindungssituation, das Geschehen und das festgestellte Spurenbild sprachen für ein Tötungsverbrechen mit der Frau als Täterin. Die Frau wurde sofort in die nahegelegene Dienststelle der Kriminalpolizei gebracht und dort dann auch zeitnah rechtsmedizinisch untersucht. Sie wies an beiden Händen oberflächliche Schnittverletzungen auf, die sie sich vermutlich an den Tatwerkzeugen selbst bei der Tötung ihres Partners zugezogen hatte. Der Frau wurden Blutproben zur chemisch-toxikologischen Untersuchung entnommen. Sie wurde dann unverzüglich amtsärztlich von einem Psychiater untersucht und in die geschlossene Abteilung des psychiatrischen Landeskrankenhauses eingewiesen.

Die weiteren Ergebnisse der kriminalpolizeilichen Ermittlungen und der spurenkundlichen Untersuchungen waren eindeutig. Eine dritte Person war nicht beteiligt. Die Frau hatte den halbnackten Mann im Wohnzimmer mit verschiedenen Werkzeugen (Vase, Messer, Stichsäge) angegriffen, getötet und dann verstümmelt.

Aus der Hamburger Rechtsmedizin kam zur Sektion ein Team mit dem seinerzeitigen Institutsdirektor Werner Janssen. Der Mann hatte schon zu Lebzeiten einen legendären Ruf, weil er bei diversen anderen spektakulären Kriminalfällen die toten Opfer seziert hatte. Man nannte ihn »Krimi-Janssen«.

Dieser Fall in der niedersächsischen Kleinstadt war auch für Krimi-Janssen so ungewöhnlich, dass er ihn später immer wieder seinen Studierenden berichtet hat. Lehrbuchmäßig, wenn auch extrem selten, war die Ausgangssituation mit der im Wahn gefangenen psychotischen Frau, die sich akut von ihrem Partner verfolgt und bedroht fühlte. Bei den späteren Versuchen der Exploration, konnte sich die Täterin an keinerlei Details des beispiellosen Geschehens erinnern. Aktuell hatte sie ihre Medikamente gegen ärztlichen Rat abgesetzt, da sie sich besonders aktiv und leistungsfähig fühlte.

Bei der Darstellung der Sektionsbefunde wird auf letzte Details verzichtet. Die Obduzenten haben u. a. folgendes protokolliert:

Zeichen massiver scharfer Gewalteinwirkung gegen verschiedene Körperregionen. Abtrennung der Nase und von Teilen der Oberlippe mit Eröffnung der Nasenhöhle und der Mundhöhle. Zahlreiche Schürfungen, Platz- und Schnittwunden der Kopfhaut, z. T. auch mit oberflächlichen Knochenaussprengungen. Im Schädelknochen steckend ein abgebrochenes, 6 cm langes Sägeblatt einer Stichsäge verbogen, im Knochen festgeklemmt. – Zahlreiche parallel angeordnete Einstiche in der vorderen Halsregion, Länge der Einstiche zwischen 1 und 2 cm. Vollständige Durchtrennung der Halsschlagader und der Drosselblutader. Drei Einstiche in die Brust. Verletzung des rechten Lungenmittellappens. 1500 ml Blut in der rechten Brusthöhle. Zahlreiche Einstiche auch in die Bauchhöhle, vor allem im Beginn der Schamregion. Hier scharfe Abtrennung des gesamten männlichen Genitals mit Penis, Hodensack und Hoden. – Einzelne Stichverletzungen am linken Arm. Sägeverletzung am linken Zeigefinger. Abtrennung aller Finger einschließlich des Daumens im Grundgelenksbereich an der rechten Hand.

Beide Ohrmuscheln abgeschnitten. 10 cm lange Hautwunde am linken Unterarm, bis tief in die Muskulatur, im Randbereich Reste einer Tätowierung erkennbar – allgemeine Blutarmut der inneren Organe. Insofern Zeichen des Verblutens. Todesursache: inneres und äußeres Verbluten nach zahlreichen Hals- und Bruststichverletzungen.

Bei der Täterin und beim Opfer wurden Blutproben untersucht. Beide Personen hatten 0,0 ‰ Blutalkoholkonzentration. Das Opfer stand zum Zeitpunkt des Todes nicht unter Medikamenteneinfluss. Bei der Frau waren geringe untertherapeutische Spiegel von Psychopharmaka nachweisbar, die sie im Rahmen ihrer psychischen Grunderkrankung verordnet bekommen hatte.

Bei der Analyse des Verletzungsmusters haben wir im Hinblick auf die Motivlage bei der Täterin erwogen, ob mit den zahlreichen Gewalteinwirkungen gegen das Gesicht und durch die Verstümmelung der Gesichtszüge eventuell auch die Persönlichkeit des Täters zerstört und ausgelöscht werden sollte. Im Hinblick auf das Abtrennen des männlichen Genitals ist zu diskutieren, ob hier eventuell eine nachträgliche Entmannung durchgeführt werden sollte oder das Abtrennen der Genitalorgane und die zahlreichen Stichverletzungen in der Schamregion Wut und Zorn einerseits bzw. möglicherweise auch eine sexuelle Erregung andererseits ausdrücken könnten.

Im Hinblick auf **juristische Aspekte** ist folgendes anzuführen: wenn auch in diesem Kapitel gelegentlich von »krimineller Leichenzerstückelung« die Rede ist, so muss doch beachtet werden, dass die Zerstückelung eines Toten für sich alleine genommen nicht »kriminell« im Sinne von strafbar ist. Zur Anwendung kommen könnte u. U. der

§ 168 des Strafgesetzbuches (Störung der Totenruhe), der sich auf die unbefugte Wegnahme einer Leiche bzw. von Leichenteilen aus dem Gewahrsam der dazu berechtigten Personen und beschimpfenden Unfug an Leichen bzw. Leichenteilen oder der Beisetzungsstelle bezieht. Der eigenartige, nicht definierte Status der menschlichen Leiche (»extra commerciam«; das bedeutet außerhalb des Geschäftsverkehrs) schließt es aus, dass Straftatbestände wie Sachbeschädigung, Körperverletzung, fahrlässige Körperverletzung und Beleidigung, üble Nachrede bei derartigen Leichensachen in Betracht kommen.

In logischer Konsequenz des hier Gesagten wurde die Leichenzerstückelung und -beseitigung in den im rechtsmedizinischen Institut in Hamburg untersuchten Fällen von Leichenverstümmelung und -zerstückelung bei der Strafbemessung für den Täter bzw. die Täterin praktisch überhaupt nicht berücksichtigt. Nur einmal wertete das Gericht die dem Totschlag folgende Zerstückelung strafverschärfend als Zeichen für ein kaltblütiges Handeln des Täters. Insgesamt spielt also die Tatsache der Verstümmelung/Zerstückelung, die häufig ein besonderes öffentliches Interesse an diesen Fällen begründet bei der abschließenden juristischen Würdigung nur eine vergleichsweise unbedeutende Rolle.

Der hier geschilderte Fall wurde von der Kriminalpolizei und der Staatsanwaltschaft mit vergleichsweise geringem kriminalistischem und juristischem Aufwand abgeschlossen. Die eindeutig psychisch kranke Täterin wurde in einem sogenannten Sicherungsverfahren vor Gericht gestellt. Es folgte die Einweisung in den Maßregelvollzug der geschlossenen Psychiatrie im psychiatrischen Landeskrankenhaus.

Die Indizienlage war in jeder Hinsicht eindeutig – wir wollen an dieser Stelle aber auch betonen, dass gerade die sogenannte **defensive Leichenzerstückelung** häufig eine sehr rationale Motivlage beinhaltet. Zweck der defensiven Zerstückelung ist die Beseitigung des Leichnams und somit der Tatspuren, u. U. auch die Zerstörung der Identität des Opfers. Die defensive Leichenzerstückelung ist zumeist mit irgendeiner Art der Vernichtung (z. B. Verbrennung) oder dem Verbergen (verstecken, verpacken, vergraben, ins Wasser werfen) verbunden. Dem gegenüber trägt die **offensive Leichenzerstückelung** drei Hauptmerkmale:

1. Die völlig zweck- und regellose Verstümmelung der einzelnen Körperteile.
2. Die Verstreuung der Teile in der Nähe des Tatortes ohne die Tendenz, sie zu verbergen.
3. Das Fortnehmen von Leichenteilen; hier sind aus sexuellen Beweggründen besonders die Geschlechtsteile betroffen.

Danksagung

Wir danken unserem Lektor Herrn Tobias Durst für seine Aufgeschlossenheit gegenüber dem »True Crime-Projekt« und seine Unterstützung.